Regulierung anwaltlicher Parteivertreter in internationalen Schiedsverfahren

Schriftenreihe der August Maria Berges Stiftung
für Arbitrales Recht

Herausgegeben von Hubertus W. Labes

Band 26

Zur Qualitätssicherung und Peer Review der vorliegenden Publikation

Die Qualität der in dieser Reihe erscheinenden Arbeiten wird vor der Publikation durch den Herausgeber der Reihe geprüft.

Notes on the quality assurance and peer review of this publication

Prior to publication, the quality of the work published in this series is reviewed by the editor of the series.

Sven Hasenstab

Regulierung anwaltlicher Parteivertreter in internationalen Schiedsverfahren

Rechtlicher Rahmen für in- und ausländische Rechtsanwälte vor Schiedsgerichten mit Sitz in Deutschland

PL ACADEMIC RESEARCH

Bibliografische Information der Deutschen Nationalbibliothek
Die Deutsche Nationalbibliothek verzeichnet diese Publikation in der Deutschen Nationalbibliografie; detaillierte bibliografische Daten sind im Internet über http://dnb.d-nb.de abrufbar.

Zugl.: Hannover, Univ., Diss., 2015

Gedruckt auf alterungsbeständigem,
säurefreiem Papier.

D 89
ISSN 1435-4748
ISBN 978-3-631-66961-7 (Print)
E-ISBN 978-3-653-06080-5 (E-Book)
DOI 10.3726/978-3-653-06080-5

PL Academic Research ist ein Imprint der Peter Lang GmbH.

Peter Lang – Frankfurt am Main · Bern · Bruxelles · New York · Oxford · Warszawa · Wien

Diese Publikation wurde begutachtet.

www.peterlang.com

Vorwort

Die vorliegende Arbeit wurde von der Juristischen Fakultät der Leibniz Universität Hannover im Wintersemester 2014/2015 als Dissertation angenommen. Bis zur Fertigstellung dieses Buches habe ich von vielen Menschen wertvolle Unterstützung erhalten, für die ich mich nunmehr herzlich bedanken möchte.

Großer Dank gilt meinem Doktorvater Professor Dr. Christian Wolf, an dessen Lehrstuhl ich als studentische Hilfskraft und wissenschaftlicher Mitarbeiter eine äußerst lehrreiche und angenehme Zeit verbringen durfte. Professor Wolf hat mich sowohl in wissenschaftlicher als auch in persönlicher Hinsicht sehr geprägt und dabei auch mein Interesse am Prozess- und Schiedsverfahrensrecht sowie am Anwaltlichen Berufsrecht geweckt.

Herrn Professor Dr. Klaus-Peter Berger von der Universität zu Köln danke ich für die Initialzündung auf seiner Summer Academy on International Arbitration 2010, die mich bewogen hat, die vorgenannten Themengebiete für meine Dissertation zu kombinieren. Herrn Rechtsanwalt Dr. Stephan Wilske danke ich für viele interessante Gespräche und Anregungen zu dem Thema.

Für die Übernahme und zügige Erstellung des Zweitgutachtens danke ich Richter am Bundesverfassungsgericht Professor Dr. Reinhardt Gaier. Herrn Professor Dr. Volker Epping danke ich dafür, dass er den Vorsitz der Prüfungskommission übernommen und trotz seiner zwischenzeitlichen Wahl zum Präsidenten der Universität auch ausgeführt hat.

Für das Korrekturlesen und die stete Motivation danke ich sehr herzlich meinen Freunden Dr. Moritz von Bismarck und Dr. Alexandra Heliosch.

Für die Unterstützung bei der Erstellung der Veröffentlichungsversion und den Zuspruch in der Endphase danke ich meiner Lebensgefährtin Dr. Katharina Rohde.

Der August Maria Berges Stiftung für Arbitrales Recht gilt mein Dank für die Aufnahme in deren Schriftenreihe und für die Gewährung eines äußerst großzügigen Zuschusses für die Druckkosten.

Größter Dank gilt schließlich meinen Eltern Jutta und Horst Hasenstab, die mich immer in all meinen persönlichen und beruflichen Zielen unterstützt und gefördert haben und ohne die es dieses Buch nicht geben würde. Ihnen ist meine Arbeit gewidmet.

Kühlungsborn im August 2015

Literaturverzeichnis

Aden, Menno: Internationale Handelsschiedsgerichtsbarkeit, 2. Auflage, München 2003.

–: Gewährung rechtlichen Gehörs im Schiedsverfahren, NJW 1993, S. 1964 bis 1965.

Ahrends, Hans-Jürgen: Anwaltsrecht für Anfänger: Systematische Einführung in die Rechtsgrundlagen anwaltlicher Tätigkeit, München 1996.

Alvarez, Henri C.: Evidentiary Privileges in International Arbitration, in: van den Berg, Albert (Hrsg.), International Arbitration 2006: Back to Basics, ICCA Congress Series, Bd. 13: 2006 Montreal, Alphen am Rhein 2007, S. 663 bis 704.

[*Anonym*]: Übersicht über die zahlenmäßige Auswirkung des Gesetzes über die Zulassung zur Anwaltschaft vom 7. April 1934, JW 1934, S. 2956.

Arnd, Adolf: Das rechtliche Gehör, NJW 1959, S. 6 bis 8.

–: Die Verfassungsbeschwerde wegen Verletzung des rechtlichen Gehörs, in: NJW 1959, S. 1297 bis 1301.

Arbeitsgemeinschaft „Zivilprozessrecht" des Bundes Nationalsozialistischer Deutscher Juristen (BNSDJ), Leiter: Landgerichtsrat Dr. Müller (Hrsg.): Entwurf einer Zivilprozessordnung, Hannover 1936 (zit.: BNSDJ Entwurf 1936).

Aust, Stefan: Der Baader Meinhof Komplex, erweiterte und aktualisierte Auflage, 1. Auflage, Hamburg 2005.

Bar, Christian von: Internationales Privatrecht, Band 2: Besonderer Teil, München 1991.

Basedow, Jürgen: Qualifikation, Vorfrage und Anpassung im Internationalen Zivilverfahrensrecht in: Schlosser, Peter (Hrsg.): Materielles Recht und Prozessrecht und die Auswirkungen der Unterscheidung im Recht der Internationalen Zwangsvollstreckung, Bielefeld 1992, S. 131–156.

Baumbach, Adolf: Das privatrechtliche Schiedsverfahren, Berlin 1931.

Baumbach, Adolf / Lauterbach, Wolfgang / Albers, Jan / Hartmann, Peter: Zivilprozessordnung, 74. Auflage, München 2015 (zit.: *Autor*, in: Baumbach/Lauterbach/Albers/Hartmann, ZPO).

Becker, Moritz: Die Pflicht zur Urkundenvorlage nach § 142 Abs. 1 ZPO und das. Weigerungsrecht der Parteien, MDR 2008, S. 1309 bis 1315.

Berger, Klaus-Peter: Internationale Wirtschaftsschiedsgerichtsbarkeit, Verfahrens- und materiellrechtliche Grundprobleme im Spiegel moderner Schiedsgesetze und Schiedspraxis, Berlin 1992.

–: Evidentiary Privileges: Best Practice Standards versus/and Arbitral Discretion, Arbitration International Bd. 22 (2006), S. 501 bis 520.

–: The International Arbitrator's Dilemma: Transnational Prcedure vs. Home Jurisdiction: A German Perspective, Arbitration International Bd. 25 (2009), S. 217 bis 239.

–: Evidentiary Privileges under the revised IBA Rules on the Taking of Evidence in International Arbitration, International Arbitration Law Review 2010, S. 171 bis 176.

Bernhardt, Wolfgang: Die Aufklärung des Sachverhalts im Zivilprozess, in: Festgabe zum 70. Geburtstag von Leo Rosenberg, München/Berlin 1949, S. 9 bis 50 (zit.: *Bernhardt*, in: FG Rosenberg).

Bertke, Anne-Kathrin / Schroeder, Hans-Patrick: Grenzen der Zeugenvorbereitung im staatlichen Zivilprozess und im Schiedsverfahren, SchiedsVZ 2014, S. 80 bis 85.

Besson, Sébastien: Arbitration and Human Rights, ASA Bulletin Bd. 24 (2006), S. 395 bis 416.

Beulker, Jette: Die Eingriffsnormenproblematik in internationalen Schiedsverfahren, Parallelen und Besonderheiten im Vergleich zur staatlichen Gerichtsbarkeit, Tübingen 2005 (Diss. iur.).

Blackaby, Nigel / Partasides, Constantine / Redfern, Alan / Hunter, Martin: Redfern and Hunter on International Arbitration, 5. Auflage, Oxford u.a. 2009.

Blomeyer, Karl: Betrachtungen über die Schiedsgerichtsbarkeit, in: Beiträge zum Zivilprozessrecht – Festgabe zum 70. Geburtstag von Leo Rosenberg, München/Berlin 1949, S. 51 bis 71 (zit: *Blomeyer*, in: FG Rosenberg).

Böckstiegel, Karl-Heinz: Die Internationalisierung der Schiedsgerichtsbarkeit, in: Bachmann, Birgit / Breidenbach, Stephan / Coester-Waltjen, Dagmar / Heß, Burkhard / Nelle, Andreas / Wolf, Christian (Hrsg.), Grenzüberschreitungen. Beiträge zum Internationalen Verfahrensrecht und zur Schiedsgerichtsbarkeit. Festschrift für Peter Schlosser zum 70. Geburtstag, Tübingen 2005, S. 49 bis 58 (zit.: *Böckstiegel*, in: FS Schlosser).

Böckstiegel, Karl-Heinz / Kröll, Stefan / Nacimiento, Patricia (Hrsg.): Arbitration in Germany: The Model Law in Practice, Alphen am Rhein 2007 (zit.: *Autor*, in: Böckstiegel/Kröll/Nacimiento, Arbitration in Germany).

Born, Gary B.: International Commercial Arbitration, Alphen am Rhein 2009.

Briner, Robert / Schlabrendorff, Fabian von: Article 6 of the European Convention on Human Rights and its Bearing upon International Arbitration, in: Briner, Robert / Fortier, L. Yves / Berger, Klaus Peter / Bredow, Jens (Hrsg.), Law of International Business and Dispute Settlement in the 21st Century, Liber

Amicorum Böckstiegel, Köln 2001, S. 89 bis 109 (zit.: *Briner/v. Schlabrendorff*, in: Liber Amicorum Böckstiegel).

Büchting, Hans-Ulrich / Heussen, Benno (Hrsg.), Beck'sches Rechtsanwalts-Handbuch, 10. Auflage München 2011 (zit.: *Autor*, in: Büchting/Heussen (Hrsg.), Rechtsanwaltshandbuch).

Bundesministerium der Justiz (Hrsg.): Kommission zur Neuordnung des Schiedsverfahrensrechts, Bericht mit einem Diskussionsentwurf zur Neufassung des Zehnten Buches der ZPO, Bonn 1994.

Calvaros, Constantin: Das UNICITRAL-Modellgesetz über die internationale Handelsschiedsgerichtsbarkeit, Bielefeld 1988 (Diss. iur.).

CCBE (Hrsg.): Adoption of the CCBE Code of 2006 (CoC) at a national level, abrufbar unter: http://www.ccbe.eu/fileadmin/user_upload/NTCdocument/Status_of_the_CCBE_C1_1386165089.pdf (letzter Abruf: 09.01.2014).

Chong, Yee Leong / Qin, Zhiqian: The Asia Pacific Arbitration Review 2011, Section 2 Overview, The Rise of Arbitral Institutes in Asia, abrufbar unter: http://globalarbitrationreview.com/reviews/31/the-asia-pacific-arbitration-review-2011/ (letzter Abruf: 21.03.2014).

Christensen, Ralph: Paradoxie richterlicher Gesetzesbindung, in: Lerch, Kent D. (Hrsg.): Die Sprache des Rechts, Bd. 2: Recht verhandeln – Argumentieren, Begründen und Entscheiden im Diskurs des Rechts, Berlin 2005, S. 1 bis 104.

Christensen, Ralph / Kudlich, Hans: Theorie des richterlichen Begründens, Berlin 2001.

Cohn, Ernst J.: New Regulations in the German Code of Civil Procedure, Journal of Comparative Legislation and International Law, Bd. 17 (1935), S. 73 bis 83.

–: Commercial Arbitration and the Rules of Law a Comparative Study, University of Toronto Law Journal Bd. 4 (1941–1942) S. 1 bis 32.

Collins, Michael: Privacy and Confidentiality in Arbitration Proceedings, Arbitration International Bd. 11 (1995), S. 321 bis 336.

Christensen, Ralph: Paradoxie richterlicher Gesetzesbindung, in: Lerch, Kent D. (Hrsg.): Die Sprache des Rechts, Bd. 2: Recht verhandeln – Argumentieren, Begründen und Entscheiden im Diskurs des Rechts, Berlin 2005, S. 1 bis 104.

Comité des Délégations Juives (Hrsg.): Das Schwarzbuch, Tatsachen und Dokumente. Die Lage der Juden in Deutschland 1933, Paris 1934.

Cooper, Brian: Ethics for Party Representatives in International Commercial Arbitration: Developing a Standard for Witness Preparation, in: Georgetown Journal of Legal Ethics Bd. 22 (2009), S. 779 bis 794.

Daly, Mary C. / Goebel, Roger J.: Rights. Liability and Ethics in international legal practice, 2. Auflage, Huntington 2004.

Diestler, Wolfram: Private Schiedsgerichtsbarkeit und Verfassung: Eine rechtsvergleichende Untersuchung zum deutschen und englischen Recht, Frankfurt a.M. 2000 (Diss iur.).

Droege, Michael: Die Rechtsanwaltschaft beim BGH im verfassungsrechtlichen Gegenwind, NJW 2002, S. 175 bis 181.

Eckstein-Puhl, Christine: Prozessbetrug im Schiedsverfahren. Eine Studie zu den vom erschlichenen Schiedsspruch aufgeworfenen Fragen des Aufhebungsverfahrens gemäß § 1059 ZPO, Frankfurt a.M. u.a. 2005 (Diss. iur.).

Elsing, Siegfried H.: Procedural Efficiency in International Arbitration: Choosing the Best of Both Legal Worlds, SchiedsVZ 2011, S. 114 bis 123.

Epping, Manja: Die Schiedsvereinbarung im privaten Rechtsverkehr nach der Reform des deutschen Schiedsverfahrensrechts, München 1999 (Diss. iur.) (zit.: *M. Epping*, Die Schiedsvereinbarung im privaten Rechtsverkehr).

Epping, Volker: Grundrechte, 6. Auflage, Berlin u.a. 2014.

Epping, Volker / Hillgruber, Christian (Hrsg.): Beck'scher Online Kommentar zum Grundgesetz, Edition 24 (Stand 1.3.2015), München 2015 (zit.: *Autor*, in: Epping/Hillgruber (Hrsg.), BeckOK GG).

Fahl, Christian: Prozeßbetrug und „Lagertheorie". Ein strafrechtliches Lehrstück, Jura 1996, S. 74 bis 78.

Feuerich, Wilhelm E. / Weyland, Dag (Hrsg.): Bundesrechtsanwaltsordnung, 8. Auflage, München 2012.

Fischer, Thomas: Strafgesetzbuch und Nebengesetze, 62. Auflage, München 2015.

Fountaine, Cynthia L.: Have License, Will Travel: An Analysis of the New ABA Multijurisdictional Practice Rules, Washington University Law Quaterly, Bd. 81 (2003), S. 737 bis 764.

Gaier, Reinhard / Wolf, Christian / Göcken, Stephan (Hrsg.): Anwaltliches Berufsrecht, 2. Auflage Köln 2014 (zit.: *Autor*, in: Gaier/Wolf/Göcken (Hrsg.), Anwaltliches Berufsrecht).

Gilles, Peter: Verfahrensfunktionen und Legitimationsprobleme richterlicher Entscheidungen im Zivilprozeß, in: Lüke, Gerhard / Jauernig, Othmar (Hrsg.) Festschrift für Gerhard Schiedermair zum 70. Geburtstag, München 1976, S. 183 bis 201 (zit.: *Gilles*, in: FS Schiedermair).

Glossner, Ottoarndt / Bredow, Jens / Bühler, Michael: Das Schiedsgericht in der Praxis, 3. Auflage, Heidelberg 1990.

Grunewald, Barbara / Römermann, Volker (Hrsg.), Rechtsdienstleistungsgesetz, Köln 2008.

Habort, Nikolai: Die Bedeutung der objektiven Zurechnung beim Betrug, Berlin 2010 (Diss. iur.).

Habscheid, Walther J.: Die Rechtsnatur des Schiedsvertrages und ihre Auswirkungen, KTS 1955, S. 33 bis 39.

–: Schiedsvertrag und Schiedsgutachtenvereinbarung, KTS 1957, S. 129 ff.

–: Schiedsgerichtsbarkeit und Europäische Menschenrechtskonvention, in: Gerhard, Walter (Hrsg.), Festschrift für Wolfram Henkel zum 70. Geburtstag, am 21. April 1995, S. 342 bis 352 (zit.: *Habscheid*, in: FS Henkel).

Handorn, Boris: Das Sonderkollisionsrecht der deutschen internationalen Schiedsgerichtsbarkeit, Tübingen 2005 (Diss. iur.).

Hanotiau, Bernard: Misdeeds, Wrongful Conduct and Illegality in Arbitral Proceedings, in: van den Berg (Hrsg.), International Commercial Arbitration: Important Contemporary Questions, ICCA Congress Series Bd. 11 (London 2002), Alphen am Rhein 2003, S. 261 bis 284.

Hansjürgens, Bernd / Oestmann, Peter: Die Sicht des Äquivalenzprinzips in der Finanzwissenschaft. Die Grenzen richterlicher Rechtskenntnis, Stuttgart 1999.

Hartung, Wolfgang: Die Zulassung zur Rechtsanwaltschaft bei dem Bundesgerichtshof, JZ 1994, S. 117 bis 122.

Hartung, Wolfgang / Römermann, Volker (Hrsg.): Berufs- und Fachanwaltsordnung, 5. Auflage, München 2010 (zit.: *Autor*, in: Hartung/Römermann (Hrsg.), BerufsO).

Hay, Peter: US-Amerikanisches Recht, 5. Auflage, München 2011.

Heermann, Peter W.: Freiwilligkeit von Schiedsvereinbarungen in der Sportgerichtsbarkeit, SchiedsVZ 2014, S. 66 bis 79.

Heintschel-Heinegg, Bernd von (Hrsg.): Beck'scher Online-Kommentar StGB, Edition 26 (Stand: 08.2.2015), München 2015 (zit.: *Autor*, in: Heintschel-Heinegg (Hrsg.), BeckOK StGB).

Heitzmann, Pierre: Confidentiality and Privileges in Cross-Border Legal Practice: The Need for a Global Standard?, in: ASA Bulletin Bd. 26 (2008), S. 205 bis 240.

Heller, Kurt: Der verfassungsrechtliche Rahmen der privaten internationalen Schiedsgerichtsbarkeit, Wien 1996 (Diss. iur.).

Hellwig, Hans-Jürgen: At the Intersection of Legal Ethics and Globalization: International Conflicts of Law in Lawyer Regulation 2008 Global Legal Practice Symposium, Penn State International Law Review 27 (2008–2009) S. 395 bis 402.

Henkel, Wolfram: Das Recht auf Entscheidung in angemessener Frist und der Anspruch auf rechtliches Gehör – Art. 6 Abs. 1 Satz 1 EMRK und das deutsche zivilgerichtliche Verfahren, in: Ballon, Oskar J. / Hagen, Johann J. (Hrsg.),

Verfahrensgarantien im nationalen und internationalen Prozessrecht, Festschrift für Franz Matscher, S. 185 ff. (zit.: *Henkel*, in: FS Matscher).

Henssler, Martin / Prütting, Hanns (Hrsg.): Bundesrechtsanwaltsordnung, Berufsordnung, Fachanwaltsordnung, EuRAG, CCBE, Rechtsdienstleistungsgesetz, Partnerschaftsgesellschaftsgesetz: Kommentar, 4. Auflage, München 2014.

Heyn, Karl: Parteivertretung durch Anwälte im Schiedsgerichtsverfahren, NJW 1958, S. 1667 bis 1668.

Hirtz, Bernd: Der Umgang mit der Wahrheit im Zivilprozess, AnwBl. 2006, S. 780 bis 787.

Hoffmann, Bernd von: Internationale Handelsschiedsgerichtsbarkeit, Frankfurt a.M. u.a. 1970 (Diss. iur.).

Holldorf, Lars: Prestige, Profit, Profession: Der Professionalisierungsprozess der steuerberatenden Berufe in der Bundesrepublik Deutschland von 1949 bis 1975, 2004 (Diss. iur.).

Holzinger, Fritz: Neue Schriften zum Anwaltsrecht, JW 1930, S. 3528 bis 3532.

Honlet, Jean-Christopher, The IBA Guidelines on Party Representation in International Arbitration, Journal of International Arbitration Bd. 30 (2013), S. 701 bis 709.

Honsell, Heinrich et al. (Hrsg.): Basler Kommentar, Internationales Privatrecht, Basel/Frankfurt a.M. 1996.

Horvath, Günter: Guerilla Tactics in Arbitration, an Ethical Battle: Is There Need for a Universal Code of Ethics? in: Klausegger, Christian u.a. (Hrsg.), Austrian Yearbook of International Arbitration 2011, Wien 2011, S. 297 bis 313.

Horvath, Günter / Wilske, Stephan (Hrsg.): Guerilla Tactics in International Arbitration, Alphen am Rhein 2013 (zit.: *Autor*, in: Horvath/Wilske (Hrsg.), Guerilla Tactics in International Arbitration).

Huerkamp, Claudia: Bildungsbürgerinnen: Die Frauen im Studium & in akademischen Berufen 1900–1945, Göttingen 1997 (Diss. iur.).

Hülsen, Hans-Viggo von: Die Gültigkeit von internationalen Schiedsvereinbarungen nach Koventionsrecht mit Hinweisen auf deutsches, französisches, englisches und US-amerikanisches Recht, Berlin 1973 (Diss. iur.).

Hußlein-Stich, Gabriele: Das UNCITRAL Modellgesetz über die internationale Handelsschiedsgerichtsbarkeit, Köln 1990 (Diss. iur.).

Hwang, Michael: Why is there still Resistance to Arbitration in Asia, in: Aksen, Gerald u.a. (Hrsg.), Global Reflections on International Law, Commerce and Dispute Resolution: Liber Amicorum in Honour of Robert Briner, Paris 2005, S. 401 bis 411.

Ipsen, Jörn: Staatsrecht II: Grundrechte, 18. Auflage, München 2015.

Jacobus, John L. / Rohner, Thomas, Conflicts Of Interest Affecting Counsel In International Arbitration, in: MEALEY'S International Arbitration Report Bd. 20 Heft 8 (2005), S. 1 bis 9.

Jänicke, Harald: Gerichtliche Entscheidung als Vermögensverfügung, Berlin 2001 (Diss. iur.).

Jarass, Hans / Pieroth, Bodo (Hrsg.): Grundgesetz für die Bundesrepublik Deutschland, 13. Auflage, München 2014 (zit.: *Autor*, in: Jarass/Pieroth (Hrsg.), GG).

Kahl, Wolfgang / *Waldhoff*, Christian / *Walter*, Christian (Hrsg.), Bonner Kommentar zum Grundgesetz, 166. Ergänzungslieferung, Heidelberg 2014.

Khvalei, Vladimir: Guerilla Tactic in International Arbitration, Russian View, in: Klausegger, Christian u. a. (Hrsg.), Austrian Yearbook on International Arbitration 2011, 335 bis 363.

Kindhäuser, Urs: Strafgesetzbuch. Lehr- und Praxiskommentar, 6. Auflage, Baden-Baden 2015 (zit.: *Kindhäuser*, in: LPK-StGB).

Kindhäuser, Urs / *Neumann, Ulfried / Paeffgen, Hans-Ulrich* (Hrsg.): Strafgesetzbuch, 4. Auflage, Baden-Baden 2013.

Kisch, Wilhelm: Einige Bemerkungen zum Wesen des Schiedsvertrags, ZZP Bd. 51 (1926), S. 321 bis 334.

Kleine-Cosack, Michael: Versagen der Berufsrechtspolitik, AnwBl. 2007, S. 210 bis 212.

–: Bundesrechtsanwaltsordnung mit BORA und FAO, 7. Auflage, München 2015.

Knobloch, Gundula: Deutsch das Recht und deutsch auch die Juristen. Zur Ausschaltung der jüdischen Rechtsanwälte aus der Anwaltschaft 1933–1938, AnwBl. 1990, S. 489 bis 490.

Klose, Bernhard: Grundrechtsschutz in der Europäischen Union und die Europäische Menschenrechtskonvention, DRiZ 1997, S. 122 bis 125.

Königseder, Angelika: Recht und nationalsozialistische Herrschaft: Berliner Anwälte 1933–1945, Berlin 2001.

Konrad, Sabine: Der Schutz der Vertrauenssphäre zwischen Rechtsanwalt und Mandant im Zivilprozess, NJW 2004, S. 710 bis 713.

Kopp, Ferdinand O.: Das Rechtliche Gehör in der Rechtsprechung des Bundesverfassungsgerichts; in: AöR 106 (1981), S. 604 bis 632.

Kraatz, Erik: Versuchter Prozessbetrug in mittelbarer Täterschaft, Jura 2007, S. 531 bis 536.

Krämer, Achim: Die verfassungsrechtliche Stellung des Rechtsanwalts, NJW 1995, S. 2313 bis 2317.

Kreindler, Richard H./ Schäfer, Jan K. / Wolff, Reinmar: Schiedsgerichtsbarkeit. Kompendium für die Praxis, Frankfurt a.M. 2006.

Krell, Paul: Probleme des Prozessbetrugs, JR 2012, S. 102 bis 109.

Krenzler, Michael: Rechtsdienstleistungsgesetz, Baden-Baden 2009.

Kretschmer, Bernhard: Strafbares Erstreiten und Vollstrecken von Titeln. Ein Beitrag zur Frage des Betrugs im Zivilverfahren – Zugleich Besprechung von BGH, Beschluss vom 25.4.2001, GA 2004, S. 458 bis 477.

Kühn, Wolfgang: Aktuelle Fragen zur Anwendung der New Yorker Konvention von 1958 im Hinblick auf die Anerkennung und Vollstreckung ausländischer Schiedssprüche. Eine Betrachtung der deutschen Rechtsprechung, SchiedsVZ 2009, S. 53 bis 61.

Kulischer, Eugen: Das Zeugnisverweigerungsrecht ausländischer Anwälte, JW 1931, S. 122 bis 123.

Kunig, Philip: Das Rechtsstaatsprinzip: Überlegungen zu seiner Bedeutung für das Verfassungsrecht der Bundesrepublik Deutschland, Tübingen 1986.

Kuntze, Heinrich: Schiedsgericht oder Rechtsprechung durch die Gerichte des Staates, JW 1934, S. 649 bis 651.

Lachmann, Jens-Peter: Handbuch für die Schiedsgerichtspraxis, 3. Auflage, Köln 2008.

Lackner, Karl / Kühl, Christian: Strafgesetzbuch, 28. Auflage, München 2014.

Leipziger Kommentar Strafgesetzbuch, Bd. 6, §§ 146 bis 210, 12. Auflage, Berlin 2009; Bd. 9/1, 12. Auflage, Berlin 2012; Bd. 13, §§ 331–358, 12. Auflage, Berlin 2009.

Lent, Friedrich, Wahrheitspflicht der Partei im Zivilprozeß, JW 1933, S. 2674 bis 2680.

Levin, Louis: Die rechtliche und wirtschaftliche Bedeutung des Anwaltszwangs, Berlin 1916.

–: Schutz der Freien Anwaltschaft in Untersuchung, Folgerungen und Forderungen auf der Grundlage ihrer gerichtsverfassungsmäßigen Stellung, Berlin 1930.

–: Rechtsanwälte und Rechtsbeistände, DRiZ 1930, S. 121 bis 125.

Lew, Julian D. M.: Applicable Law in International Commercial Arbitration, New York 1978.

Lew, Julian D. M. / Mistelis, Loukas / Kröll, Stefan: Comparative International Commercial Arbitration, Den Haag 2003.

Lindacher, Walter F.: Schiedsgerichtliche Kompetenz zur vorläufigen Entziehung der Geschäftsführungs- und Vertretungsbefugnis bei Personengesellschaften, ZGR 1979, S. 201 bis 221.

Lionnet, Klaus / Lionnet, Annette: Handbuch der internationalen und nationalen Schiedsgerichtsbarkeit, 3. Auflage, Stuttgart u. a. 2005.

Lonbay, Julian: Lawyer Ethics in the Twenty-first Century: The Global Practice Reconciling Regulatory and Deontological Differences – The European Experience Symposium: Ethical Issues in the Global Practice of Law, Vanderbild Journal of Transnational Law Bd. 34 (2001) S. 907 bis 930.

Lörcher, Gino / Lörcher, Heike / Lörcher, Thorsten: Das Schiedsverfahren – national / international – nach deutschem Recht, 2. Auflage, Heidelberg u. a. 2001.

Lörcher, Torsten / Lissner, Benjamin: Verhaltensregeln für Parteivertreter in internationalen Schiedsverfahren: Sinnvolles Werkzeug oder *l'art pour l' art*?, Bonner Rechtsjournal (BBJ) Sonderausgabe 1/2013, S. 25 bis 33.

Lorenz, Werner: Die Rechtsnatur von Schiedsvertrag und Schieds-spruch, AcP 157 (1958–1959), S. 265 bis 302.

Lovenfeld, Andreas F.: Singapore and the Local Bar: Aberration or III Omen?, Journal of International Arbitration Bd. 5 (1988), Heft 3 S. 71 bis 79.

Luhmann, Niklas: Legitimation durch Verfahren, 3. Auflage, Berlin 1978.

Maaß, Wolfgang: Betrug verübt durch Schweigen, Köln 1982 (Diss. iur.).

Magnus, Robert, Das Anwaltsprivileg und sein zivilprozessualer Schutz, Tübingen 2010 (Diss. iur.).

Maier, Hans Jakob: Handbuch der Schiedsgerichtsbarkeit. Ein Handbuch für die deutsche und internationale Schiedsgerichtspraxis, München 1979.

Malzer, Erich: Das Übergehen selbstständiger Angriffs- und Verteidigungsmittel im Schiedsspruch, KTS 1972, S. 65 bis 72.

Mangold, Hermann von / Klein, Friedrich / Starck, Christian (Hrsg.): Kommentar zum Grundgesetz, 6. Auflage, München 2010 (zit.: *Autor*, in: v. Mangold/ Klein/Starck (Hrsg.), GG).

Markert, Lars / Wilske, Stephan: Entwicklungen in der internationalen Schiedsgerichtsbarkeit im Jahr 2009 und 2010, SchiedsVZ 2010, S. 62 bis 67.

Matscher, Franz: Schiedsgerichtsbarkeit und EMRK, in: Habscheid, Walter J. / Schwab, Karl-Heinz (Hrsg.), Beiträge zum internationalen Vertragsrecht und zur Schiedsgerichtsbarkeit, Festschrift für Heinrich Nagel zum 75. Geburtstag, Münster 1987, S. 227 bis 245 (zit. *Matscher*, in: FS Nagel).

Matt, Holger/ Renzikowski, Joachim (Hrsg.): Strafgesetzbuch Kommentar, München 2013 (zit.: *Autor*, in: Matt/Renzikowski, (Hrsg.), StGB).

Maunz, Theodor/ Dürig, Günter (Begr.): Grundgesetz, 73. Ergänzungslieferung, München 2015.

Maurer, Anton G.: Begründet die völkerrechtliche Verweigerung der Vollstreckung eines ausländischen Schiedsspruchs einen Schadensersatzanspruch des Schiedsklägers? – Die „Durchsetzung“ multilateraler völkerrechtlicher Verträge durch private Parteien, SchiedsVZ 2011, S. 75–80.

Meier, Anke/ Gerhard, Lucie: Seven Guidelines on Party Representation – The New LCIA Rules, SchiedsVZ 2015, S. 10–15.

Menkel-Meadow, Carrie: Ethic Issues in Arbitration and related Dispute Resolution Processes: What's happening and what's not, University of Miami Law Review Bd. 56 (2001–2002), S. 949 bis 1007.

Merle, Henner: Freizügigkeit für Rechtsanwälte in der Europäischen Union. Am Beispiel der Bundesrepublik Deutschland, Frankfurt u.a. 1995 (Diss. iur.).

Meyer-Cording, Ulrich: Die Vereinsstrafe, Tübingen 1957 (Diss. iur.).

Meyer-Hauser, Bernhard F.: Anwaltsgeheimnis und Schiedsgericht, Genf 2004 (Diss. iur.).

Meyer-Ladewig, Jens: Europäische Menschenrechtskonvention – Handkommentar, 3. Auflage, Baden-Baden 2011 (zit.: *Meyer-Ladewig*, EMRK).

Michalski, Lutz / Römermann, Volker: Wettbewerbsbeschränkungen zwischen Rechtsanwälten, ZIP 1994, S. 433 bis 447.

Mistelis, Loukas (Hrsg.): Concise International Arbitration, Alphen am Rhein 2010.

Morlok, Martin: Parteiengesetz, 2. Auflage, München 2013.

Moses, Margret L.: Ethics in International Arbitration: Traps for the Unwary, Loyola University Chicago International Law Review Bd. 10 (2012), S. 73 bis 80.

Müller, Henning E.: Falsche Zeugenaussage und Beteiligungslehre, Tübingen 2000 (Diss. iur.).

Münch, Ingo von / Kunig, Philip: Grundgesetz, 6. Auflage, München 2012 (zit.: *Autor*, in: v. Münch/Kunig).

Münchener Kommentar zum Strafgesetzbuch, Bd. 4, §§ 185–262, 2. Auflage, München 2012; Bd. 5, §§ 263–358, 2. Auflage, München 2014 (zit.: *Autor*, in: Münchener Kommentar StGB).

Münchener Kommentar zur Zivilprozessordnung, Bd. 3, §§ 803–1048, 1. Auflage, München 1992 (zit.: *Autor*, in: Münchener Kommentar ZPO, 1. Aufl. 1992).

Münchener Kommentar zur Zivilprozessordnung, Bd. 1; Bd. 3, 4. Auflage, München 2012 (zit.: *Autor*, in: Münchener Kommentar ZPO).

Musielak, Hans-Joachim (Hrsg.): Kommentar zur Zivilprozessordnung, 12. Auflage, München 2015 (zit.: *Autor*, in: Musielak (Hrsg.), ZPO).

Nagel, Heinrich / Gottwald, Peter: Internationales Zivilprozessrecht, 7. Auflage, München 2013.

New York County Lawyers Association Ethics Institute (Hrsg.): The New York Rules of Professional Conduct Winter 2012. Bd. 1: Rules, Commentary, and Practice Aids, New York 2012.

Noack, Erwin: Kommentar zur Reichs-Rechtsanwaltsordnung in der Fassung vom 21. Febr. 1936, 2. Auflage, Leipzig 1937.

Nolte, Achim: Durchbruch auf dem Weg zu einem gleichwertigen staatlichen Rechtsschutz in „Kirchensachen"?!, NJW 2000, S. 1844 bis 1845.

Offermann-Burkhardt, Susanne: Vermögensverfügungen Dritter im Betrugstatbestand, Berlin 1994 (Diss. iur.).

Olzen, Dirk: Die Wahrheitspflicht der Parteien im Zivilprozeß, ZZP Bd. 98 (1985), S. 403 bis 426.

Park, William W.: Arbitration in international Business Disputes. Studies in Law and Practice, 2. Auflage, Oxford 2012.

Paulsson, Jan: Standards of Conduct for Counsel in International Arbitration, American Review on International Arbitration Bd. 3 (1992), S. 214 bis 225.

Pfeiffer, Thomas: Die revisionsrechtliche Kontrolle der Anwendung ausländischen Rechts, NJW 2002, S. 3306 bis 3308.

Piech, Xenia: Der Prozessbetrug im Zivilprozess, Frankfurt a.M. 1998 (Diss. iur.).

Pittkowitz, Nikolaus: Die Aufhebung von Schiedssprüchen, Wien 2008.

Poudret, Jean-François / Besson, Sébastien: Comparative Law of International Arbitration, 2. Auflage, London 2007.

Protzen, Peer Daniel G.: „Prozessbetrug" durch Behaupten abstrakter Rechtssätze, wistra 2003, S. 208 bis 211.

Prütting, Hanns: Die rechtlichen Grundlagen anwaltlicher Berufspflichten und das System der Reaktion bei anwaltlichem Fehlverhalten, AnwBl. 1999, S. 361 bis 363.

Prütting, Hanns / Gehrlein, Markus: ZPO Kommentar, 7. Auflage, Köln 2015.

Prütting, Hanns / Kremer, Gerrit: Die Rechtsanwaltschaft beim BGH im Lichte des Verfassungsrechts, JZ 2003, S. 239 bis 245.

Puchta, Georg Friedrich: Das Gewohnheitsrecht, Teil II, Erlangen 1837.

Raeke, Walter: Dienst am Recht, JW 1936, S. 1 bis 3.

Reichsjustizministerium (Hrsg.): Entwurf einer Zivilprozeßordnung, Berlin 1931.

Reichsjustizministerium: Einladung des Reichsjustizministers vom 2.6.1933, GStA PK I Ha Rep. 84a/75, Bl. 847.

Reichskanzlei: Begründung zur Kabinettsvorlage, BArch R 43 II, Nr. 1534, Bl. 31 zu Nr. 2.

Reinecke, Stefan: Otto Schily – Vom RAF-Anwalt zum Innenminister, Biografie, 1. Auflage, Hamburg 2003.

Reiner, Andreas: Schiedsverfahren und rechtliches Gehör, ZfRV 2003, S. 52 bis 72.

Reiser, Rachel: Applying Privilege in International Arbitration: The Case for a Uniform Rule, in: Cardozo Journal of Conflict Resolution, Bd. 13 (2012) S. 653 bis 678.

Reismann, William Michael: Nullity and Revision: The Review and Enforcement of International Judgments and Awards, New Haven 1971.

Reithmann, Christoph / Martiny, Dieter (Hrsg.): Internationales Vertragsrecht, 7. Auflage, Köln 2010.

Rengier, Rudolf: Strafrecht Besonderer Teil I. Vermögensdelikte, 13. Auflage, München 2011.

Rensmann, Thilo: Anationale Schiedssprüche: Eine Untersuchung zu den Wirkungen anationaler Schiedssprüche im nationalen Recht, Berlin 1997 (Diss. iur.).

Rick, Markus B.: Die verfassungsrechtliche Stellung des Rechtsanwalts, Berlin 1998 (Diss. iur.).

Rivkin, David W.: Restrictions on Foreign Counsel in International Arbitrations, in: van den Berg, Albert (Hrsg.), XVI Yearbook Commercial Arbitration 1991, S. 402 bis 412.

Rogers, Catherine A.: Fit and Function in Legal Ethics: Developing a Code of Conduct for International Arbitration, Michigan Journal of International Law Bd. 23 (2001–2002), S. 341 bis 423.

–: Context and Institutional Structure in Attorney Regulation: Constructing an Enforcement Regime for International Arbitration, Stanford Journal of International Law Bd. 39 (2003), S. 1 bis 58.

–: Lawyers Without Borders, University of Pennsylvania, Journal of International Law Bd. 30 (2008–2009), 1035 bis 1086.

–: The Ethics of Advocacy in International Arbitration, in: Bishop, R. Doak / Kehoe, Edward D. (Hrsg.), The Art of Advocacy in International Arbitration, 2. Auflage, Huntington 2011, S. 49 ff.

–: Ethics in International Arbitration, Oxford 2014.

Rosenberg, Leo / Schwab, Karl-Heinz / Gottwald, Peter: Zivilprozessrecht, 17. Auflage, München 2010.

Rotunda, Ronald D. / Dzienkowski, John S.: Legal Ethics. The Lawyer's Deskbook on Professional Responsibility: 2010–2011, Eagan 2012.

Rubinstein, Javier H. / Guerrina, Britton B.: The Attorney-Client Privilege and International Arbitration, Journal of International Arbitration, Bd. 18 (2001), S. 587 bis 602.

Rücker, Simone: Rechtsberatung. Das Rechtsberatungswesen von 1919–1945 und die Entstehung des Rechtsberatungsmissbrauchsgesetzes von 1935, Tübingen 2007 (Diss. iur.).

–: Das Ende der Rechtsberatung durch jüdische Juristen. Zur Entrechtung der ab 1933 aus der Anwaltschaft ausgeschlossenen Juristen, AnwBl. 2007, S. 801 bis 808.

Rühl, Gisela: Die Begrenzung des § 142 ZPO durch das Anwaltsprivileg, ZZP Bd. 125 (2012), S. 25 bis 40.

Rüping, Hinrich: Rechtsanwälte im Bezirk Celle während des Nationalsozialismus, 2. Auflage, Berlin 2010.

–: Rechtsanwälte und Rechtswahrer. Zur Lage eines freien Berufs im Nationalsozialismus, AnwBl. 2007, S. 808 bis 811.

Sachs, Michael (Hrsg.): Grundgesetz. Kommentar, 7. Auflage, München 2014.

Saenger, Ingo (Hrsg.): Zivilprozessordnung. Handkommentar, 5. Auflage, Baden-Baden 2013.

Samuel, Adam: Arbitration, Alternative Dispute Resolution Generally and the European Convention on Human Rights, Journal of International Arbitration, Bd. 21 (2004), S. 413 bis 437.

Sarvarian, Arman: Professional Ethics at the International Bar, Oxford 2013.

Satzger, Helmut / Schmitt, Bertram / Widmaier, Gunter (Hrsg.): Strafgesetzbuch. Kommentar, 2. Auflage, Köln u.a. 2014.

Sawang, Judith: Geheimhaltung und rechtliches Gehör im deutschen Schiedsverfahren nach deutschem Recht, Tübingen 2010 (Diss. iur.).

Schier, Wolfgang: Stellung des Rechtsanwalts in der Rechtsprechung der Verfassungsgerichte, AnwBl. 1984, S. 410 bis 416.

Schiedermair, Gerhard: Vereinbarungen im Zivilprozess, Bonn 1935.

Schild, Wolfgang: Täterschaft als Tatherrschaft: Erweiterte Fassung eines Vortrages gehalten vor der Juristischen Gesellschaft zu Berlin am 22. Januar 1992, Berlin 1994.

Schlabrendorff, Fabian von / Sheppard, Audley: Conflict of Legal Privileges in International Arbitration: An Attempt to Find a Holistic Solution, in: Aksen, Gerald u.a. (Hrsg.), Global Reflections on International Law, Commerce and Dispute Resolution: Liber Amicorum in Honour of Robert Briner, Paris 2005, S. 743 bis 774.

Schlosser, Peter: Das Recht der internationalen privaten Schiedsgerichtsbarkeit, 2. Auflage, Tübingen 1989.

–: Die lange deutsche Reise in die prozessuale Moderne, JZ 1991, S. 599 bis 608.

–: Zugang der Prozessparteien zu den Informationsquellen, JZ 2003, S. 427 bis 428.

–: Verfahrensrechtliche und berufsrechtliche Zulässigkeit der Zeugenvorbereitung, SchiedsVZ 2004, S. 225 bis 230.

–: Der Privatvertrag mit Zeugen und Forumsexperten, RIW 2005, 81 bis 91.

Schmidt-Bleibtreu, Bruno / Hofmann, Hans / Henneke, Hans-Günter (Hrsg.): Kommentar zum Grundgesetz, 13. Auflage, Köln u. a. 2014.

Schneider, Rolf: Der Rechtsanwalt, ein unabhängiges Organ der Rechtspflege, Berlin 1976 (Diss. iur.).

Schneider, Michael E.: President's Message: Yet another Opportunity to Waste Time and Money on Procedural Skirmishes: The IBA Guidelines on Party Representation, ASA Bulletin Bd. 31 (2013), S. 496 bis 499. (zit.: *M. E. Schneider*)

Schönke, Adolf / Schröder Horst (Begr.): Strafgesetzbuch. Kommentar, 29. Auflage, München 2014.

Schröder, Jan: Urteilsanmerkung zu BGH, JR 1958, 106, JR 1958 S. 106 bis 107.

Schütze, Rolf A.: Schiedsgericht und Schiedsverfahren, 1. Auflage, München 1991. (zit. *Schütze*, Schiedsgericht und Schiedsverfahren, 1. Aufl.).

–: Deutsches Internationales Zivilprozessrecht unter Einschluss des Europäischen Zivilprozessrechts, 2. Auflage, Berlin 2005.

–: Schiedsgericht und Schiedsverfahren, 5. Auflage, München 2012.

Schütze, Rolf A. / Tscherning, Dieter / Wais, Walter: Handbuch des Schiedsverfahrens, 1. Auflage, Berlin 1990.

Schwab, Karl Heinz: Bemerkungen zur Rechtskraft inter omnes und zur Geltung der Grundrechte im Schiedsverfahren, in: Schilken, Eberhard / Becker-Eberhard, Ekkehard / Walter, Gerhard (Hrsg.), Festschrift für Hans Friedhelm Gaul zum 70. Geburtstag, Bielefeld 1997, S. 729 bis 737 (zit.: *Schwab*, in: FS Gaul).

Schwab, Karl Heinz / Walter, Gerhard: Schiedsgerichtsbarkeit. Systematischer Kommentar zu den Vorschriften der Zivilprozeßordnung, des Arbeitsgerichtsgesetzes, der Staatsverträge und der Kostengesetze über das privatrechtliche Schiedsgerichtsverfahren, 7. Auflage, München 2005.

Seier, Jürgen: Strafrecht-BT – Betrug durch Verschweigen von Tatsachen im Räumungsprozeß, JA 1983 S. 337 bis 338.

–: Prozeßbetrug durch Rechts- und ungenügende Tatsachenbehauptungen, ZStW Bd. 102 (1990), S. 563 bis 595.

Shaughnessy, Patricia: Dealing with Privileges in International Arbitrartion, in: Stockholm Institute for Scandinavian Law (Hrsg.), Scandinavian Studies in Law Bd. 51, Stockholm 2007, S. 451 bis 469.

Siegrist, Hannes: Advokat, Bürger und Staat, Bd. 1: Sozialgeschichte der Rechtsanwälte in Deutschland, Italien und der Schweiz (18.-20. Jh.), Frankfurt a.M. 1996.

Smit, Hans, The Future of International Commercial Arbitration: A Single Transnational Institution, Columbia Journal of Transnational Law Bd. 25 (1986–1987), S. 9 bis 34.

Solomon, Dennis: Die Verbindlichkeit von Schiedssprüchen in der internationalen privaten Schiedsgerichtsbarkeit: zur Bedeutung nationaler Rechtsordnungen und der Entscheidungen nationaler Gerichte für die Wirksamkeit internationaler Schiedssprüche, München 2007.

Spohnheimer, Frank: Gestaltungsfreiheit durch antizipiertes Legalanerkenntnis des Schiedsspruchs: zugleich ein Beitrag zur Gewährung rechtlichen Gehörs in Schiedsverfahren und zur Aufhebung von Schiedssprüchen, Tübingen 2010 (Diss. iur.).

Stein, Friedrich (Begr.) / Jonas, Martin: Kommentar zur Zivilprozessordnung, Bd. 7/2 §§ 946–1048, 21. Auflage, Tübingen 1994 (zit.: Autor, in: Stein/Jonas, ZPO, 21. Aufl. 1994).

Stein, Friedrich (Begr.) / Jonas, Martin: Kommentar zur Zivilprozessordnung, Bd. 3, §§128–252; 22. Auflage, Tübingen 2005; Bd. 5, §§ 328–510b, 22. Auflage, Tübingen 2006; Bd. 9, §§ 916–1066, 22. Auflage, Tübingen 2002 (zit.: *Autor*, in: Stein/Jonas, ZPO).

Steindl, Barbara Helene: Guerilla Tactics in International Arbitration & Litigation – A fine line – How to counter and employ, Schriftliche Fassung eines Vortrags auf der ICC Austria Conference am 12/13 November 2010 in Wien, erreichbar unter www.transnational-dispute-management.com (letzter Besuch: 27.05.2011), S. 2.

Stüven, Corinna: Schiedsverfahrensbezogene Parteivereinbarungen, Göttingen 2003 (Diss. iur.).

Systematischer Kommentar zum Strafgesetzbuch, 138. Ergänzungslieferung, Köln 2013.

Terry, Laurel S.: U.S. Legal Ethics: The Coming of Age of Global and Comparative Perspectives, Washington University Global Studies Law Review, Bd. 4 (2005), 463 bis 535.

Tettinger, Peter J.: Fairness und Waffengleichheit, München 1984.

Thomas, Heinz / Putzo, Hans (Begr.): Zivilprozessordnung, 36. Auflage, München 2015.

Timmerbeil, Sven: Witness Coaching und Adversary System. Der Einfluss der Parteien und ihrer Prozessbevollmächtigten auf Zeugen und Sachverständige im deutschen und U.S:-amerikanischen Zivilprozess, Tübingen 2004 (Diss. iur.).

Toulmin, John: Worldwide Common Code of Professional Ethics?, Fordham International Law Bd. 15 (1992), S. 673 bis 698.

Umbach, Thomas C. / Clemens, Dieter (Hrsg.): Grundgesetz. Mitarbeiterkommentar, Heidelberg 2002.

Ungeheuer, Christina: Die Beachtung von Eingriffsnormen in der internationalen Handelsschiedsgerichtsbarkeit, Frankfurt a.M. u.a. 1997 (Diss. iur.).

Vagts, Detlev F.: Professional Responsibility in Transborder Practice: Conflict and Resolution, Georgetown Journal of Legal Ethics, Bd. 13 (1999–2000), 677 bis 698.

van den Berg, Albert Jan: The New York Arbitration Convention of 1958, Towards A Uniform Judicial Interpretation, Alphen am Rhein 1981.

van Houtte, Hans: Counsel–Witness Relations and Professional Misconduct in Civil Law Systems, Arbitration International Bd. 19 (2003), S. 457 bis 463.

Vogel, Hans-Jochen: Strafverfahrensrecht und Terrorismus – eine Bilanz, NJW 1978, S. 1217 bis 1228.

Voit, Wolfgang: Privatisierung der Gerichtsbarkeit, JZ 1997, S. 120 bis 125.

Vorwerk, Volkert / Wolf, Christian (Hrsg.): Beck'scher Onlinekommentar zur Zivilprozessordung, Edition 16 (Stand: 1.3.2015), München 2015. (zit.: *Autor*, in: Vorwerk/Wolf (Hrsg.), BeckOK ZPO).

Wagner, Gerhard: Prozessverträge: Privatautonomie im Verfahrensrecht, Tübingen 1998.

–: Urkundenedition durch Prozessparteien – Auskunftspflicht und Weigerungsrechte, JZ 2007, S. 706 bis 719.

Waincymer, Jeff: Reconciling Conflicting Rights in International Arbitration: The Right to Choice of Counsel and the Right to an Independent and Impartial Tribunal, in: Arbitration International Bd. 25 (2010), S. 597 bis 623.

–: Procedure and Evidence in International Arbitration, Alphen am Rhein 2012.

–: IBA Guidelines on Party Representation in International Arbitration, www.kluwerarbitrationblog.com (letzter Abruf: 13.01.2014).

Waldner, Wolfram (Hrsg.): Der Anspruch auf rechtliches Gehör, 2. Auflage, Köln 2000.

Wassermann, Rudolf: Louis Levin, Ein „Führer der Praxis" in: Heinrichs, Helmut / Fransky, Harald / Schmalz, Klaus / Stolleis, Michael (Hrsg.), Deutsche Juristen jüdischer Herkunft, München 1993, S. 495 bis 506.

–: Auch die Justiz kann aus der Geschichte nicht aussteigen. Studien zur Justizgeschichte, Baden-Baden 1990.

Webster, Thomas H.: Handbook of UNCITRAL Arbitration. Commentary, Precedents & Models for UNCITRAL-based Arbitration Rules, London 2010.

Weisenberger, Kirsten: Peace is not the Absence of Conflict: A Response to Professor Roger's Article "Fit and Function in Legal Ethics", Wisconsin International Law Journal Bd. 25 (2008), S. 89 bis 127.

Wessels, Johannes / Hillenkamp, Thomas: Strafrecht Besonderer Teil 2, 35. Auflage, Heidelberg 2012.

Whelan, Christopher J.: Ethics Beyond the Horizon: Why Regulate the Global Practice of Law?, Vanderbilt Journal of Transnational Law, Bd. 34 (2001), S. 931 bis 952.

Wiegand, Wolfgang: Studien zur Rechtsanwendungslehre der Rezeptionszeit, München 1977.

–: Iura novit curia vs. ne ultra petita – Die Anfechtbarkeit von Schiedsgerichtsurteilen im Lichte der jüngsten Rechtsprechung des Bundesgerichts, in: Greiner, Monique Jametti / Berger, Bernhard / Güngerich, Andreas (Hrsg.), Rechtsetzung und Rechtsdurchsetzung: Zivil- und schiedsverfahrensrechtliche Aspekte, Festschrift für Franz Kellerhals zum 65. Geburtstag, Bern 2005, S. 127 bis 144 (zit.: *Wiegand*, in: FS Kellerhals).

Wilske, Stephan: Cost Sanctions in the Event of Unreasonable Exercise or Abuse of Procedural Rights – A Way to Control Costs in International Arbitration?!, SchiedsVZ 2006, S. 188 bis 191.

–: Crisis – What Crisis – The Development of International Arbitration in Tougher Times, Contemporary Asia Arbitration Journal Bd. 2 (2009), S. 187 bis 217.

–: Sanctions for Unethical and Illegal Behavior in International Arbitration: A Double-Edged Sword, Contemporary Asia Arbitration Journal Bd. 3 (2011), S. 211 bis 236.

–: Arbitration Guerillas at the Gate – Preserving the Civility of Arbitral Proceedings when the Going Gets (Extremly) Tough, in: Klausegger, Christian u.a. (Hrsg.), Austrian Yearbook on International Arbitration 2011, S. 315 bis 334.

Wolf, Christian: Die institutionelle Handelsschiedsgerichtsbarkeit, München 1992 (Diss. iur.).

–: Maltez vs. Lewis – ein Lehrstück für den deutschen Anwaltsmarkt, in: Bachmann, Birgit / Breidenbach, Stephan / Coester-Waltjen, Dagmar / Heß, Burkhard / Nelle, Andreas / Wolf, Christian (Hrsg.), Grenzüberschreitungen. Beiträge zum Internationalen Verfahrensrecht und zur Schiedsgerichtsbarkeit.

Festschrift für Peter Schlosser zum 70. Geburtstag, Tübingen 2005, S. 1121 bis 1139 (zit.: *Wolf*, in: FS Schlosser).

–: Freiheit des Rechtsanwalts – Grundrecht des rechtlichen Gehörs, in: Verfassungen – Zwischen Recht und Politik, Hufen, Friedhelm (Hrsg.), Festschrift zum 70. Geburtstag für Hans Peter Schneider, Baden-Baden 2008, S. 414 bis 428 (zit.: *Wolf*, in: FS Schneider).

Wolf, Christian / Hasenstab, Sven: Grenzüberschreitender Schutz des Anwaltsgeheimnisses in Europa – Kollisionsrechtliche Überlegungen anlässlich der EuGH Rechtssache Akzo Akros, BRAK-Mitt. 2010 S. 150 bis 157.

–: Hybride Verfahrensgestaltung internationaler Schiedsverfahren, RIW 2011, S. 612 bis 619.

Wydick, Richard C.: The Ethics of Witness Coaching, Cardozo Law Review Bd. 17 (1995–1996), S. 1 bis 52.

Zekoll, Joachim / Bolt, Jan: Die Pflicht zur Vorlage von Urkunden im Zivilprozess – Amerikanische Verhältnisse in Deutschland?, NJW 2002, S. 3129 bis 3134.

Zieren, York: Das Schiedsverfahrensrecht der ZPO (1877–1933) unter Berücksichtigung der Genfer Übereinkommen von 1923 und 1927 sowie der Rechtsprechung des Reichsgerichts, Frankfurt a.M. 2013 (Diss. iur.).

Zöller, Richard (Begr.): Zivilprozessordnung, 20. Auflage, Köln 1997 (zit.: *Autor*, in: Zöller, ZPO, 20. Aufl. 1997).

Zöller, Richard (Begr.): Zivilprozessordnung, 31. Auflage, Köln 2015 (zit.: *Autor*, in: Zöller, ZPO).

Zuberbühler, Tobias / Müller, Christoph / Habegger, Philipp (Hrsg.): Swiss Rules of International Arbitration: Commentary, Genf 2005.

Zuck, Rüdiger: Anwalt oder Gericht – Wer sichert das rechtliche Gehör?, AnwBl. 2006, S. 773 bis 779.

–: Internationales Anwaltsrecht, NJW 1987, S. 3033 bis 3036.

Inhaltsverzeichnis

Ziel der Untersuchung

Die internationale Schiedsgerichtsbarkeit spielt für die Beilegung grenzüberschreitender Wirtschaftsstreitigkeiten seit jeher eine große Rolle. Einer ihrer Vorzüge ist es, dass regelmäßig auch ausländische Rechtsanwälte[1] vor Schiedsgerichten vertreten dürfen und die Schiedsparteien somit nicht darauf verwiesen sind, einen Rechtsanwalt am Schiedsverfahrensort zu mandatieren.[2]

Doch nach welchen Vorschriften müssen sich anwaltliche Parteivertreter bei ihrer Tätigkeit eigentlich ausrichten? Im staatlichen Gerichtsverfahren sind in der Regel nur Rechtsanwälte postulationsfähig, die (zumindest auch) bei dem verhandelnden Gericht zugelassen sind. Das Berufsrecht ist in diesem Fall auf das Prozessrecht abgestimmt. Dies gilt auch für die Anwendung strafrechtlicher Vorschriften.

Im internationalen Schiedsverfahren ist es jedoch keinesfalls selbstverständlich, dass das Verhalten des ausländischen Rechtsanwalts weiterhin von dem Berufsrecht an seinem Zulassungsort geregelt wird oder dass dieses gar auf die das Verfahrens- Berufs- und Strafrecht am Schiedsverfahrensort abgestimmt ist. Letztlich ist auch innerhalb der deutschen Rechtsordnung nicht abschließend geklärt, ob und wie etwa strafrechtliche Vorschriften wie das Verbot des Prozessbetrugs eine Tätigkeit im Schiedsverfahren erfassen.

Dieses alles wird von vielen Schiedsgerichtsbarkeitsexperten als problematisch empfunden.[3] Teilweise finden sich sogar Stimmen, die davor warnen, dass

---

1 Der Begriff „Rechtsanwälte“ bezieht sich in dieser Untersuchung auf in- und ausländische Berufsträger, sofern sich aus dem Kontext nichts anderes ergibt.

2 *Blackaby/Partasides/Redfern/Hunter*, Redfern and Hunter on International Arbitration, Rn. 11.169; *Born*, International Commercial Arbitration, Bd. 2 S. 2303; *Lachmann*, Handbuch der Schiedsgerichtspraxis, Rn. 1367. Zu den wenigen verbliebenen Ausnahmen siehe *Born*, International Commercial Arbitration, S. 2294 f.; siehe weiterhin *Lachmann*, Handbuch der Schiedsgerichtspraxis, Rn. 1367, der ausführt, dass Länder, die noch „fremdenfeindliche“ Vorschriften in Bezug auf die Vertretung durch ausländische Rechtsanwälte haben, ausländische Parteien davon abhalten würden, ihr Schiedsverfahren dort stattfinden zu lassen. Ähnlich *Blackaby/Partasides/Redfern/Hunter*, Redfern and Hunter on International Arbitration, Rn. 11.169 sowie *Kreindler/Schäfer/Wolff*, Schiedsgerichtsbarkeit, Rn. 710.

3 Siehe hier nur: *Berger*, Internationale Wirtschaftsschiedsgerichtsbarkeit, S. 278 f.; *Blackaby/Partasides/Redfern/Hunter*, Redfern and Hunter on International Arbitration, Rn. 3.227 f.; *Born*, International Commercial Arbitration, Bd. 2 S. 2304 ff.; *Glossner/Bredow/Bühler*, Das Schiedsgericht in der Praxis, Rn. 293 f.; *Horvath*, in: Klausegger

internationale Schiedsverfahren aufgrund dieser Ungewissheiten ein „*unleveled playingfield*“[4] oder gar ein „*ethical no-man's land*“[5] seien. Auch eine Studie der International Bar Association („**IBA**“) im Jahre 2010 hat gezeigt, dass unter den Akteuren in der internationalen Schiedsszene keine Einigkeit darüber herrscht, welche Regelungen Anwendung finden. 63 % glaubten, dass ihr Heimatrecht auch eine Tätigkeit vor (aus ihrer Sicht) ausländischen Schiedsgerichten reguliere, 56 % glaubten, dass (auch) andere berufsrechtliche Normen ihre Tätigkeit erfassen könnten, 27 % waren sich nicht sicher und 10 % hatten sich mit der Frage bisher nicht beschäftigt oder glaubten, gar keinen Regeln unterworfen zu sein.[6]

Diese Frage nach der richtigen Regulierung von Parteivertretern im Schiedsverfahren hat nicht zuletzt aufgrund der Einführung der „ *IBA Guidelines on Party Representation in International Arbitration*“ („**IBA Guidelines für Parteivertreter**“) im Jahre 2013 an Brisanz gewonnen. Diese Guidelines sollen das Verhalten von Parteivertretern in internationalen Schiedsverfahren ergänzend zu den ansonsten anwendbaren zwingenden staatlichen Normen regeln und sehen zugleich auch eigene (ergänzende) Sanktionsmöglichkeiten vor.[7] Weiterhin legte der London Court of International Arbitration („**LCIA**“) im Jahre 2014 einen Entwurf seiner neuen Schiedsregeln vor, in denen sich auch Verhaltensregeln für Parteivertreter befinden, die in einem LCIA-Verfahren als Bevollmächtigter auftreten.[8] Diese sind am 1. Oktober 2014 in Kraft getreten.[9]

Doch ist eine derartige Regulierung für den Schiedsstandort Deutschland überhaupt notwendig oder gar sinnvoll? Ziel der vorliegenden Untersuchung ist es zunächst, herauszuarbeiten, welche Garantien der anwaltlichen Vertretung es in Bezug auf internationale Schiedsverfahren mit Sitz in Deutschland überhaupt gibt. Dazu soll zunächst untersucht werden, welche Bedeutung die Möglichkeit der anwaltlichen Vertretung im Schiedsverfahren in der deutschen

---

u.a. (Hrsg.), Austrian Yearbook on International Arbitration 2011, 297 (313); *Park*, Arbitration of international Business Disputes, S. 465.

4 *Rogers*, Michigan Journal of International Law 23 (2001–2002), 341 (374).

5 *Rogers*, Michigan Journal of International Law 23 (2001–2002), 341 (342) siehe auch das Interview mit dem markanten Titel "*Is Arbitration an Ethical Wasteland?*" mit *Castelo/ Rogers*, in: Global Arbitration Review vom 17. Juni 2009.

6 Weiterführend: *Rogers*, Ethics in International Arbitration, S. 18.

7 Abrufbar unter www.ibanet.org. (letzter Abruf: 16.01.2014).

8 Siehe dazu: *Nelson*, The LCIA Arbitrator Challenge Digests: An Interview with William (Rusty) Park, Kluwer Arbitration Blog vom 23.11.2011, www.kluwerarbitrationblog.com (letzter Abruf: 16.01.2014).

9 Sie zum Vergleich der LCIA-Rules und der IBA Guidelines für Parteivertreter: *Meier/ Gerhard*, SchiedsVZ 2015, 10 (10 ff.).

Rechtsordnung hat und inwieweit diese beschränkbar ist (**Teil 1**). Weiterhin soll aufgezeigt werden, dass das Strafrecht im Schiedsverfahren einen verhaltensrechtlichen Mindeststandard aufstellt, der durch die jeweils anwendbaren nationalen Berufsrechte ergänzt wird. Dass dieser Mindeststandart für die Regulierung anwaltlicher Parteivertreter im Schiedsverfahren im Prinzip ausreicht, ist eine der Grundhypothesen dieser Untersuchung. Ebenso soll jedoch aufgezeigt werden, wie in Fällen, in denen Parteivertreter verschiedenen Berufsrechten unterfallen, ein Ausgleich zwischen unterschiedlichen Standards praktisch stattfinden kann. Konkret wird dies anhand der Themenfelder Zeugenvorbereitung, Verbot der Vertretung widerstreitender Interessen, Verbot wahrheitswidrigen Vortrags, Kommunikation mit Schiedsrichtern und Anwaltsgeheimnis geschehen (**Teil 2**). Sodann wird darauf aufbauend eine Bewertung der IBA Guidelines für Parteivertreter als ergänzendes Soft-Law sowie des Ansatzes des LCIA für den Standort Deutschland vorgenommen und die Frage beantwortet, ob die dort enthaltenen Regelungen insoweit rechtlich zulässig und inhaltlich wünschenswert sind (**Teil 3**).

1. Teil: Gewähr anwaltlicher Vertretung

Im ersten Teil dieser Untersuchung wird die rechtliche Bedeutung der anwaltlichen Vertretung in Schiedsverfahren mit Sitz in Deutschland herausgearbeitet. Dies dient dem Ziel, die inhaltliche Reichweite der in § 1042 Abs. 2 ZPO enthaltenen Garantie der anwaltlichen Vertretung zu bestimmen.

§ 1042 Abs. 2 ZPO ist die einzige Norm innerhalb des 10. Buchs der ZPO, die eine direkte Aussage zu der Frage enthält, wer in einem Schiedsverfahren als Bevollmächtigter für eine Partei auftreten darf. Sie lautet: „*Rechtsanwälte dürfen als Bevollmächtigte nicht ausgeschlossen werden.*" Anders als der Großteil der übrigen Regelungen im 10. Buch der ZPO findet § 1042 Abs. 2 ZPO keine Entsprechung im UNCITRAL Modellgesetz von 1985, auf dem das deutsche Schiedsverfahrensrecht seit der Reform von 1998 weitgehend basiert.[10] § 1042 Abs. 2 ZPO beruht vielmehr auf § 1034 Abs. 1 S. 2 ZPO a.F., der bereits im Jahr 1933 in die ZPO eingeführt wurde.[11]

International ist § 1042 Abs. 2 ZPO wohl eine einzigartige Regelung. Zwar bestimmt etwa auch Sec. 36 des English Arbitration Act von 1996, dass eine Schiedspartei durch einen Rechtsanwalt oder eine anderen Person ihres Vertrauens vertreten werden darf.[12] Allerdings ist diese Regel schon ihrem Wortlaut nach nicht zwingend und schützt insbesondere den einzelnen Rechtsanwalt auch nicht vor einem Ausschluss aus dem Schiedsverfahren.[13]

Im Folgenden soll zunächst auf die Entstehungsgeschichte des heutigen § 1042 Abs. 2 ZPO eingegangen werden. Dabei wird auch aufgezeigt, wie sich die Definition des Begriffs „Rechtsanwalt" im Laufe der Zeit verändert hat (**A.**). Sodann soll die genaue inhaltliche Aussage von § 1042 Abs. 2 ZPO ermittelt werden. Ausgangspunkt dabei ist die Frage, welche Tätigkeiten (**B.**) und welche Rechtsanwälte (**C.**) von der Norm heute umfasst werden. Schließlich ist herauszuarbeiten, ob das in § 1042 Abs. 2 ZPO enthaltene Ausschlussverbot tatsächlich absolut gelten

10 BT-Drs. 13/5274, S. 46.

11 Näheres dazu siehe unten A. I.

12 Ähnliche Regelungen finden sich auch in Art. 5 der UNCITRAL Schiedsregeln 2010 sowie in Art. 21 Abs. 4 der ICC-Schiedsregeln.

13 Im English Arbitration Act wird der nichtzwingende Charakter vornehmlich durch das Beschleunigungsgebot begründet, das durch die Wahl unabkömmlicher Rechtsanwälte oder einer Beiziehung erst während des Verfahrens vereitelt werden könnte. Vgl. *Sheppard*, in: Mistelis (Hrsg.), Concise, English Arbitration Act, Section 36, Rn. 3, S. 775.

kann (**D.**). Dazu wird auch der Frage nachzugehen sein, inwieweit § 1042 Abs. 2 ZPO im Kontext von Verfassungs- oder Völkervertragsrecht auszulegen ist.

A. Genese von § 1042 Abs. 2 ZPO

Die historisch interessante Entstehungsgeschichte von § 1042 Abs. 2 ZPO wurde in der schiedsgerichtlichen Literatur bisher kaum aufgearbeitet. Eine kurze Erörterung findet sich bei York *Zieren*, der die Entwicklung des deutschen Schiedsverfahrensrechts von 1877 bis 1933 untersucht hat.[14] Weitere Hinweise auf die Entstehungsgeschichte finden sich in der Kommentierung von Joachim *Münch* im Münchener Kommentar[15] sowie in einem Handbuch von Hans Jakob *Maier*.[16]

Im Folgenden soll die Entstehungsgeschichte in zwei Abschnitten dargestellt werden: Der Einführung von § 1034 Abs. 1 S. 2, 3 ZPO a.F. im Jahr 1933 (**I.**) und der Überführung der Norm in § 1042 Abs. 2 ZPO im Jahre 1998 (**II.**).

I. Vorgeschichte und Einführung 1933

1. Erste Entwürfe von Louis Levin

Ende des 19. und Anfang des 20. Jahrhunderts war die Streitbeilegung vor Schiedsgerichten in Deutschland sehr beliebt.[17] Allein in Berlin waren im Jahr 1909 insgesamt etwa 1.030 Streitigkeiten bei den permanenten Schiedsgerichten der einzelnen Handelskammern anhängig.[18] Rechtsanwälten war der Zugang zu dieser Verfahrensart jedoch teilweise verwehrt, da Schiedsrichter sie mitunter nicht als Vertreter zuließen.[19] Hans Jakob *Maier* sieht den vermutet dazu, dass man von Seiten der Schiedsrichter lieber unter sich bleiben und eigene Überlegenheit ausspielen bzw. fremde verhindern wollte.[20] Dies mag für die Parteien

14 *Zieren*, Das Schiedsverfahrensrecht der ZPO (1877–1933), S. 197 f.

15 *Münch*, in: Münchener Kommentar ZPO, § 1042 Rn. 63 (Fn. 180).

16 *Maier*, Handbuch der Schiedsgerichtsbarkeit, Rn. 264; *ders.*, in: Münchener Kommentar ZPO, 1. Aufl. 1992, § 1034 Rn. 23.

17 Siehe dazu *Born*, International Commercial Arbitration, S. 50 f. mwN.

18 *Haeger*, Schiedsgerichte für Rechtsstreitigkeiten der Handelswelt, S. 21.

19 Siehe als Beispiele: RG JW 1906, 574 (574): „*Im Allgemeinen steht die Zulassung von Anwälten im freien Ermessen der Schiedsrichter*"; LG Berlin JW 1931, 3583: „*Es sind Fälle denkbar, in denen die Vertretung durch Anwälte dem Zweck des SchiedsG. widersprechen kann*"; KG Berlin JW 1933, 533 (533): „*Ein Anspruch der Parteien, sich vor dem Schiedsgericht so zu verteidigen, wie sie es für richtig halten, kann in dieser Allgemeinheit nicht anerkannt werden.*"

20 So *Maier*, Handbuch der Schiedsgerichtsbarkeit, Rn. 264.

zwar einerseits zu einer kürzeren Verfahrensdauer und Kostenersparnis geführt haben; letztlich führte der Ausschluss faktisch aber auch zu einer Beschränkung ihrer Möglichkeiten zur Rechtsverfolgung oder Rechtsverteidigung.[21]

Für die Rechtsanwälte war der nicht vorhandene Zugang vor allem ein wirtschaftlicher Faktor. Insbesondere zu Zeiten der Weimarer Republik klagte der Berufsstand u.a. über zu viele Berufsträger und zu viel Konkurrenz durch Nicht-Anwälte. Diese bestand seinerzeit auch im Bereich der Verfahrensführung. Hintergrund war, dass es damals viele sogenannte „Rechtskonsulenten" gab, die sich als gewerbliche Rechtsberater, Rechtsvertreter und Schriftsatzverfasser betätigten, ohne dabei in der Regel über ein juristisches Studium zu verfügen.[22] Oft besaßen Rechtskonsulenten nicht einmal eine höhere Schulbildung sondern hatten ihre Kenntnisse aus praktischen Erfahrungen, wie etwa einer Tätigkeit als Rechtsanwalts- oder Notargehilfe erworben. Teilweise eigneten sie sich ihre Kenntnisse auch schlicht autodidaktisch an. In der öffentlichen Wahrnehmung hatten Rechtskonsulenten einen entsprechend schlechten Ruf und wurden oft auch abfällig als „Winkeladvokaten" bezeichnet.[23]

Möglich war die Tätigkeit der Rechtskonsulenten, da die Gewerbeordnung von 1869 schon damals den Grundsatz der Gewerbefreiheit vorsah und es an einer speziellen Regelung fehlte. Nach § 35 GewO konnten die Behörden zwar auch damals schon eine Tätigkeit bei Vorliegen einer „Unzuverlässigkeit" des Gewerbetreibenden nachträglich untersagen, dies war jedoch oft ein stumpfes Schwert und konnte nicht dem Umstand vorbeugen, dass Rechtskonsulenten schlicht günstiger waren, als Rechtsanwälte. Auch die Möglichkeit der Richter, einen Rechtskonsulenten nach § 157 Abs. 1 ZPO in der Fassung vom 1. Juni 1909[24] im Einzelfall von der Vertretung in der mündlichen Verhandlung vor den Amtsgerichten[25] auszuschließen, wurde zum Leidwesen der Anwälte von Gericht zu Gericht sehr unterschiedlich gehandhabt.[26] Für die Rechtsanwälte bedeutete dies

---

21 So *Maier*, in: Münchener Kommentar ZPO, 1. Aufl. 1992, § 1034 Rn. 23.

22 Die Darstellung zu dem Beruf der Rechtskonsulenten basiert im Wesentlichen auf der umfassenden Aufarbeitung von *Rücker*, Rechtsberatung, S. 37 ff.

23 Hintergrund war, dass sich die Tätigkeit vermeintlich *„im verbotenen Winkel"* vollzog. Siehe *Rücker*, Rechtsberatung, S. 38 f. mwN.

24 RGBl. I, S. 475, (479): *„Das Gericht kann Bevollmächtigte und Beistände, welche das mündliche Verhandeln vor Gericht geschäftsmäßig betreiben, zurückweisen."*

25 Für Verfahren vor Landgerichten und allen Gerichten höherer Instanz sah die ZPO schon in ihrer Fassung vom 30.1.1877 einen Anwaltszwang vor, § 74. Dieser wurde seitdem auch beibehalten.

26 Siehe nur *Rücker*, Rechtsberatung, S. 171 mwN.

im forensischen Bereich zweierlei: Vor Gerichten drohte ihnen (günstigere)[27] Konkurrenz durch Rechtskonsulenten und vor Schiedsgerichten hatten sie mitunter nicht einmal die Möglichkeit, für ihre Mandanten aufzutreten.

1929 schrieb der Deutsche Anwaltverein („**DAV**") einen wissenschaftlichen Preis zu der Frage aus, durch welche Maßnahmen der Überfüllung des Anwaltsstandes vorzubeugen sei.[28] Als Sieger dieses Wettbewerbs ging Louis *Levin* hervor. In seiner Preisschrift,[29] die im Anhang auch den ausformulierten „*Entwurf eines Reichsgesetzes zum Schutze der Rechtsanwaltschaft*", die sogenannte „*Lex Levin*"[30] enthielt, empfahl *Levin* auch den Schutz der Rechtsanwälte vor Konkurrenz durch Nicht-Juristen. *Levin* war ein jüdischer Jurist und von 1922 bis 1930 Präsident des Oberlandesgerichts Braunschweig.[31] Er war einer der führenden Reformer des Anwaltsrechts in der Weimarer Zeit und stand der Anwaltschaft ebenso nahe, wie etwa der auch heute noch sehr bekannte Reformer Rudolf *von Gneist*.[32]

Levin, der überzeugter Demokrat[33] und ein großer Befürworter des Anwaltszwangs war,[34] sah den Schutz der Anwaltschaft als Grundelement einer jeden Justizreform. Für ihn waren „*der rechtswissenschaftlich vorgebildete Richter und Staatsanwalt, unterstützt von dem öffentlich gebundenen, rechtswissenschaftlich vorgebildeten Anwalt, die Grundpfeiler der deutschen Rechtspflege*".[35] Er sah den

---

27 Die Gebühren lagen zuletzt bei sechs Zehnteln der Anwaltsgebühren. Siehe dazu *Rücker*, Rechtsberatung, S. 112.

28 Preisausschreiben des DAV, AnwBl. 1929, 75 (75). Die genaue Fragestellung lautete: „*Welche durch Gesetz oder durch Notverordnung einzuführenden Maßnahmen werden vorgeschlagen, um einer Überfüllung des Anwaltsstandes vorzubeugen?*".

29 *Levin*, Schutz der freien Anwaltschaft, S. 1 ff.

30 *Wassermann*, in: Franski/Stolleis (Hrsg.), Deutsche Juristen jüdischer Herkunft, 495 (503).

31 Zu Leben und Werk *Levins* siehe: *Wassermann*, Auch die Justiz kann aus der Geschichte nicht aussteigen, S. 113 ff.; *ders.*, in: Franski/Stolleis (Hrsg.), Deutsche Juristen jüdischer Herkunft, 495 (495 ff.).

32 *Wassermann*, in: Heinrichs/Franski/Schmalz/Stolleis (Hrsg.), Deutsche Juristen jüdischer Herkunft, 495 (503); *Holzinger*, JW 1930, 3528 (3531).

33 Er war Mitglied der Deutschen Demokratischen Partei und des Republikanischen Richterbundes. Siehe *Wassermann*, in: Heinrichs/Franski/Schmalz/Stolleis (Hrsg.), Deutsche Juristen jüdischer Herkunft, 495 (499).

34 Siehe *Levin*, Die rechtliche und wirtschaftliche Bedeutung des Anwaltszwangs, 1916.

35 *Levin*, DRiZ 1930, 121 (121 ff.); vertiefend: *Wassermann*, in: Heinrichs/Franski/Schmalz/Stolleis (Hrsg.), Deutsche Juristen jüdischer Herkunft, 495 (504).

Rechtsanwalt als „Organ der Rechtspflege", machte jedoch deutlich, dass dies nicht bedeute, dass er „Organ des Volkes" sei.[36]

Levin war der Meinung, dass der Staat eine rechtswahrende Aufgabe habe und sah ihn in der Pflicht, *„alle Maßnahmen zu unterlassen und die bestehenden aufzuheben, die das Tätigkeitsgebiet der Anwaltschaft ihrer gerichtsverfassungsgemäßen Stellung zuwider liefen"*.[37]

Für den Parteiprozess vor dem staatlichen Gericht forderte *Levin* die Einführung eines Anwaltsmonopols für die geschäftsmäßige Vertretung. Dieses sollte umfassend sein und Rechtskonsulenten nicht nur von der mündlichen Verhandlung, sondern auch von allen anderen Verfahrensschritten ausschließen.[38] Im Schiedsverfahren sollten deutsche Rechtsanwälte zumindest insoweit unter gesetzlichen Schutz gestellt werden, als dass den Schiedsgerichten die Möglichkeit genommen werden sollte, sie von der Vertretung auszuschließen.[39]

2. Übernahme in den ZPO-Reformentwurf 1931

Levins Vorschläge wurden von der *Kommission im Reichjustizministerium zur Reform der Zivilprozeßordnung* in den ZPO-Reformentwurf von 1931 übernommen.

§ 255 des Reformentwurfs von 1931 behandelte die Reform des Auftrittsrechts vor staatlichen Gerichten.[40] Der Entwurfsvorschlag blieb allerdings hinter den Forderungen *Levins* zurück, da er kein umfassendes Vertretungsverbot von Nicht-Anwälten vor Gericht, sondern nur einen Ausschluss von der mündlichen Verhandlung enthielt.[41]

Der Entwurf lautete:

> *„Mit Ausnahme der Rechtsanwälte sind Personen, die das Verhandeln vor Gericht geschäftsmäßig betreiben, als Bevollmächtigte und Beistände in der mündlichen Verhandlung ausgeschlossen. Sie sind auch dann ausgeschlossen, wenn sie als Partei einen ihnen abgetretenen Anspruch geltend machen und nach der Überzeugung des Gerichts der Anspruch abgetreten ist, um ihren Ausschluß von der mündlichen Verhandlung zu vermeiden.*

36 *Levin*, Schutz der freien Anwaltschaft, S. 23.

37 *Levin*, Schutz der freien Anwaltschaft, S. 40.

38 *Levin*, Schutz der freien Anwaltschaft, S. 47 ff.

39 *Levin*, Schutz der freien Anwaltschaft, S. 72.

40 *Reichsjustizministerium*, Entwurf einer Zivilprozessordnung, S. 58.

41 *Reichsjustizministerium*, Entwurf einer Zivilprozessordnung, S. 319; siehe auch *Rücker*, Rechtsberatung, S. 133 f.

Das Gericht kann Parteien, Bevollmächtigten und Beiständen, die nicht Rechtsanwälte sind, wenn ihnen die Fähigkeit zum geeigneten Vortrag mangelt, den weiteren Vortrag untersagen. Diese Anordnung ist unanfechtbar.
Die Vorschrift des Abs. 1 findet auf Personen, denen das mündliche Verhandeln vor Gericht durch eine seitens der Justizverwaltung getroffene Anordnung gestattet ist, keine Anwendung. Die Justizverwaltung soll bei ihrer Entschließung sowohl auf die Eignung der Person als auch darauf Rücksicht nehmen, ob im Hinblick auf die Zahl der bei dem Gericht zugelassenen Rechtsanwälte ein Bedürfnis zur Zulassung besteht."

§ 748 des Entwurfs behandelt die Einführung eines Zurückweisungsverbots für deutsche Rechtsanwälte als Bevollmächtigte in Schiedsverfahren.[42] *Levin* ist hinsichtlich der letztgenannten Vorschrift in der Entwurfsbegründung ausdrücklich als deren geistiger Vater genannt.[43]

Der Entwurf, der sich in § 748 Abs. 2 findet, lautet:

„*Die bei einem deutschen Gerichte zugelassenen Rechtsanwälte dürfen als Bevollmächtigte oder Beistände von dem Schiedsgericht nicht zurückgewiesen werden; entgegenstehende Vereinbarungen sind unwirksam.*"

Zur Begründung wird ausgeführt:

„*In § 748 Abs. 2 [ist] nunmehr einem Vorschlag Levins […] entsprechend sichergestellt, daß deutsche Rechtsanwälte weder durch Parteivereinbarung als Vertreter oder Beistände ausgeschlossen noch vom Schiedsgericht zurückgewiesen werden können. Enthält der Schiedsvertrag oder die Schiedsordnung, auf die er verweist, eine solche Bestimmung, so gilt sie als nicht geschrieben; im übrigen bleibt der Schiedsvertrag bei Bestand. Die Zurückweisung eines Anwalts bedeutet einen Verfahrensverstoß, auf den nach § 756 Nr. 3 die Aufhebungsklage gestützt werden kann.*"[44]

Der ZPO-Entwurf von 1931 hat damit nicht nur *Levins* Vorschlag hinsichtlich eines Zurückweisungsverbots vor Schiedsgerichten, sondern auch dessen Motive übernommen. Das Ausschlussverbot sollte bewusst nur auf deutsche Rechtsanwälte beschränkt werden. Ihre Möglichkeit, als Bevollmächtigte tätig zu werden, sollte unter absolutem gesetzlichem Schutz stehen. Die Norm war somit explizit zum Schutz der deutschen Rechtsanwälte konzipiert worden. Eine Monopolisierung der Parteivertretung zugunsten von Rechtsanwälten fand hingegen nicht

42 *Reichsjustizministerium*, Entwurf einer Zivilprozessordnung, S. 166.
43 *Reichsjustizministerium*, Entwurf einer Zivilprozessordnung, S. 396.
44 *Reichsjustizministerium*, Entwurf einer Zivilprozessordnung, S. 396.

statt. Auch ausländische Rechtsanwälte waren von der Vertretung nicht per se ausgeschlossen. Ihre Zulassung stand im Ermessen des Schiedsgerichts.[45]

3. *Einführung durch die Nationalsozialisten*

Anders als die übrigen Vorschläge des Reformentwurfs von 1931 ist § 1034 Abs. 1 S. 2, 3 ZPO a.F. jedoch nicht erst durch die Zivilprozessnovelle vom 27. Oktober 1933[46] in die ZPO eingeführt geworden.[47] Dies ist deshalb von historischer Bedeutung, da die Zivilprozessrechtsnovelle vom 27. Oktober 1933 generell nicht als nationalsozialistisches Gesetz angesehen wird.[48] Die vorgezogene Einführung von § 1034 Abs. 1 S. 2, 3 ZPO durch das „*Gesetz zur Änderung einiger Vorschriften der Rechtsanwaltsordnung, der Zivilprozessordung und des Arbeitsgerichtsgesetzes*“ vom 20. Juli 1933[49] muss jedoch in einem anderen Lichte betrachtet werden. Sie hatte unmittelbar mit der Machtübernahme durch die Nationalsozialisten am 30. Januar 1933 zu tun.

a) Hintergrund: Arisierung der Anwaltschaft

Unmittelbar nach der Machtübernahme machten sich die Nationalsozialisten daran, die bis dahin freie Anwaltschaft in den Dienst ihrer Ideologie zu stellen und Menschen anderer Rasse aus den Anwaltskammern auszuschließen.[50] Bereits in der Nacht des Reichstagsbrandes vom 27. auf den 28. Februar 1933 ließen

45 Es gab damals noch kein Gesetz, das die Erbringung von Rechtsberatung in Deutschland regulierte. Dies änderte sich erst durch die Einführung des Rechtsberatungsgesetzes 1936 durch die Nationalsozialisten. Siehe dazu unten 3. a. Es ist jedoch davon auszugehen, dass die Beiziehung ausländischer Rechtsanwälte damals noch kein drängendes praktisches Problem war, da sich die internationale Schiedsgerichtsbarkeit erst mit der Einführung des New Yorker Übereinkommens von 1958 entwickelte.

46 RGBl. I 1933 S. 780.

47 Irreführend insoweit *Heyn*, NJW 1958, 1667 (1667), der von der „*Zivilprozeßnovelle v. 20.7.1933*“ spricht.

48 Siehe dazu nur *Prütting*, in: Prütting/Gehrlein (Hrsg.), Einl. Rn. 5; *Wagner*, Prozessverträge S. 623 (Fn. 54) mwN. Einen entgegenstehenden Einordnungsversuch hatte *Lent*, JW 1933, 2674 f. unternommen, der insoweit die Leistung hinter der Reform den Nationalsozialisten zulasten der wahren Urheber zurechnen wollte.

49 RGBl. I, S. 522 f.

50 Aus der Literatur hier nur *Rüping*, Rechtsanwälte im Bezirk Celle während des Nationalsozialismus, S. 84 ff. m.w.N; *Wolf*, in: Gaier/Wolf/Göcken (Hrsg.), Anwaltliches Berufsrecht, Einl. Rn. 198 ff. mwN.

die Nationalsozialisten prominente jüdische Strafverteidiger verhaften.[51] Am 14. März 1933 forderte der „Bund Nationalsozialistischer Juristen", eine parteiinterne Fachorganisation der NSDAP, dass nach Ablauf von vier Jahren kein Angehöriger einer fremden Rasse mehr Anwalt sein dürfe. Jedes Jahr sollten 25 % dieser Anwälte ihre Zulassung verlieren.[52]

Die Nationalsozialisten bedienten sich in Bezug auf die Anwaltschaft einer Doppelstrategie, die darin bestand, Maßnahmen zur Gleichschaltung mit der Erfüllung anwaltlicher Konkurrenzschutzforderungen zu verbinden.[53] Sie erkannten 1933 schnell, dass sich die Erfüllung dieser an sich berechtigten Forderungen nach Konkurrenzschutz gut mit ihren antisemitischen Ideologien verbinden ließ. Sie nutzten den Umstand, dass jüdische Juristen in der Anwaltschaft überproportional vertreten waren, da ihnen der öffentliche Dienst weitgehend verschlossen war.[54] Ihr Ausschluss aus dem Berufstand bewirkte damit eine erhebliche wirtschaftliche Entlastung der verbleibenden Rechtsanwälte. Weiterhin taten sich die Nationalsozialisten leicht, eine Anwaltschaft, die jüdische Juristen ausschloss und deren Berufsträger faktisch auf nationalsozialistische Grundsätze verpflichtet wurden,[55] gegen nichtanwaltliche Konkurrenten zu schützen.

Durch das „*Gesetz zur Wiederherstellung des Berufsbeamtentums*" vom 7. April 1933[56] wurde dafür eine erste Rechtsgrundlage geschaffen. Nichtarische Beamte konnten nunmehr in den Ruhestand versetzt werden. Ausnahmen bestanden gem. § 4 nur für Personen, die schon vor dem 1. August 1918 Beamte waren, als Frontkämpfer im Ersten Weltkrieg dienten oder deren Väter oder Söhne im Krieg gefallen waren. Nichtarisch war, wer von nichtarischen, insbesondere jüdischen Eltern oder Großeltern abstammte, wobei bereits ein nichtarisches Eltern- oder Großelternteil genügte.[57]

---

51 *Königseder*, Recht und nationalsozialistische Herrschaft, S. 20 f.; *Rücker*, AnwBl. 2007, 801 (801).

52 *Comité des Délégations Juives*, Das Schwarzbuch, S. 114 f.; siehe auch *Rücker*, AnwBl. 2007, 801 (802).

53 *Rücker*, Rechtsberatung, S. 206 ff.; *Wolf*, in: Gaier/Wolf/Göcken (Hrsg.), Anwaltliches Berufsrecht, Einl. Rn. 198.

54 Vertiefend: *Rücker*, AnwBl. 2007, 801 (802) mwN.

55 *Rüping*, Rechtsanwälte im Bezirk Celle während des Nationalsozialismus, S. 84 spricht von „*Rechtswahrern des nationalsozialistischen Rechts*"; *Wolf*, in: Gaier/Wolf/Göcken (Hrsg.), Anwaltliches Berufsrecht, Einl. Rn. 202 spricht von einer „*Verpflichtung auf die Ideologie der NSDAP*".

56 RGBl. I, S. 175.

57 Siehe auch *Rücker*, Rechtsberatung, S. 156 ff.

Durch das am gleichen Tag erlassene „*Gesetz über die Zulassung zur Rechtsanwaltschaft*“[58] wurden diese Regeln auf Rechtsanwälte entsprechend angewandt. 1.494 jüdische Rechtsanwälte verloren daraufhin ihre Zulassung.[59] Neue jüdische Rechtsanwälte wurden nicht mehr zugelassen. Knapp 2.900[60] jüdischen Rechtsanwälte durften jedoch zunächst in der Anwaltschaft verbleiben. Faktisch wurden sie jedoch entgegen des Wortlauts der „*Zweiten Verordnung zur Durchführung der Gesetze über die Zulassung zur Rechtsanwaltschaft und zur* Patentanwaltschaft“ vom 1. Oktober 1933[61] von Gerichten und Behörden offen diskriminiert, was dazu führte, dass ihnen viele Mandanten den Rücken kehrten.[62]

Rund zwei Jahre später wurde mit dem Gesetz zur Verhütung von Missbräuchen auf dem Gebiete der Rechtsberatung“ vom 13. Dezember 1935[63], dem späteren Rechtsberatungsgesetz („**RBerG**“),[64] das 2008 durch das Rechtsdienstleistungsgesetz („**RDG**“)[65] abgelöst wurde, die Erbringung von Rechtsberatung unter ein allgemeines Verbot mit Erlaubnisvorbehalt gestellt. Mit der Reichs-Rechtsanwaltsordnung („**RRAO 1936**“), die ebenfalls vom 13. Dezember 1933 datiert ist,[66] wurde die Anwaltschaft auf nationalsozialistisches Gedankengut verpflichtet und zum Helfer des nationalsozialistischen Systems gemacht.[67] Felix *Busse* verweist in seiner einleitenden Kommentierung der BRAO[68] zur Veranschaulichung der betriebenen Pervertierung anwaltlicher Tätigkeit im Nationalsozialismus auf ein Zitat aus einem Kommentar zur RRAO 1936 aus dem Jahr 1937, in dem es wörtlich heißt: „*Deutscher Rechtswahrer und damit auch freier Anwalt kann nur der sein, dem durch seine Blutzugehörigkeit zum deutschen Volk die nationalsozialistische Weltanschauung Gewissen geworden ist.*“[69]

Mit der „*5. Verordnung zum Reichsbürgergesetz*“ vom 14. Oktober 1938 wurden Menschen „fremder Rasse“ vollständig aus der Anwaltschaft ausgeschlossen.[70]

---

58 RGBl. I, 1933, S. 188.

59 Zahl nach [Anonym], JW 1934, S. 2956; siehe auch: *Rücker*, AnwBl. 2007, 801 (802).

60 Zahl nach [Anonym], JW 1934, S. 2956; siehe auch: *Rücker*, AnwBl. 2007, 801 (802).

61 RGBl. I, S. 699.

62 Siehe näher *Rücker*, AnwBl. 2007, 801 (802 f.). mwN.

63 RGBl. I., S. 1478.

64 Neubekanntmachung vom 1.1.1964, BGBl. III, S. 28.

65 BGBl. I, S. 2840.

66 RGBl I, 1470.

67 *Busse*, in: Henssler/Prütting (Hrsg.), BRAO, Einl. Rn. 8; *Rücker*, Rechtsberatung, S. 397; *Wolf*, in: Gaier/Wolf/Göcken (Hrsg.), Anwaltliches Berufsrecht, § 3 BRAO Rn. 8.

68 *Busse*, in: Henssler/Prütting (Hrsg.), BRAO, Einl. Rn. 8.

69 *Noack*, Reichs-Rechtsanwaltsordnung, S. 18.

70 RGBl. I, S. 1403.

Davon waren noch 1.611 Personen betroffen.[71] Auch Frauen wurden aufgrund eines „Führerentscheids“ vom August 1938 nicht mehr zur Anwaltschaft zugelassen.[72]

b) Hintergrund: Zurückdrängung der Schiedsgerichtsbarkeit

Die Nationalsozialisten hatten es weiterhin auf eine generelle Zurückdrängung der Schiedsgerichtsbarkeit abgesehen. Diese stand als private und nichtöffentliche Form der Streitbeilegung der Idee eines totalitären Staates prinzipiell entgegen.[73] Auch wenn die Nationalsozialisten nach 1933 keine weiteren Gesetze zur Schiedsgerichtsbarkeit mehr erlassen haben, lässt sich ihr Argwohn gegenüber der Schiedsgerichtsbarkeit an zwei Beispielen illustrieren.

York *Zieren* weist in seiner Dissertationsschrift auf einen Entwurf zu einer Zivilprozessordnung der Arbeitsgemeinschaft „Zivilprozessrecht“ des Bunds Nationalsozialistischer Deutscher Juristen aus dem Jahr 1936 hin, in dem das gesamte Schiedsverfahrensrecht aus der ZPO gestrichen und die Durchführung von Schiedsverfahren für unzulässig erklärt wurde.[74] Der Entwurf führte aus, dass der Staat nicht zum „Büttel“ der Schiedsgerichte werden dürfe, da er nicht prüfen könne, ob die Schiedssprüche den Zielen und Grundsätzen des Staates entsprechen würden.[75]

Weiterhin weist ein in den Vereinigten Staaten erschienener Aufsatz von Ernst J. *Cohn* aus dem Jahr 1941 zutreffend darauf hin, dass Beiträge, die unter den Nationalsozialisten im deutschen Schrifttum zur Schiedsgerichtsbarkeit erschienen sind, dieser durchweg kritisch gegenüberstanden.[76]

---

71 *Knobloch*, AnwBl. 1990, 483 (489).

72 *Huerkamp*, Bildungsbürgerinnen: Die Frauen im Studium & in akademischen Berufen 1900–1945, S. 291; *Wolf*, in: Gaier/Wolf/Göcken (Hrsg.), Anwaltliches Berufsrecht, Einl. Rn. 198.

73 Siehe dazu *Born*, International Commercial Arbitration, S. 50 unter Verweis auf die geäußerten Vorbehalte von *Raeke*, JW 1936, 1 (3 f.) und *Kuntze*, JW 1934, 649 (651).

74 BNDSJ Entwurf 1936, Heft 5, S. 6 f.

75 Siehe vertiefend: *Zieren*, Das Schiedsverfahrensrecht der ZPO (1877–1933), S. 195.

76 *Cohn*, University of Toronto Law Journal, 4 (1941–1942), 1 (27): *„It is not surprising, therefore, that such "scientific" writings as are permitted to appear in print are definitely opposed to arbitration“* mit Verweis u.a. auf *Raeke*, JW 1935, 1, (3 ff.); *Kuntze*, JW 34, 649 ff., der nur den staatlichen Richter für geeignet hält, als Hüter des Rechts und der *„völkischen Weltanschauung“* zu richten.;.

c) *Initiative des Justizministeriums*

Aufgrund des durch die Gesetzgebung vom 7. April 1933 vollzogenen Ausschlusses der jüdischen Rechtsanwälte aus der Anwaltschaft, bekam die Beschneidung der Rechte von Rechtskonsulenten vor den Gerichten für die Nationalsozialisten große Brisanz.[77] Vor diesem Hintergrund lud das Reichsjustizministerium am 20. Juni 1933 zu einer Besprechung ein, die dem zunächst auf verfahrensrechtlicher Ebene begegnen sollte. Teilnehmer waren Vertreter des Reichsjustizministeriums, des Reichswirtschaftsministeriums, der Landesjustizverwaltung sowie auch Vertreter der neugegründeten Reichsrechtsanwaltskammer („**RRAK**") und des kurz zuvor gleichgeschalteten[78] DAV.[79] Auf der Tagesordnung standen zudem Punkte, die sich explizit mit der Schiedsgerichtsbarkeit auseinander setzten:

> „*Frage einer grundsätzlichen Zurückdrängung des Schiedsgerichtswesens*"

sowie

> „*ob und in welcher Weise besondere gesetzliche Maßnahmen erforderlich sind, um eine Betätigung nichtarischer Personen [...] auf dem Gebiete der Schiedsgerichtsbarkeit auszuschalten*".[80]

Die Nationalsozialisten verbanden somit auch die Frage nach der Zurückdrängung der Schiedsgerichtsbarkeit mit ihrem allgemeinen Ziel, jüdische Juristen aus dem Bereich der Rechtsberatung und Rechtsbesorgung zu verdrängen.

4. *Einführung in die ZPO 1933*

Das Ergebnis der vorgenannten Besprechung wurde dem Reichskabinett am 7. Juli 1933 in der Form eines Gesetzesentwurfs präsentiert.[81] Der unveröffentlichten Kabinettsvorlage war eine zehnseitige Begründung beigefügt.[82] Bereits am 14. Juli 1933 stimmte das Kabinett dem Entwurf vollumfänglich und ohne Änderungen zu.[83] Das Gesetz wurde dann als sogenanntes Regierungsgesetz nach Art. I S. 1 des Gesetzes zur Behebung vor Not von Volk und Reich vom

---

77 Vertiefend zu der Frage, ob dies tatsächlich der Fall war: *Rücker*, Rechtsberatung, S. 236 ff.

78 Siehe dazu ausführlich *Rüping*, AnwBl. 2007, 808 (808).

79 *Rücker*, Rechtsberatung, S. 171.

80 Einladung des Reichsjustizministers vom 2.6.1933, GStA PK I Ha Rep. 84a/75, Bl. 847; siehe auch: *Rücker*, Rechtsberatung, S. 171.

81 *Rücker*, Rechtsberatung, S. 172.

82 BArch R43II/1534, Bl. 30; siehe auch *Rücker*, Rechtsberatung, S. 173.

83 *Rücker*, Rechtsberatung, S. 172.

24. März 1933[84] von der Reichsregierung Hitlers direkt verkündet. Eine Beteiligung von Reichstag und Reichsrat erfolgte daher nicht.[85]

Für das 10. Buch der ZPO, in dem sich seit 1877 die Regelungen über das Schiedsverfahren befinden,[86] brachte das Gesetz zwei Änderungen mit sich.

a) Änderung § 1032 Abs. 3 S. 2 ZPO

Die erste Änderung betraf § 1032 Abs. 3 S. 2 ZPO a.F., der nunmehr regelte, dass nichtarische Personen als Schiedsrichter abgehlehnt werden konnten. Das Ablehnungsrecht stand jeder Partei zu. § 1032 Abs. 3 S. 2 ZPO a.F. hatte folgenden Wortlaut:

> *„Abgelehnt werden können ferner Nichtarier im Sinne des Gesetzes zur Wiederherstellung des Berufsbeamtentums vom 7. April 1933 (Reichsgestzbl. I S. 175) und der dazu ergangenen Durchführungsverordnungen."*

Die Gesetzesbegründung führt dazu aus, dass es keiner Partei zuzumuten sei, dass ein Nichtarier über ihre Angelegenheiten entscheide.[87] Die Nationalsozialisten hatten dabei jedoch bewusst davon abgesehen, den Ausschluss von Nichtariern aus dem Schiedsrichteramt zwingend anzuordnen.[88] Sie gingen davon aus, dass ein Ausschluss auch so zur Regel werden würde.[89]

b) Einführung § 1034 Abs. 1 S. 2, 3 ZPO

Die zweite Änderung griff den Vorschlag *Levins* auf, der in den Reformentwurf von 1931 übernommen worden war. § 1034 Abs. 1 S. 2, 3 ZPO a.F. lautete fortan:

> *„Rechtsanwälte dürfen als Prozessbevollmächtigte nicht zurückgewiesen werden; entgegenstehende Vereinbarungen sind unwirksam. Personen, die nach § 157 von dem mündlichen Verhandeln vor Gericht ausgeschlossen sind, dürfen zurückgewiesen werden."*

Gegenüber dem Entwurf von 1931 waren damit drei wesentliche Änderungen am Wortlaut vorgenommen worden. Zunächst wurde der Begriff *„[d]ie bei einem deutschen Gericht zugelassenen Rechtsanwälte"* in *„Rechtsanwälte"* geändert. Diese Änderung war jedoch rein redaktioneller Natur und sollte den Begriff des

84 RGBl. I, S. 141.

85 Siehe vertiefend: *Zieren*, Das Schiedsverfahrensrecht der ZPO (1877–1933), S. 193.

86 Die ursprüngliche Fassung wurde am 30.01.1877 im RGBl., 1877, S. 83 veröffentlicht. Die ZPO trat als *„Civilprozeßordnung* (CPO)" am 1.10.1879 als Teil der Reichsjustizgesetze in Kraft.

87 Begründung zur Kabinettsvorlage, BArch R 43 II, Nr. 1534, Bl. 31 zu Nr. 2.

88 *Rücker*, Rechtsberatung, S. 174.

89 Begründung zur Kabinettsvorlage, BArch R 43 II / 1534, Bl. 31.

Rechtsanwalts wohl insbesondere nicht für ausländische Berufsträger öffnen. Weiterhin wurde die Erstreckung auf Beistände aus dem Wortlaut gestrichen. Schließlich wurde mit S. 3 ein Verweis auf § 157 ZPO eingeführt. § 157 ZPO, der mit dem Gesetz vom 20. Juli 1933 ebenfalls reformiert wurde, lautete nun wie folgt:

„(1) *Mit Ausnahme der Rechtsanwälte sind Personen, die die Besorgung fremder Rechtsangelegenheiten vor Gericht geschäftsmäßig betreiben, als Bevollmächtigte und Beistände in der mündlichen Verhandlung ausgeschlossen. Sie sind auch dann als Bevollmächtigte ausgeschlossen, wenn sie als Partei einen ihnen abgetretenen Anspruch geltend machen und nach der Überzeugung des Gerichts der Anspruch abgetreten ist, um ihren Ausschluss von der mündlichen Verhandlung zu vermeiden.*

(2) *Das Gericht kann Parteien, Bevollmächtigten und Beiständen, die nicht Rechtsanwälte sind, wenn ihnen die Fähigkeit zum geeigneten Vortrag mangelt, den weiteren Vortrag untersagen. Diese Anordnung ist unanfechtbar.*

(3) *Die Vorschrift des Abs. 1 ist auf Personen, denen das mündliche Verhandeln vor Gericht durch Anordnung der Justizverwaltung gestattet ist, nicht anzuwenden. Die Justizverwaltung soll bei ihrer Entscheidung sowohl auf die Eignung der Person als auch darauf Rücksicht nehmen, ob im Hinblick auf die Zahl der bei dem Gericht zugelassenen Rechtsanwälte ein Bedürfnis zur Zulassung besteht.*“[90]

Die Verbindung von § 1034 Abs. 1 S. 2, 3 ZPO mit § 157 ZPO hatte den Hintergrund, dass dem Schiedsgericht auch weiterhin ein Ermessen dahingehend eingeräumt werden sollte, wie etwa mit Rechtskonsulenten zu verfahren war. Der Verweis hatte damit nur klarstellende Natur, indem er anordnete, dass § 157 ZPO im schiedsrichterlichen Verfahren keine Anwendung finden sollte.[91] Beschränkt wurde das Auftrittsrecht von Personen, die nicht der Rechtsanwaltschaft angehörten, jedoch durch die Einführung des RBerG von 1935, da fortan die Erbringung von Rechtsdienstleistungen nicht mehr der allgemeinen Gewerbefreiheit unterlag.

Die Nationalsozialisten hatten mit der Einführung von § 157 ZPO 1933 und § 1034 Abs. 1 S. 2, 3 ZPO a.F. im Ergebnis die Vorschläge *Levins*, der dem jüdischen Glauben angehörte,[92] in den Dienst ihrer nationalsozialistischen Ideologie

---

90 RGBl. I, 1933, S. 522.

91 A.A. offenbar *Zieren*, Das Schiedsverfahrensrecht der ZPO (1877–1933), S. 198, der wohl meint, dass § 157 ZPO – entgegen des Wortlauts – direkt auf das Verfahren vor Schiedsgerichten übertragen werden sollte.

92 *Wassermann*, in: Heinrichs/Franski/Schmalz/Stolleis (Hrsg.), Deutsche Juristen jüdischer Herkunft, 495 (495).

gestellt. *Levin* wollte eine starke Rechtsanwaltschaft, die als „Organ der Rechtspflege" agieren sollte. Unter den Nationalsozialisten wurde die Anwaltschaft jedoch schrittweise arisiert und auf die Ideologien des Nationalsozialismus verpflichtet. Anders als im Hinblick auf das Schiedsrichteramt mussten also keine Regelungen mit explizit antisemitischem Inhalt erlassen werden, um nichtarische Prozessbevollmächtigte schlechter zu stellen. Es genügte die Besserstellung der zweckentfremdeten Anwaltschaft.[93]

c) Fortgeltung von 1945 bis 1998

Anders als der durchweg antisemitisch motivierte § 1032 Abs. 2 S. 3 ZPO a.F., wurden § 1034 Abs. 2 S. 2, 3 ZPO a.F. und § 157 ZPO 1933 nach Ende des Dritten Reichs nicht aufgehoben. Vielmehr konnten diese in der ZPO belassen werden, da Deutschland wieder im Begriff war, über eine freie Anwaltschaft im Sinne eines Organs der Rechtspflege zu verfügen. Die Normen erfüllten damit wieder ihre ursprünglich von *Levin* und den Reformentwürfen von 1931 intendierte Aufgabe, die in einer Stärkung der (deutschen) Anwaltschaft bestand. Die Formel, wonach der Rechtsanwalt ein Organ der Rechtspflege ist, fand sich erstmals explizit in § 1 der *„Rechtsanwaltsordnung für die Britische Zone"* („**RAO br. Zone**") vom 10.03.1949.[94] Er findet sich nunmehr in § 1 BRAO.

Der Wortlaut des hier im Fokus stehenden § 1034 Abs. 1 S. 2, 3ZPO blieb bis zur Reform des Schiedsverfahrensrechts im Jahr 1998 unverändert. Im Schrifttum fanden sich jedoch zunehmend Rufe, wonach das Ausschlussverbot auch auf ausländische Rechtsanwälte erstreckt werden sollte. Ihren Ausgang findet diese Forderung wohl in einer Äußerung von Hans Jakob *Maier*, der bereits 1979 die Ansicht vertrat, dass es in einem Verfahren ohne Auslandsbezug wohl trotz § 1034 Abs. 1 S. 2 ZPO a.F. zulässig sei, dass die Parteien vorab miteinander vereinbaren, sich nur inländischer Rechtsanwälte für das Schiedsverfahren zu bedienen.[95] Diese Äußerung veranlasste offenbar Walter *Wais* im Jahr 1990 dazu, zu fordern, dass § 1034 Abs. 1 S. 2 ZPO a.F. „entsprechend" auf ausländische Rechtsanwälte angewandt werden müsse.[96] *Wais* ging wohl davon aus, dass *Maier* dies grundsätzlich genauso sehe, da seine Äußerung nur dann Sinn macht, wenn man ausländische Rechtsanwälte generell (ob analog oder direkt)

---

93 *Cohn*, Journal of Comparative Legislation an International Law, 17 (1935), 73 (81).

94 BOBl. BZ, S. 80. Siehe auch: *Wolf*, in Gaier/Wolf/Göcken (Hrsg.), Anwaltliches Berufsrecht, § 1 BRAO Rn. 7.

95 *Maier*, Handbuch der Schiedsgerichtsbarkeit, Rn. 264.

96 *Wais*, in: Schütze/Tscherning/Wais, Handbuch des Schiedsverfahrens, Rn. 333 unter Verweis auf die *„beiläufige"* Ansicht von *Maier*.

vom Ausschlussverbot als erfasst ansieht. Eine Begründung findet sich für diese Forderung bei ihm jedoch genauso wenig wie zuvor bei *Maier.*[97] Dies ist insoweit verwunderlich, als dass *Wais* und *Maier* explizit davon ausgingen, dass die Parteien sich nach § 1034 Abs. 1 S. 3 ZPO a.F. grundsätzlich durch „jedermann" – und damit auch durch ausländische Rechtsanwälte – als Prozessbevollmächtigten vertreten lassen konnten.[98] Die entsprechende Anwendung von § 1034 Abs. 1 S. 2 ZPO a.F. hätte nach dieser Lesweise also nicht etwa zur Folge gehabt, dass eine Vertretung durch ausländische Rechtsanwälte erst durch sie möglich gewesen wäre,[99] sondern „nur", dass das Schiedsgericht ausländische Rechtsanwälte nicht nach § 1034 Abs. 1 S. 3 ZPO a.F. hätte ausschließen dürfen. Folglich verwundert es, dass die Notwendigkeit einer Analogie, die bekanntlich eine planwidrige Regelungslücke und eine vergleichbare Interessenslage voraussetzt, nicht gesondert begründet wurde.

Im weiteren Verlauf der 1990er-Jahre schlossen sich immer mehr Autoren der Forderung von *Wais* an. Dabei wurde nunmehr nicht mehr gefordert, die Norm entsprechend anzuwenden. Es wurde vielmehr der direkte Anwendungsbereich durch Auslegung einfach erweitert.[100] Bis zur Reform des Schiedsverfahrensrechts im Jahr 1998 wurde aber ebenso noch vertreten, dass nur inländische Rechtsanwälte und die ihnen gleichgestellten europäischen Rechtsanwälte vom Anwendungsbereich des Begriffs „Rechtsanwälte" umfasst sein.[101]

II. Neufassung in § 1042 Abs. 2 ZPO

Mit Einführung des neuen Schiedsverfahrensrechts von 1998 wurde das Ausschlussverbot schließlich in § 1042 Abs. 2 ZPO neu gefasst. Die neue Positionierung

---

97 *Wais*, in: Schütze/Tscherning/Wais, Handbuch des Schiedsverfahrens, Rn. 333; *Maier*, Handbuch der Schiedsgerichtsbarkeit, Rn. 264.

98 *Wais*, in: Schütze/Tscherning/Wais, Handbuch des Schiedsverfahrens, Rn. 333; *Maier*, Handbuch der Schiedsgerichtsbarkeit, Rn. 265.

99 In diesem Sinne wohl auch *Schlosser*, Recht der internationalen Schiedsgerichtsbarkeit, Rn. 664 sowie *ders.*, in: Stein/Jonas, ZPO, 21. Aufl. 1994, § 1034 Rn. 20, der darauf verweist, dass eine Vertretung prozessual zwar möglich (gewesen) sei, jedoch streng genommen gegen das RBerG verstoßen hätte.

100 So ebenfalls ohne weitere Begründung *Berger*, Internationale Wirtschaftsschiedsgerichtsbarkeit, S. 277; *Maier*, in: Münchener Kommentar ZPO, 1. Aufl. 1992, § 1034 Rn. 23; *Schütze*, Schiedsgericht und Schiedsverfahren, 1. Aufl. 1991, Rn. 58.

101 *Geimer*, in: Zöller, ZPO, 20. Aufl. 1997, § 1034 Rn. 26 (wobei auch hier europäische Rechtsanwälte bereits gleichbehandelt wurden).

ist insoweit konsequent, als dass auch die übrigen Regelungen zu den Verfahrensgrundsätzen aus § 1034 ZPO a.F. in § 1042 ZPO überführt wurden.

1. *Sprachliche Änderungen*

Bei der Überführung in § 1042 Abs. 2 ZPO wurde der Wortlaut gegenüber § 1034 Abs. 1 S. 2, 3 ZPO a.F. geringfügig modifiziert. Die Gesetzesbegründung zu § 1042 Abs. 2 ZPO betont, dass darin keinerlei Abkehr vom bisherigen Regelungsinhalt zu sehen sei.[102] Angestrebt waren lediglich eine sprachliche Vereinfachung und Modernisierung. Konkret wurden an der Norm zwei sprachliche Veränderungen vorgenommen.

a) Ausschluss statt Zurückweisung

Sprach § 1034 Abs. 1 S. 2 ZPO a.F. noch von einem Verbot der Zurückweisung, spricht § 1042 Abs. 2 ZPO nun von einem Ausschlussverbot. Zudem wurde der in § 1034 Abs. 1 S. 2 zweiter Halbsatz ZPO a.F. enthaltende Zusatz, nach dem entgegenstehende Vereinbarungen unwirksam seien, gestrichen, da der Gesetzgeber davon ausging, dass dies nunmehr im Hinblick auf die Verwendung des Wortes „ausgeschlossen" selbstverständlich sei.[103]

b) Streichung der Bezugnahme auf § 157 ZPO

Die zweite Änderung betrifft die Nichtübernahme von § 1034 Abs. 1 S. 3 ZPO a.F. in § 1042 Abs. 2 ZPO. Weggefallen ist damit der Verweis auf § 157 ZPO („*Personen, die nach § 157 von dem mündlichen Verhandeln vor Gericht ausgeschlossen sind, dürfen zurückgewiesen werden*"). Zur Begründung führt die Gesetzesbegründung an dieser Stelle aus, dass sich „*diese Rechtsfolge im Wege eines Umkehrschlusses aus Absatz 2 als Ausprägung des schiedsrichterlichen Ermessens herleiten lasse*".[104]

2. *Inhaltliche Erstreckung auf ausländische Rechtsanwälte*

Mit der Neufassung in § 1042 Abs. 2 ZPO geht nunmehr auch der Gesetzgeber davon aus, dass das Ausschlussverbot gleichermaßen auf alle inländischen sowie ausländischen Rechtsanwälte anwendbar ist. So wird in der Gesetzesbegründung

---

102 BT-Drs. 13/5274, S. 46.
103 BT-Drs. 13/5274, S. 46.
104 BT-Drs. 13/5274, S. 46.

festgestellt: „*Unter „Rechtsanwälten" sind dabei sowohl inländische als auch ausländische Anwälte zu verstehen.*"[105]

Der Gesetzgeber folgte damit den oben aufgeführten Literaturmeinungen. Einig ist er sich mit der Literatur auch dahingehend, dass er auf jede Begründung für die Neudefinition des Anwendungsbereichs verzichtet. Schließlich sucht man auch eine Definition des Begriffs „ausländische Rechtsanwälte" in der Gesetzbegründung vergebens.

3. *Mutmaßliche Hintergründe der Erstreckung*

Die Gesetzesbegründung zu diesem Punkt ist wortwörtlich dem Bericht der „*Kommission zur Neuordnung des Schiedsverfahrensrechts*" entnommen, der 1994 vorgelegt wurde.[106] Die gesamte Gesetzesbegründung zum 10. Buch der ZPO basiert im Wesentlichen auf diesen Vorarbeiten.[107]

Einziger Anhaltspunkt für die Motive hinter der Erstreckung ist die Begründung, warum man § 1034 Abs. 1 S. 2 ZPO a.F. überhaupt in das neue Schiedsverfahrensrecht übernommen hat. Die Gesetzesbegründung führt dazu folgendes aus:

> *„Die Vertretung durch Anwälte spielt insbesondere in internationalen Schiedsverfahren eine bedeutende Rolle, so daß es naheliegt, die klarstellende Aussage des § 1034 Abs. 1 Satz 2 erster Halbsatz ZPO in das neue Recht zu übernehmen. Unter „Rechtsanwälten" sind dabei sowohl inländische als auch ausländische Rechtsanwälte zu verstehen."*

Die Formulierung legt nahe, dass es dem Gesetzgeber und der Kommission[108] vor allem darauf ankam, klarzustellen, dass vor deutschen Schiedsgerichten auch ausländische Rechtsanwälte auftreten können. Es ging also darum, das „Ob" der Bevollmächtigung von ausländischen Rechtsanwälten zu regeln, um für ausländische Parteien sicherzustellen, dass deren (ausländische) Vertrauensanwälte von deutschen Schiedsgerichten nicht ausgeschlossen werden können.[109]

---

105 BT-Drs. 13/5274, S. 46.

106 BMJ (Hrsg.), Kommissionsbericht zur Neuordnung des Schiedsverfahrensrechts, S. 142.

107 BT-Drs. 13/5274, S. 22.

108 Der Kommission gehörten Walter *Rolland* (Vorsitz), Jens *Bredow*, Ottoarndt *Glossner*, Gerold *Hermann* (UNCITRAL), Doris *Müller*, Hans-Jürgen *Rabe*, Peter *Schlosser*, Inga *Schmidt Syaßen* und Werner *Weiß* an.

109 So auch *Spohnheimer*, Gestaltungsfreiheit durch antizipiertes Legalanerkenntnis, S. 237.

In diese Richtung deutet auch das generelle Ziel der Reform von 1998 hin. Dieses Ziel bestand darin, dass „*[e]in zeitgemäßes und internationalen Rahmenbedingungen angepasstes Recht,* [...] *das Ansehen der Bundesrepublik Deutschland als Austragungsort internationaler Schiedsstreitigkeiten interessanter machen [sollte].*“[110] Man war damals unter Schiedsexperten der Ansicht, dass die geringe Bedeutung Deutschlands als Austragungsort internationaler Schiedsverfahren auch dem damaligen 10. Buch der ZPO geschuldet war.[111] Das neue Schiedsverfahrensrecht sollte deshalb internationale Standards reflektieren und „nutzerfreundlicher“ als sein Vorgänger sein.

Interessant ist in diesem Zusammenhang auch, dass das Kommissionsmitglied Peter *Schlosser* noch 1989 folgendes zur Vertretung der Parteien im Schiedsverfahren ausgeführt hat:

> *„Anwaltliches Standesrecht sollte ein Monopol zum Auftritt vor „inländischen Schiedsgerichten“ niemals begründen. Eine Entscheidung des High Court of Singapore im gegenteiligen Sinne erinnert aber daran, daß in der Praxis der Buchstabe des deutschen Rechtsberatungsgesetzes großzügig ignoriert wird.“*[112]

In der angesprochenen und in der Schiedspraxis viel kritisierten Entscheidung des High Court of Singapore hatte das Gericht einer anerkannten New Yorker Kanzlei untersagt, einen langjährigen Mandanten vor einem Schiedsgericht in Singapur zu repräsentieren, da Rechtsdienstleistungen nach dem „*Singapore Legal Profession Act*“ heimischen Rechtsanwälten vorbehalten seien. Das Urteil hatte der Reputation Singapurs als Schiedsplatz beträchtlichen Schaden zugefügt und führte kurzzeitig dazu, dass viele Schiedsverfahren nach Hongkong oder Kuala Lumpur abwanderten.[113] Die Regelung wurde daraufhin auch beseitigt.[114]

Insgesamt gehen Schiedsexperten auch heute noch davon aus, dass es für die internationale Akzeptanz eines Schiedsplatzes äußerst schädlich ist, wenn er ausländische Rechtsanwälte von der Vertretung ausschließt.[115] Beispielhaft lässt sich hier der Erfolg der Schiedsgerichtsbarkeit in China anführen, der so sicherlich nicht

---

110 BT-Drs. 13/5274, S. 1.

111 *Berger*, Internationale Wirtschaftsschiedsgerichtsbarkeit, S. 2 ff.

112 *Schlosser*, Recht der internationalen Schiedsgerichtsbarkeit, Rn. 664.

113 *Rogers*, Ethics in International Arbitration, S. 46; weiterhin auch: *Born*, International Commercial Arbitration, S. 2294; *Rivkin*, XVI Yearbook Commercial Arbitration (1991), 402 (404); *Lowenfeld*, Journal of International Arbitration, 5 (1988), 71 (71).

114 *Born*, International Commercial Arbitration, S. 2295 mwN.

115 Statt vieler: *Born*, International Commercial Arbitration, S. 2294 ff.; *Rogers*, Ethics in International Arbitration, S. 45 ff. (mit diversen Beispielen); *Lachmann*, Handbuch der Schiedsgerichtspraxis, Rn. 1367, *Blackaby/Partasides/Redfern/Hunter*, Redfern

stattgefunden hätte, wenn China nicht in chinesischen Schiedsverfahren mit Auslandsberührung eine Vertretung durch ausländische Rechtsanwälte zugelassen hätte.[116]

Das Verfahrensrecht für internationale Schiedsverfahren ist, von wenigen Besonderheiten abgesehen, international weitgehend konsolidiert. Schiedsgerichte sind generell auch frei, ihr Verfahren im Einklang mit sogenannten „Best Practice Standards" zu führen. Sie haben keine „*innere Struktur der Gerechtigkeit*", da es ihnen am Zusammenhang zwischen „*Gerichtsverfassung, Juristenausbildung, Verfahren und Rechtsanwendung*" fehlt.[117]

Generell hat die Auswahl der Schiedsrichter auf das schiedsgerichtliche Verfahren auch mehr Einfluss, als es etwa das nationale Schiedsverfahrensrecht hat.[118] Da Rechtsanwälte für den Mandanten auch dazu dienen, das Gleichgewicht zur Macht von Richtern bzw. Schiedsrichtern herzustellen,[119] wäre es wenig zielführend, zwar einerseits zuzulassen, dass ausländische Juristen in Deutschland als Schiedsrichter fungieren können, es den Parteien aber auf der anderen Seite zu verbieten, dass sie einen Anwalt beiziehen, der über die gleiche juristische Ausbildung verfügt wie der Schiedsrichter.

Weiterhin ist es für die Gewährleistung einer adäquaten Vertretung im internationalen Schiedsverfahren auch primär entscheidend, dass sich der Rechtsanwalt mit der Führung internationaler Schiedsverfahren auskennt. Dies ist nicht zuletzt auch deshalb der Fall, da der Rechtsanwalt gemeinsam mit der Gegenseite und dem Schiedsgericht nach § 1042 Abs. 3, 4 ZPO das schiedsrichterliche Verfahren selbst mitgestalten kann. Ob der Rechtsanwalt in New York, Hongkong, London, Paris oder Frankfurt am Main zugelassen ist, ist hingegen nur relevant, wenn es tatsächlich um die Involvierung staatlicher Gerichte geht.[120]

---

and Hunter on International Arbitration, Rn. 11.169 sowie *Kreindler/Schäfer/Wolff*, Schiedsgerichtsbarkeit, Rn. 710.

116 *Chong/Qin*, The Asia Pacific Arbitration Review 2011, Section 2 Overview, The Rise of Arbitral Institutes in Asia. Für Verfahren ohne Auslandsbezug gelten weiterhin sehr strikte Regelungen: *Rogers*, Ethics in International Arbitration, S. 50.

117 *Basedow*, in: Schlosser (Hrsg.) Materielles Recht und Prozessrecht, S. 131 (139).

118 *Berger*, Arbitration International 25 (2009), 217 (217 ff.). Vgl. auch: *Aden*, Internationale Handelsschiedsgerichtsbarkeit, Teil A 2. Kap. Rn. 13 ff; der in diesem Zusammenhang beklagt, dass Parteien bei US-amerikanischen Schiedsrichtern auch dann amerikanisches Recht erhalten würden, wenn sie sich auf eine ganz andere Rechtsordnung geeinigt haben.

119 *Zuck*, in Gaier/Wolf/Göcken (Hrsg.), Anwaltliches Berufsrecht, § 43 Rn. 29a.

120 Siehe allgemein zu den Fällen, in denen sich eine Beiziehung lokaler Rechtsanwälte anbietet auch *Blackaby/Partasides/Redfern/Hunter*, Redfern and Hunter on International Arbitration, Rn. 11–169 f.

Trotz allem hätte es einer Erstreckung des Ausschlussverbots zur Erreichung dieser Ziele prinzipiell nicht bedurft. Es hätte gereicht, ausländische Rechtsanwälte generell als mögliche Parteivertreter in Schiedsverfahren anzuerkennen und einen entsprechenden Erlaubnistatbestand in das RBerG und später in das RDG bzw. die ZPO, je nachdem, ob man die Schiedsgerichtsbarkeit als außergerichtliche Rechtsdienstleistung ansieht oder nicht, aufzunehmen. Schiedsgerichte hätten dann ein Ermessen hinsichtlich der Zulassung ausländischer Rechtsanwälte gehabt und hätten diese unter Umständen aus dem Verfahren auch wieder ausschließen können, während deutsche und ihnen gleichgestellte Rechtsanwälte aus einem europäischen Mitgliedsstaat absoluten Schutz genossen hätten. Allerdings hätte eine derartige Änderung nicht in der Einflusssphäre der erwähnten Kommission gestanden. Zudem hätte eine entsprechende Regelung wohl auch zu Diskussionen innerhalb des berufsrechtlichen Schrifttums geführt. Die bloße Einfügung eines Satzes in der Gesetzesbegründung zu § 1042 Abs. 2 ZPO war in der Umsetzung hingegen weniger problematisch. Sie hat jedoch zur Folge, dass nun auch alle ausländischen Rechtsanwälte unter das strikte Ausschlussverbot von § 1042 Abs. 2 ZPO fallen.

B. Sachlicher Anwendungsbereich

Im Folgenden soll der sachliche Anwendungsbereich von § 1042 Abs. 2 ZPO dargestellt werden. Dabei wird jedoch die Reichweite des Ausschlussverbots ausgeklammert, da dies aufgrund des Umfangs in Abschnitt D behandelt wird.

I. Schutz des gesamten Verfahrens

Der Schutz von § 1042 Abs. 2 ZPO beschränkt sich nicht nur auf die mündliche Verhandlung. Vielmehr wird die Teilnahme am gesamten Schiedsverfahren erfasst.[121] Der Rechtsanwalt wird also auch bereits bei Einreichung der ersten Schriftsätze sowie im Hinblick auf die Teilnahme an etwaigen Besprechungen mit dem Schiedsgericht in Bezug auf die Organisation des Verfahrens geschützt. Dies ergibt sich bereits aus dem Umstand, dass § 1042 Abs. 2 ZPO dogmatisch als Erweiterung von § 1042 Abs. 1 ZPO gesehen wird und damit auch die Beteiligung am ganzen Schiedsverfahren umfassen muss.[122] Dies gilt selbstverständlich

121 *Münch*, Münchener Kommentar ZPO, § 1042 Rn. 68; *Spohnheimer*, Gestaltungsfreiheit durch antizipiertes Legalanerkenntnis, S. 236.

122 *Spohnheimer*, Gestaltungsfreiheit durch antizipiertes Legalanerkenntnis, S. 230 f.

nicht für Verfahren vor den staatlichen Gerichten, die im Kontext eines Schiedsverfahrens stehen. Konkret betrifft dies etwa unterstützende Verfahren vor den Amtsgerichten nach §§ 1050, 1062 Abs. 4 ZPO oder auch die Überprüfung von schiedsrichterlichen Entscheidungen vor den Oberlandesgerichten (§ 1062 Abs. 1 ZPO). Hier gelten für die Postulationsfähigkeit die allgemeinen Vorschriften der §§ 78, 79 ZPO.

II. Verpflichtung zur Zulassung

§ 1042 Abs. 2 ZPO schützt einen Rechtsanwalt nicht nur vor dem Ausschluss aus einem Schiedsverfahren, sondern auch vor der Weigerung eines Schiedsgerichts, ihn als Vertreter zuzulassen.[123] Dies folgt bereits aus einem Vergleich mit dem Wortlaut von § 1034 Abs. 1 S. 2 ZPO a.F, wo von einem Zurückweisungsverbot die Rede ist. Dieser Begriff ist sprachlich weiter als der eines Ausschlussverbots, da rein logisch nur jemand aus einem Verfahren ausgeschlossen werden kann, der zuvor ein Teil davon war. Da die Änderung des Wortlauts nach der Vorstellung des Gesetzgebers keine inhaltliche Änderung herbeiführen sollte,[124] muss auch § 1042 Abs. 2 ZPO so gelesen werden, dass ein Schutz vor einer Nichtzulassung als Vertreter umfasst ist.

III. Kein Schutz von Beiständen

Ein Rechtsanwalt, der einer Partei nur als Beistand i.S.v. § 90 ZPO zur Seite steht, wird nicht vor einem Ausschluss geschützt.[125] Letzteres ergibt sich schon aus einem Abgleich von § 1042 Abs. 2 ZPO mit der Entwurfsfassung von 1931. War 1931 die Erfassung des Beistands noch Bestandteil des Ausschlussverbots, wurde dies weder in § 1034 Abs. 1 S. 2 ZPO a.F. noch in § 1042 Abs. 2 ZPO übernommen.

IV. Umgang mit entgegenstehenden Vereinbarungen

Grundsätzlich obliegt es gem. § 1042 Abs. 3 ZPO den Parteien, die Rahmenbedingungen für das Schiedsverfahren gemeinsam festzulegen. In der schiedsgerichtlichen Literatur wird auch diskutiert, inwieweit § 1042 Abs. 2 ZPO von den

---

123 *Münch*, Münchener Kommentar ZPO, § 1042 Rn. 66; *Spohnheimer*, Gestaltungsfreiheit durch antizipiertes Legalanerkenntnis, S. 236.

124 BT-Drs. 13/5274, S. 46.

125 *Münch*, Münchener Kommentar ZPO, § 1042 Rn. 68; Für eine Erfassung des Beistands: *Geimer*, in: Zöller, ZPO, § 1042 Rn. 19; *Reichold*, in: Thomas/Putzo, ZPO, § 1042 Rn. 3.

Parteien beschränkbar ist. Diskutiert wird insbesondere, inwieweit die Parteien sich selbst hinsichtlich ihrer Möglichkeiten zur anwaltlichen Vertretung beschränken können.

1. *Kein absolutes Nichtzulassen von Rechtsanwälten*

Es ist im deutschen Schrifttum sowie in der Rechtsprechung allgemein anerkannt, dass das Recht auf anwaltliche Vertretung als solches nicht beschränkbar ist. Folglich darf das Schiedsgericht auch dann einer Partei nicht das Recht auf anwaltlichen Beistand verwehren, wenn die Parteien vorher vereinbart haben, sich im Schiedsverfahren selbst verteidigen zu müssen.[126] Zu Recht weisen Stephan *Wilske* und Lars *Markert* in diesem Zusammenhang darauf hin, dass Schiedsverfahren nach den Regeln von Organisationen, die eine Beteiligung von Rechtsanwälten ausschließen, in Deutschland nicht durchführbar wären.[127] Entsprechende Schiedsvereinbarungen wären vielmehr nach § 134 BGB nichtig.[128] Auch eine Vollstreckung derartiger Schiedssprüche aus dem Ausland dürfte in Deutschland am Vorbehalt des Ordre Public scheitern.[129]

2. *Kein relatives Nichtzulassen von Rechtsanwälten*

Umstritten ist jedoch, inwieweit die Schiedsparteien sich selbst durch Parteiautonomie hinsichtlich der Auswahl ihrer Rechtsanwälte beschränken können. Die wohl herrschende Meinung nimmt dies – wenn auch nur in Grenzen und anhand objektiver Kriterien – an. Bedingung dabei sei, dass eine derartige Beschränkung nicht einseitig diskriminierend wirke und für die Parteien noch eine große Auswahl an möglichen Anwälten verbleibe. Möglich seien demnach etwa Parteivereinbarungen, wonach nur Rechtsanwälte bestimmter Spezialisierung oder nur solche mit Sitz am Verfahrensort bevollmächtigt werden können.[130]

---

126 BGH JZ 1989, 588, 589 m. Anm. *Walter*; *Kreindler/Schäfer/Wolff*, Schiedsgerichtsbarkeit, Rn. 710; *Schütze*, Schiedsgericht und Schiedsverfahren, Rn. 82.

127 *Wilske/Markert*, in: Vorwerk/Wolf (Hrsg.), BeckOK ZPO, § 1042 Rn. 16.1.

128 *Münch*, in: Münchener Kommentar ZPO, § 1042 Rn. 69.

129 Einschränkend: *Schlosser*, Das Recht der Schiedsgerichtsbarkeit, Rn. 664 mwN.

130 *Geimer*, in Zöller, § 1042 ZPO Rn. 20; *Sachs/Lörcher*, in: Böckstiegel/Kröll/Nacimiento (Hrsg.), § 1042 ZPO, Rn. 22; *Schlosser*, in: Stein/Jonas, § 1042 ZPO, Rn. 16; *ders.*, Recht der internationalen Schiedsgerichtsbarkeit, Rn. 664; *Spohnheimer*, Gestaltungsfreiheit durch antizipiertes Legalanerkenntnis, S. 237 f.; *Voit*, in: Musielak (Hrsg.), ZPO, § 1042 Rn. 7.

Die herrschende Meinung findet jedoch insoweit keine Stütze im Gesetz.[131] Die Parteiautonomie soll sich nach dem Wortlaut von § 1042 Abs. 3 ZPO eben nicht auf § 1042 Abs. 2 ZPO erstrecken („*Im Übrigen können die Parteien vorbehaltlich der zwingenden Vorschriften dieses Buches das Verfahren selbst oder durch Bezugnahme auf eine schiedsrichterliche Verfahrensordnung regeln*"). Das Recht auf freie Wahl des anwaltlichen Beistands soll damit absolut gewährleistet sein. Ob dem tatsächlich so ist, wird unten bei der Erörterung des Ausschlussverbots näher zu untersuchen sein.[132] Zumindest für eine Beschränkung anhand besonderer persönlicher Eigenschaften ist aufgrund der „Globalgewähr"[133] aber kein Raum.

Klarstellend sei an dieser Stelle darauf hingewiesen, dass den vorstehenden Ausführungen grundsätzlich keine Aussagekraft im Hinblick auf Parteischiedsgerichte zukommt. Parteischiedsgerichte basieren auf § 14 PartG und sehen konstitutive Voraussetzungen der §§ 1025 ZPO wie etwa den teilweisen Ausschluss der Anrufung staatlicher Gerichte (§ 1032 ZPO) oder die Möglichkeit, einen Schiedsrichter abzulehnen (§§ 1036 f. ZPO) nicht vor.[134]

Gleiches gilt für sogenannte Vereins- und Verbandsschiedsgerichte, nicht wie Schiedsgerichte i.S.d. §§ 1025 ff. ZPO Rechtsprechung im weiteren Sinne ausüben, sondern nur Vereinsorgane sind, denen bestimmte Verwaltungs- oder Disziplinarmaßnahmen sind und deren Entscheidungen mit der Klage nach den allgemeinen Vorschriften der §§ 253 ff. ZPO überprüfbar sind.[135]

Etwas anderes gilt jedoch im Hinblick auf in Deutschland sitzende Sportschiedsgerichte, da diese auf der Grundlage der §§ 1025 ff. ZPO konstituiert werden.[136] Hier sind die vorstehenden Ausführungen also direkt anwendbar.

Auch Schiedsgerichte innerhalb von Religionsgemeinschaften werden in der Rechtsprechung grundsätzlich als Schiedsgerichte i.S.d. §§ 1025 ff. ZPO angesehen.[137] Allerdings fordern einige Stimmen in der Literatur, dass die §§ 1025 ff.

---

131 So auch: *Münch*, in: Münchener Kommentar ZPO, § 1042 Rn. 64; *Lachmann*, Handbuch der Schiedsgerichtspraxis, Rn. 1367.

132 Siehe D.

133 *Münch*, in: Münchener Kommentar ZPO, § 1042 Rn. 64.

134 *Morlok*, Parteiengesetz, § 14 Rn. 1.

135 So zuletzt: BGH, NJW 2004, 2226 (2227).

136 Siehe dazu zum Problem der Freiwilligkeit der Schiedsvereinbarung nach § 1029 ZPO: LG München I, Urt. v. 26. 2. 2014, Az.: 37 O 28331/12 (zitiert nach juris); *Heermann*, SchiedsVZ 2014, 66 (66 ff.).

137 BGH NJW 2000, 1555 (1555 f.); anders noch OLG Celle, Urteil v. 12. 3. 1998 – Az. 8 U 79/97 sowie VG Hannover, Beschluss v. 3. 8. 1998 – Az. 6 D 4677/98.

ZPO vor dem Hintergrund des religionsgemeinschaftlichen Selbstbestimmungsrechts (Art. 140 GG i.V. mit Art. 137 Abs. III WRV) einschränkend Anwendung finden müssen.[138] Selbst wenn man dem folgen würde, ist ein berechtigtes Interesse der Religionsgemeinschaft – etwa an der Beschränkung der Postulationsfähigkeit von Rechtsanwälten auf Mitglieder von deren Religion – nicht erkennbar. Die Entscheidung, von wem sich ein Mitglied der Religionsgemeinschaft vor einem entsprechenden Schiedsgericht anwaltlich vertreten lässt, trifft alleine das Mitglied. Insbesondere muss es immer die Möglichkeit haben, einen „externen" Anwalt beiziehen zu können, wenn es der Meinung ist, dass dieser für die Wahrnehmung seiner Interessen besser geeignet ist. Die Entscheidung, ob die Beiziehung taktisch klug ist, obliegt ebenfalls alleine dem Mitglied als Mandanten.

3. Ausschluss der Kostenübernahme

Zulässig sind hingegen Vereinbarungen, in denen die Parteien gegenseitig die Erstattungsfähigkeit der gegnerischen Anwaltskosten ausschließen. Diese sind nur dann zu beanstanden, wenn durch sie der prozessuale Gleichheitsgrundsatz verletzt oder eine Partei aufgrund mangelnder wirtschaftlicher Leistungsfähigkeit der Zugang zum Recht verwehrt werden würde.[139]

C. Persönlicher Anwendungsbereich

Die Gesetzesbegründung gewährt zwar ausländischen Rechtsanwälten gleiche Auftrittsrechte wie inländischen, definiert aber nicht, was unter einem ausländischen Rechtsanwalt i.S.v. § 1042 Abs. 2 ZPO zu verstehen ist. Auch in der Kommentarliteratur wird die Existenz derartiger Berufsträger in der Regel nur vorausgesetzt.

I. Definitionsversuche der Literatur

1. Anwaltseigenschaft und Prozessführungsbefugnis

Joachim *Münch*, stellt zur Definition lediglich auf die Anwaltseigenschaft im jeweiligen Herkunftsland ab.[140] In die gleiche Richtung gehen die Ausführungen bei Rolf A. *Schütze*, der auf ein dem deutschen Rechtsanwalt vergleichbares Berufsbild und ergänzend die Möglichkeit abstellt, dass der ausländische

138 *Nolte*, NJW 2000, 1844 (1845) mwN.

139 *Geimer*, in: Zöller, ZPO, § 1042 Rn. 20.

140 *Münch*, in: Münchener Kommentar ZPO, § 1042 Rn. 67.

Berufsträger an seinem Zulassungsort zur Prozessvertretung befugt ist.[141] Beide Definitionsversuche haben jedoch den Nachteil, dass es für das Schiedsgericht im Einzelfall sehr schwer sein kann, festzustellen, ob diese Voraussetzungen vorliegen. So setzt die Feststellung einer Anwaltseigenschaft zunächst eine rechtsvergleichende Untersuchung zwischen der deutschen Rechtsordnung als Referenz für das Berufsbild des Anwalts und der Heimatrechtsordnung des Parteivertreters voraus. Die Frage, ob jemand zur Prozessführung befugt ist, kann ebenfalls schwer zu überprüfen sein. Insbesondere wird man kaum fordern können, dass der Berufsträger zu einer umfassenden Prozessführung (gleich der Befugnis eines deutschen Rechtsanwalts) berechtigt ist.[142] Ausreichen muss vielmehr eine Befugnis zur Führung von Schiedsverfahren. Insgesamt sind derlei Definitionen in der Praxis also schwer zu handhaben.

2. *Juristische Ausbildung*

Einen ganz eigenen Ansatz zur Definition des Begriffs verwendet Frank *Spohnheimer*, der es bereits als ausreichend gelten lassen will, dass der Bevollmächtigte von der ihn mandatierenden Partei für rechtskundig erachtet wird, sprich eine (wie auch immer geartete) juristische Ausbildung genossen hat.[143]

Begründet wird diese Definition bei *Spohnheimer* mit dem Streben des deutschen Gesetzgebers nach einer Liberalisierung des Schiedsverfahrens. Der Gesetzgeber hätte bei der Reform nicht Rechtsanwälte in ihrer Berufsausübung schützen wollen, sondern lediglich das Recht der Partei auf eine effektive Vertretung im Auge gehabt.[144] Wie oben dargestellt wurde, ist dies auch die Hypothese dieser Arbeit.[145]

Eine derartige Definition wäre für ein Schiedsgericht in der Praxis deutlich handhabbarer. Würde man aber den Schutzbereich von § 1042 Abs. 2 ZPO derart ausdehnen, kann die Norm die Adressaten kaum mehr effektiv schützen, da die innere Rechtfertigung für einen solchen Schutz entfällt. Zwar mögen auch Personen, die nicht Rechtsanwälte sind, im Einzelfall über juristische Qualifikationen verfügen, die für die Schiedspartei einen Mehrwert begründen.

141 *Schütze*, Schiedsgericht und Schiedsverfahren, Rn. 164.

142 Sonst würden etwa englische Solicitors nicht unter den Schutz von § 1042 Abs. 2 ZPO fallen.

143 *Spohnheimer*, Gestaltungsfreiheit durch antizipiertes Legalanerkenntnis, S. 232 f.

144 *Spohnheimer*, Gestaltungsfreiheit durch antizipiertes Legalanerkenntnis, S. 237.

145 Siehe oben A. 3.

Einen Rechtsanwalt macht jedoch nicht nur die Fachkenntnis, sondern auch die Zugehörigkeit zu seiner Profession aus.[146] Erst die durch die Regeln der Profession auferlegte Distanz zum Mandanten bietet dem Rechtsanwalt tatsächlich die Möglichkeit, dem Schiedsrichter die Anliegen der Mandantschaft als Rechtsmeinung darzutun.[147] Nur durch diese Distanz sind auch die Privilegien, die er durch den eigenen oder einen fremden Gesetzgeber erhält, zu rechtfertigen. Zudem ist auch in der Gesetzesbegründung zu § 1042 Abs. 2 ZPO keine Abkehr von der historisch intendierten Schutzfunktion hinsichtlich deutscher Rechtsanwälte zu erkennen.[148] Dass der Gesetzgeber diese mit der Reform hätte aufgeben wollen, findet in den gesamten Materialien keinerlei Stütze. Desto weiter man jedoch den Schutzbereich der Norm ausdehnt, desto großzügiger muss man auch dabei sein, dem Schiedsgericht zu erlauben, das Ausschlussverbot im Einzelfall doch beschränken zu können. Ansonsten wäre die Effektivität des Verfahrens in Gefahr, wenn etwa dem Parteivertreter die Fähigkeit zum Vortrag offensichtlich mangelt oder er das Schiedsverfahren in sonstiger Weise durch sein Verhalten torpediert. Ein Rechtsanwalt, der über eine abgeschlossene juristische Ausbildung verfügt und einem Berufsrecht unterliegt, wird dies hingegen nicht tun. Zumindest wird man ihm zunächst immer zu seinen Gunsten unterstellen müssen, das Verfahren im Sinne seiner Partei und auf redliche Weise zu führen. Die Rückkehr zu einer Zeit, in der zwar nahezu jedermann vor einem Schiedsgericht vertreten darf, das Schiedsgericht aber aus Gründen der Effizienz aber ebenso jedermann ausschließen kann, wird nicht gewünscht sein.

Auch geht die Gesetzesbegründung immer noch von dem Begriff Rechtsanwalt und nicht von dem Begriff „Jurist" oder „Person mit juristischer Ausbildung" aus.[149] Eine Ungleichbehandlung zwischen deutschen und ausländischen Rechtsanwälten war jedoch auch erkennbar nicht gewollt. Diese sollte schließlich beseitigt werden.

Die besseren Argumente sprechen daher dafür, nur diejenigen Personen zu erfassen, die tatsächlich irgendwo auf der Welt als Rechtsanwälte zugelassen sind. Die Feststellung dieser Eigenschaft muss jedoch für das Schiedsgericht einfach handhabbar sein.

---

146 vgl. zum Begriff der Profession *Holldorf*, Prestige, Profit, Profession, S. 65 und *Siegrist*, Advocat, Bürger und Staat, Bd. 1 S. 12 ff.

147 *Christensen/Kudlich*, Theorie des richterlichen Begründens, S. 241 ff; *Wolf* in: Gaier/Wolf/Göcken (Hrsg.), Anwaltliches Berufsrecht, § 1 BRAO, Rn. 17.

148 BT-Drs. 13/5274, S. 46.

149 BT-Drs. 13/5274, S. 46.

II. Eigener Definitionsversuch

1. *Maßgeblichkeit des deutschen Berufsbilds*

Ausgangspunkt für jede Definition des persönlichen Anwendungsbereichs von § 1042 Abs. 2 ZPO muss zunächst das deutsche Recht sein. Insoweit ist den Meinungen von *Münch* und *Schütze* zu folgen. Dies ergibt sich aus dem Faktum, dass sich die Vertretung vor dem Schiedsgericht nach dem auf das Schiedsverfahren anzuwendende Recht zu bestimmen hat.[150] Entsprechend ist die Frage, ob ein Ausländer Rechtsanwalt i.S.d. § 1042 Abs. 2 ZPO ist, grundsätzlich anhand des deutschen Berufsbilds zu bestimmen. Nur so kann auch dem Umstand vorgebeugt werden, dass aus einer Gleichbehandlung von Ausländern eine faktische Ungleichbehandlung von Inländern erwächst.

2. *Anlehnung an § 206 BRAO*

Zielführend wäre daher ein Modell, das einerseits den Kreis der von § 1042 Abs. 2 ZPO umfassten Personengruppe schnell bestimmbar macht und anderseits anhand grundlegender Wertungen des deutschen Forums Berufsträger mit bestimmten Eigenschaften wieder aus dem Schutzbereich herausnimmt.

Pragmatischer Weise kann ein deutsches Schiedsgericht den Kreis der ausländischen Rechtsanwälte zunächst durch eine entsprechende Heranziehung von § 206 BRAO feststellen. Dieser ermöglicht es in seinem direkten Anwendungsbereich ausländischen Rechtsanwälten, sich unter der Berufsbezeichnung ihres Heimatlandes in Deutschland niederzulassen.[151] Voraussetzung dieser Zulassung ist, dass eine Gleichwertigkeit vorliegt. Diese wird sowohl für Mitgliedstaaten der Welthandelsorganisation (§ 206 Abs. 1 BRAO) sowie für Staaten, die zwar nicht Mitglied der Welthandelsorganisation sind, jedoch dem Gegenseitigkeitsprinzip (§ 206 Abs. 2 BRAO) folgen, durch Verordnung des Bundesjustizministeriums festgestellt.[152] Der Gleichwertigkeitsprüfung liegt eine Prüfung der Ausbildung sowie der Befugnisse des Rechtsanwalts zugrunde.[153]

Es erscheint daher als äußerst praxistauglich, alle Berufe, die durch Verordnung als gleichwertig angesehen werden, zunächst unter § 1042 Abs. 2 ZPO zu fassen. Nur in Fällen, in denen ein Berufsträger weder Staatsbürger eines

---

150 *Schlosser*, Das Recht der internationalen privaten Schiedsgerichtsbarkeit, Rn. 664.

151 Wobei diese nur in ihrem Heimatrecht und im Völkerrecht beraten dürfen.

152 Der Inhalt beider Verordnungen ist bei *Eichele*, in: Gaier/Wolf/Göcken (Hrsg.), § 206 BRAO Rn. 22, 23 wiedergegeben.

153 *Eichele*, in: Gaier/Wolf/Göcken (Hrsg.), § 206 BRAO Rn. 15 ff.

EU-Mitgliedsstaates ist noch über eine Zulassung aus einem Mitgliedsstaat der Welthandelsorganisation verfügt oder seine Zulassung in einem Staat inne hat, der dem Gegenseitigkeitsprinzip folgt,[154] ist auf Antrag einer Schiedspartei eine Gleichwertigkeitsprüfung vom Schiedsgericht vorzunehmen. Diese Prüfung muss sich dann zwar an den Kriterien des Bundesjustizministeriums orientieren, aber nationalen Besonderheiten im Zulassungsstaat durchaus Rechnung tragen. Beweisbelastet ist die Partei, die den ausländischen Berufsträger in das Verfahren einbeziehen will. Diese Partei wird über ihren Anwalt auch regelmäßig Zugang zu den nötigen Informationen haben.

3. Berufsbildbedingte Beschränkungen

Wie oben dargestellt, folgt das anwaltliche Berufsrecht in Deutschland dem Leitbild der freien Advokatur. Diese setzt insbesondere eine unabhängige Berufsausübung voraus.[155] Das Berufsbild umfasst sowohl eine Unabhängigkeit vom Mandanten[156] als auch eine Unabhängigkeit vom Staat.[157] Praktisch im Schiedsverfahren bedeutsam wird dies für ausländische Syndikusanwälte (Unternehmensjuristen) sowie für ausländische Beamte.

a) Unternehmensjuristen (Syndikusanwälte)

Gem. § 46 Abs. 1 BRAO,[158] ist es deutschen Rechtsanwälten, die aufgrund eines ständigen Dienst- oder ähnlichen Beschäftigungsverhältnisses einer Schiedspartei ihre Arbeitszeit und -kraft zur Verfügung stellen müssen, untersagt, für ihren Auftraggeber vor Schiedsgerichten als Rechtsanwalt aufzutreten. Eine Bestellung als Anwalt scheidet somit für deutsche Rechtsanwälte aus.[159]

---

154 Bisher betrifft dies nur die Russische Föderation und Serbien: *Eichele*, in: Gaier/Wolf/Göcken (Hrsg.), § 206 BRAO Rn. 23.

155 *Wolf*, in: Gaier/Wolf/Göcken (Hrsg.), Anwaltliches Berufsrecht, § 1 BRAO Rn. 47 f.; *Zuck*, in: Gaier/Wolf/Göcken (Hrsg.), Anwaltliches Berufsrecht, § 43a BRAO Rn. 18 f.

156 *Wolf*, in: Gaier/Wolf/Göcken (Hrsg.), Anwaltliches Berufsrecht, § 1 BRAO Rn. 59; *Zuck*, in: Gaier/Wolf/Göcken (Hrsg.), Anwaltliches Berufsrecht, § 43a BRAO Rn. 22 f.

157 *Wolf*, in: Gaier/Wolf/Göcken (Hrsg.), Anwaltliches Berufsrecht, § 1 BRAO Rn. 49 f.

158 Inwieweit diese Norm verfassungskonform ist, soll hier nicht erörtert werden. Eine Verfassungswidrigkeit sieht zumindest *Kleine-Cosack*, § 46 BRAO Rn. 17 sowie (ihm folgend) *Huff*, in: Gaier/Wolf/Göcken (Hrsg.), § 46 BRAO Rn. 19.

159 *Huff*, in Gaier/Wolf/Göcken (Hrsg.), Anwaltliches Berufsrecht, § 46 BRAO Rn. 20; *Henssler*, in: Henssler/Prütting (Hrsg.), BRAO, § 46 Rn. 21.

Hintergrund dieser Regelung ist, dass der Rechtsanwalt nach den Vorstellungen, die dem deutschen Berufsbild zugrunde liegen, nur dann als Dialogpartner ernst genommen wird, wenn er über eine professionelle Distanz zu den Interessen seines Mandanten verfügt.[160]

Diese Anforderungen wendet die deutsche Rechtsprechung auch bei der Anerkennung von ausländischen Rechtsanwälten an. So entschied der Bundesgerichtshof mit Urteil vom 07. Februar 2011, dass sich ein österreichischer Syndikusanwalt nicht auf das Gesetz über die Tätigkeit europäischer Rechtsanwälte in Deutschland („**EuRAG**")[161] berufen kann, da er nach deutschem Berufsverständnis kein Rechtsanwalt ist, solange er für seinen Arbeitgeber auftreten will. Es fehle ihm an der Unabhängigkeit.[162]

Der Europäische Gerichtshof bestätigte kürzlich durch seine Rechtsprechung in der Rechtssache *Akzo Acros*, dass sich ein belgischer Syndikusanwalt nicht auf sein ihm nach belgischem Recht zustehendes Anwaltsgeheimnis berufen kann.[163] Auch der Europäische Gerichtshof macht das Berufsbild von Rechtsanwälten damit an deren Unabhängigkeit fest.

In der Konsequenz ist auch der Begriff des Rechtsanwalts in § 1042 Abs. 2 ZPO anhand des deutschen Berufsbilds so auszulegen, dass Syndikusanwälte nicht erfasst sind. Ausländische Syndikusanwälte werden als Bevollmächtigte damit ebenso nicht vom Ausschlussverbot umfasst, wie deutsche Syndikusanwälte und andere Juristen, die nicht als Rechtsanwälte auftreten.

b) Berufsbeamte

Aufgrund ihres beamtenrechtlichen Status und den daraus resultierenden Treuepflichten ist deutschen Beamten die Zulassung zur Anwaltschaft verwehrt.[164]

Auch gewährt ihnen die ZPO insoweit keinerlei Ausnahmetatbestände, die eine gewerbsmäßige Vertretung vor Zivilgerichten oder Schiedsgerichten explizit zulassen würden. Entsprechende Regelungen finden sich beschränkt auf Hochschullehrer der Rechtswissenschaften nur in der Strafprozessordnung (§ 138 Abs. 1 StPO), der Verwaltungsgerichtsordnung (§ 67 Abs. 1 VwGO), der

---

160 *Wolf*, in: Gaier/Wolf/Göcken (Hrsg.), Anwaltliches Berufsrecht, § 1 BRAO Rn. 60.

161 Dabei handelt es sich um die deutsche Umsetzung der Dienstleistungs- Hochschuldiplomanerkennungs- sowie der Niederlassungsrichtlinie, *Eichele*, in: Gaier/Wolf/Göcken (Hrsg.), Anwaltliches Berufsrecht, § 1 EuRAG Rn. 1.

162 BGH NJW 2011, 1517 (1517 f.).

163 EuGH, 27.09.2004 – C-7/04 P (R).

164 Dies wurde in der Rechtsprechung bestätigt, siehe BVerfG JZ 1984, 1042 (1042); BGH NJW 1984, 2877.

Bundesdisziplinarordnung (§ 40 Abs. 2 BDO) und dem Bundesverfassungsgerichtsgesetz (§ 22 Abs. 1 BVerfGG)[165].

Entsprechend sind auch ausländische Beamte nicht vom Begriff des Rechtsanwalts in § 1042 Abs. 2 ZPO umfasst.

Inwieweit ihnen ihre Heimatrechtsordnung erlaubt, den Anwaltsberuf trotz Beamtenstatus auszuüben, ist dabei nicht von Belang, da das deutsche Berufsbild insoweit maßgeblich ist. Die Frage, ob ein dem deutschen Recht vergleichbares Beamtenverhältnis vorliegt, das zu einer Treupflicht gegenüber dem Staat führt, ist aus dem Beamtenrecht heraus zu beantworten, dem das Dienstverhältnis unterliegt.

III. Reflexwirkung auf das RDG

Die Erstreckung von § 1042 Abs. 2 ZPO auf ausländische Rechtsanwälte wäre jedoch wenig wert, wenn eine rechtsdienstleistende Tätigkeit durch das RDG verboten wäre. Peter *Schlosser* ging daher bereits unter dem Regime des RBerG davon aus, dass eine teleologische Reduktion entsprechender Verbotsnormen zugunsten ausländischer Rechtsanwälte erfolgen müsse.[166] Im Folgenden soll geprüft werden, wie die Frage nach dem RDG zu beantworten ist.

1. Regelungskonzept des RDG

a) Generelles Verbotsgesetz

Das RDG ist aus dem Gesetz zur Neuregelung des Rechtsberatungsrechts vom 12.12.2007[167] hervorgegangen und verbietet eine entgeltliche außergerichtliche Rechtsberatung durch Nicht-Anwälte. Auch einer unentgeltlichen Rechtsberatung durch Nicht-Anwälte setzt es sehr enge Grenzen. Die Befugnis zur gerichtlichen Rechtsberatung wird im RDG jedoch nicht geregelt. Diese ist Sache der jeweiligen Verfahrensordnungen. Das RDG unterscheitet sich somit von dem alten RBerG. Dies war nicht auf außergerichtliche Rechtsdienstleistungen beschränkt, verlangte aber für die Zulässigkeit jeglicher Rechtsberatung eine

---

165 Kritisch dazu *Wolf*, in: Gaier/Wolf/Göcken (Hrsg.), Anwaltliches Berufsrecht, § 4 BRAO Rn. 53, der dies in einer geordneten Rechtspflege weder für geeignet noch erforderlich hält.

166 *Schlosser*, in: Stein/Jonas, ZPO, § 1042 Rn. 16.

167 BGBl. I, S. 2840.

behördliche Genehmigung. § 3 RDG verlangt demgegenüber das Vorliegen eines gesetzlichen Erlaubnistatbestands, sei es innerhalb oder außerhalb des RDG.[168]

§ 3 RDG ist dabei im Zusammenhang mit § 3 BRAO, der Rechtsanwälte zu den berufenen Vertretern in allen Rechtsangelegenheiten erklärt, zu lesen.[169] Faktisch verbietet er damit zunächst nur all denjenigen Personen die Erbringung von Rechtsdienstleistungen, die nicht unter § 3 BRAO fallen. Zu beachten ist auch hier § 2 Abs. 1 EuRAG, der niedergelassene Europäische Rechtsanwälte mit deutschen Rechtsanwälten gleichstellt.

b) Anwendbarkeit im Rahmen von Schiedsverfahren

Fraglich ist also zunächst, ob die Mitwirkung in einem Schiedsverfahren tatsächlich eine außergerichtliche Rechtsdienstleistung i.S.d. RDG ist. § 2 Abs. 3 Nr. 2 RDG nimmt die Tätigkeit als Schiedsrichter explizit von dem Begriff der Dienstleistung aus. Diese Ausnahmeregelung erlaubt den Umkehrschluss, dass der RDG-Gesetzgeber grundsätzlich davon ausgeht, dass es sich bei Tätigkeiten in einem Schiedsverfahren um „außergerichtliche Rechtsdienstleistungen“ handelt und weiterhin Parteivertreter oder Beistände im Schiedsverfahren nicht von dem allgemeinen Verbot, außergerichtliche Rechtsdienstleistungen zu besorgen, ausgenommen seien sollen. Folglich wäre eine derartige entgeltliche Tätigkeit zunächst nach dem RDG nur Rechtsanwälten i.S.d. § 4 BRAO vorbehalten.

c) Erlaubnistatbestände im RDG

aa) Persönliche Nähe

Das RDG erlaubt ein unentgeltliches Tätigwerden sonstiger Personen zunächst in den Grenzen von § 6 Abs. 2 RDG. Erlaubt ist etwa ein Auftreten bei engen persönlichen Verhältnissen. Dazu gehören das Verhältnis zwischen Arbeitgeber und Arbeitnehmer sowie ein Tätigwerden für Familienmitglieder.

bb) Unentgeltliche Beratung

Über den persönlichen Nahbereich hinaus lässt § 6 Abs. 2 RDG auch eine unentgeltliche Beratung durch Personen zu, denen die entgeltliche Erbringung einer derartigen Dienstleitung ausdrücklich erlaubt wäre oder die eine Befähigung zum Richteramt besitzen. Schließlich ist noch eine unentgeltliche Rechtsberatung durch eine juristisch nicht hinreichend qualifizierte Person möglich, wenn

---

168 *Wolf*, in: Gaier/Wolf/Göcken (Hrsg.), Anwaltliches Berufsrecht, § 3 RDG Rn. 1 sieht darin ein Verbot mit Erlaubnisvorbehalt.

169 *Wolf*, in: Gaier/Wolf/Göcken (Hrsg.), Anwaltliches Berufsrecht, § 3 RDG Rn. 1.

diese zumindest unter der Aufsicht einer der vorgenannten Personengruppen stattfindet.

Es erscheint aber relativ unwahrscheinlich, dass, von Mitarbeitern der Schiedspartei abgesehen, in internationalen Schiedsverfahren tatsächlich jemand zu unentgeltlichem Rechtsrat bereit ist. Vielmehr finden sich in der Literatur auch nur Fallbeispiele, in denen eine zulässige Vertretung nach dem RDG ausscheiden würde. So nennt etwa Gary B. *Born* die Vertretung durch technische Berater in Fragen des Anlagenbaus oder die Vertretung durch Finanzexperten in Fragen von Finanzierungsgeschäften.[170] Die Vorgenannten werden eine entsprechende Tätigkeit aber nur entgeltlich erbringen wollen.

d) Rechtsfolgen von Verstößen

Die Ausübung einer nach dem RDG verbotenen Tätigkeit stellt, sofern sie im ausländischen Recht erbracht wird, zunächst eine Ordnungswidrigkeit nach §§ 20 Abs. 1, 10 Abs. 1 Nr. 3 RDG dar, die mit einer Geldbuße bis zu fünfzigtausend Euro geahndet werden kann. Wird die Rechtsdienstleistung hingegen im deutschen Recht erbracht, wird keine Ordnungswidrigkeit begangen.[171] Ein allgemeiner Bußgeldtatbestand wurde zwar vom Bundesrat gefordert,[172] findet sich im Gesetz jedoch nicht wieder. Es wurde befürchtet, dass dieser dem Bestimmtheitsgebot nicht genügen würde.[173]

In der Folge sind die Sanktionen für Verstöße primär zivilrechtlicher Natur. So sind entgegen dem RDG geschlossene Verträge gem. § 134 BGB nichtig.[174] Gem. § 139 BGB erfasst die Nichtigkeit dabei den gesamten Vertrag sowie auch sämtliche Vollmachten.[175] Eine gegen das RDG verstoßende Prozessvollmacht ist damit aufgrund von § 134 BGB nichtig und teilt insoweit das Schicksal des zwischen Bevollmächtigten und Partei abgeschlossenen Geschäftsbesorgungsvertrags. Begründet wird dies damit, dass es mit der Zweckrichtung des Verbots

---

170 *Born*, International Commercial Arbitration, S. 2302.

171 *Krenzler*, Rechtsdienstleistungsgesetz, § 10 Rn. 3.

172 BR-Drs. 623/06 (Beschluss) zu Nr. 10.

173 Vgl. Beschlussempfehlung, BT-Drs. 6634, S. 53 (zu § 20) sowie *Wolf*, in: Gaier/Wolf/Göcken (Hrsg.), Anwaltliches Berufsrecht, § 3 RDG Rn. 12.

174 BT-Drs. 16/3655, S. 51.

175 Noch zum RBerG: BGH NJW 2002, 66 (67); siehe weiterhin *Wolf*, in: Gaier/Wolf/Göcken (Hrsg.), Anwaltliches Berufsrecht, § 3 RDG Rn. 10 f.; die frühere Rechtsprechung des BGH ging davon aus, dass die Nichtigkeit des Geschäftsbesorgungsvertrags aufgrund ihres abstrakten Charakters der Vollmacht nicht auf diese durchschlägt BGHZ 37, 258 (261 ff.).

unvereinbar wäre, „*den unbefugten Rechtsberater gleichwohl rechtlich* [...] *in den Stand zu setzen, seine gesetzlich missbilligte Tätigkeit zu Ende zu führen*".[176]

2. § 1042 Abs. 2 ZPO als gesetzliches Gebot

Allerdings könnte § 1042 Abs. 2 ZPO als Erlaubnistatbestand für ausländische Rechtsanwälte herangezogen werden. Wie bereits oben darstellt, setzt das RDG keine behördliche, sondern eine gesetzliche Erlaubnis zur Erbringung einer Rechtsdienstleistung voraus. Eine derartige Erlaubnis wird für ausländische Rechtsanwälte begrenzt auf die Mandatsarbeit im Zusammenhang mit einem Schiedsverfahren in § 1042 Abs. 2 ZPO zu sehen sein.

Zwar könnte man dieser Lösung potentiell entgegenhalten, dass § 1042 Abs. 2 ZPO im Vergleich zu anderen in der Kommentarliteratur zum RDG zitierten Erlaubnisnormen[177] weniger konkretisiert ist. Dies folgt daraus, dass die Erstreckung auf ausländische Rechtsanwälte nicht im Wortlaut der Norm, sondern nur in der Gesetzesbegründung angeordnet ist. Es macht aber tatsächlich wenig Sinn, die Tätigkeit eines ausländischen Rechtsanwalts zunächst über die Gesetzesbegründung zu § 1042 Abs. 2 ZPO zu gestatten, um sie sodann über das RDG wieder zu verbieten.[178] Daher muss die Vorschrift, begrenzt auf die Tätigkeit eines Bevollmächtigten im Schiedsverfahren, für ausländische Rechtsanwälte i.S.d. oben für § 1042 Abs. 2 ZPO aufgestellten Definition auch als Befugnis zur Erbringung von Rechtsdienstleistungen i.S.v. § 1 Abs. 2 RDG gesehen werden.

IV. Folgen für sonstige Bevollmächtigte

In der schiedsgerichtlichen Literatur wird teilweise vertreten, dass aus § 1042 Abs. 2 ZPO auch die Zulässigkeit einer Bevollmächtigung von Personen folge, die nicht Rechtsanwälte seien.[179] Diese These soll hier einer Überprüfung unterzogen werden. Zunächst ist zu überprüfen, inwieweit ein inhaltlicher Zusammenhang zu den §§ 79, 90 ZPO besteht, die das Auftreten von Bevollmächtigten im Parteiprozess vor dem staatlichen Zivilgericht regeln (**1.**). Sodann ist zu hinterfragen, ob ein nicht-anwaltlicher Parteivertreter, der die Vertretung gegen

---

176 BGH NJW 2002, 66 (67).

177 Vgl. die Beispiele bei *Römermann*, in Grunewald/Römermann (Hrsg.), RDG, § 1 Rn. 53 f. sowie *Teubel*, in: Krenzler (Hrsg.), RDG, § 1 Rn. 53.

178 So im Ergebnis auch *Schlosser*, in: Stein/Jonas, § 1042 ZPO Rn. 16.

179 So explizit zur neuen Rechtslage *Münch*, in: Münchener Kommentar ZPO, § 1042 Rn. 73; *Reichold*, in: Thomas/Putzo (Hrsg.), § 1042 ZPO Rn. 3. Andere Autoren beziehen sich teilweise noch auf die Vorgängernorm.

Entgelt leistet, aufgrund der Vorschriften des RDG überhaupt wirksam bevollmächtigt werden kann (**2.**).

1. Anwendbarkeit §§ 79, 90 ZPO

Wie oben dargestellt, enthielt § 1034 Abs. 1 S. 3 ZPO a.F. noch einen Verweis auf § 157 ZPO a.F. Das Ergebnis war, dass ein Schiedsgericht Vertreter, die nicht Rechtsanwälte i.S.d. § 1034 Abs. 1 S. 2 ZPO a.F. waren, zurückweisen oder zulassen durfte. Es war, im Gegensatz zum staatlichen Gericht, nicht an § 157 ZPO a.F. gebunden.

§ 1034 Abs. 1 S. 3 ZPO a.F. regelte dabei seit Einführung des RBerG nur die verfahrensrechtliche Perspektive. Wie bereits dargestellt, waren für die abschließende Beurteilung der Zulässigkeit einer Bevollmächtigung von Nicht-Anwälten dessen Vorschriften zu beachten. Aufgrund der systematischen Stellung in § 1034 Abs. 1 ZPO a.F. wurde teilweise davon ausgegangen, dass die Parteien die Befugnis des Schiedsgerichts zur Zulassung oder Nichtzulassung von sonstigen Bevollmächtigten nicht durch Parteivereinbarung nach § 1034 Abs. 2 ZPO a.F. einschränken konnten.[180] Wie bereits dargestellt, wurde § 1034 Abs. 1 S. 3 ZPO a.F. erst im Gesetzgebungsverfahren eingefügt. Die ursprünglichen Entwürfe *Levins* und der ZPO-Reformentwurf von 1931 enthielten keinen entsprechenden Zusatz.

Gem. § 157 Abs. 1 ZPO a.F. war nur Rechtsanwälten die geschäftsmäßige Besorgung fremder Rechtsangelegenheiten vor Gericht gestattet. Alle anderen Personen, die geschäftsmäßig auftraten, waren von Amts wegen als Bevollmächtigte und Beistände von dem Verhandeln vor Gericht auszuschließen. Gem. § 157 Abs. 2 ZPO a.F. konnte das Gericht bei allen anderen Bevollmächtigten und Beiständen (die also weder Rechtsanwalt waren, noch geschäftsmäßig auftraten) den weiteren Vortrag immer dann unterbinden, wenn ihnen die Fähigkeit zum geeigneten Vortrag fehlte.

Der Reformgesetzgeber von 1998 hat den Verweis auf § 157 ZPO a.F. nicht übernommen, ging jedoch nach der Gesetzesbegründung davon aus, dass § 157 ZPO a.F. im Schiedsverfahren weiterhin aufgrund eines Umkehrschlusses entsprechende Anwendung finden würde.[181] Diese Lesweise wurde so auch in der

180 *Schlosser*, in: Stein/Jonas, ZPO, § 1042 ZPO Rn. 16; a.A. *Münch*, in Münchener Kommentar ZPO, § 1042 Rn. 73.

181 BT-Drs. 13/5274, S. 46.

schiedsgerichtlichen Literatur übernommen.[182] Die Befugnis zum Ausschluss folgt nun also aus der gegenüber Parteivereinbarungen an sich subsidiären Befugnis zur Ausübung schiedsrichterlichen Ermessens.[183]

Mit dem Gesetz zur Neuregelung des Rechtsberatungsrechts vom 12.12.2007[184] wurde § 157 ZPO a.F. aufgehoben und ging in § 90 ZPO auf, der wiederum eine Ergänzung zu § 79 ZPO ist.[185] Fraglich ist daher, ob die §§ 79, 90 ZPO als Nachfolgenormen von § 157 ZPO a.F. auch bei Anwendung von § 1042 Abs. 2 ZPO zu berücksichtigen sind.

a) Exkurs: Inhaltliche Aussage von §§ 78, 79, 90 ZPO

aa) Anwaltsprozess, § 78 ZPO

Gem. § 78 Abs. 1 S. 1 ZPO sind in Zivilverfahren vor Landgerichten, Oberlandesgerichten und dem Bundesgerichtshof nur Rechtsanwälte postulationsfähig. Die Verfahren werden daher als sogenannte Anwaltsprozesse bezeichnet.

Bei Landgerichten und Oberlandesgerichten erstreckt sich die Postulationsfähigkeit zunächst auf jeden Rechtsanwalt i.S.d. §§ 4 ff. BRAO.[186] Vor dem Bundesgerichtshof sind gem. § 78 Abs. 1 S. 3 ZPO zunächst nur Rechtsanwälte postulationsfähig, die bei der Rechtsanwaltskammer am Bundesgerichtshof zugelassen sind.[187] Bei der Drucklegung waren dies 46 Berufsträger.[188]

Weiterhin sind vor den Landgerichten und Oberlandesgerichten die niedergelassenen europäischen Rechtsanwälte postulationsfähig.[189]Diese sind dem deutschen Rechtsanwalt insoweit gleichgestellt.[190] Vor dem Bundesgerichtshof dürften sie – wie auch deutsche Rechtsanwälte – nur auftreten, wenn sie gem.

---

182 So zumindest *Münch*, in: Münchener Kommentar ZPO, § 1042 Rn. 71; siehe auch *Aden*, Internationale Handelsschiedsgerichtsbarkeit, Teil C § 26 DIS, Rn. 3; a.A. *Spohnheimer*, Gestaltungsfreiheit durch antizipiertes Legalanerkenntnis, S. 235; ihm folgend nunmehr auch *Geimer*, in Zöller, ZPO, § 1042 Rn. 19.

183 BT-Drs. 13/5274, S. 46.

184 BGBl. I, S. 2840.

185 *Vollkommer*, in: Zöller, ZPO, § 90 Rn. 1.

186 *Weth*, in: Musielak (Hrsg.), ZPO, § 78 Rn. 8.

187 Ausführlich zu Bedeutung, Hintergrund und verfassungsrechtlicher Legitimation dieser Regelung *Vorwerk*, in: Gaier/Wolf/Göcken (Hrsg.), Anwaltliches Berufsrecht, § 164 BRAO Rn. 1 ff.; kritisch: *Hartung*, JZ 1994, 117 (119); *Droege*, NJW 2002, 175 (178); *Kleine-Cosack*, AnwBl. 2007, 210 (212); *Prütting/G. Krämer*, JZ 2003, 239 (242).

188 Siehe www.rak-bgh.de (letzter Abruf: 06.06.2015).

189 Siehe zu deren Status nach der BRAO unten D. I. 1. b. bb.

190 *Weth*, in: Musielak (Hrsg.), ZPO, § 78 Rn. 28.

§ 164 BRAO bei der dortigen Rechtsanwaltskammer zugelassen wären. Dies würde eine Benennung durch den Wahlausschuss für Rechtsanwälte beim Bundesgerichtshof voraussetzen. Bisher ist dort jedoch kein niedergelassener Europäischer Rechtsanwalt zugelassen.

bb) Parteiprozess, § 79 ZPO

Für den Parteiprozess, der so grundsätzlich nur vor den Amtsgerichten stattfindet, listet § 79 Abs. 2 ZPO abschließend auf, wer Bevollmächtigter einer Partei sein kann. Dies sind zunächst Rechtsanwälte i.S.d. §§ 4 ff. BRAO. Aufgrund des oben bereits Gesagten umfasst dies auch niedergelassene Europäische Rechtsanwälte sowie – sofern sie mit einem Einvernehmensanwalt zusammenarbeiten – auch dienstleistende Europäische Rechtsanwälte.

Darüber hinaus kommen zudem noch Personen als Bevollmächtigte in Betracht, die Beschäftigte (Abs. 2 S. 2 Nr. 1) oder Familienangehörige (Abs. 2 S. 2 Nr. 2) der Partei sind sowie Verbraucherzentralen und öffentlich finanzierte Verbraucherverbände (Abs. 2 S. 2 Nr. 3) und Inkassodienstleister (Abs. 2 S. 2 Nr. 4).

Andere Personen sind gem. § 79 Abs. 3 S. 1 ZPO als Bevollmächtigte zurückzuweisen. Auf die Geschäftsmäßigkeit ihres Auftretens kommt es dabei nicht mehr an. § 79 Abs. 3 S. 3 ZPO gibt dem Gericht weiterhin ein Ermessen hinsichtlich der Zurückweisung einmal nach Abs. 2 S. 2 zugelassener Bevollmächtigter, sofern sich diese für einen sachgerechten Vortrag als ungeeignet erweisen.

§ 90 ZPO regelt ergänzend, wer im Parteiprozess die Partei zusätzlich als Beistand unterstützen darf. Dies dürfen alle in § 79 Abs. 2 ZPO genannten Personen sein, sowie Personen, die das Gericht aufgrund besonderer Sachkunde oder besonderer Umstände des Einzelfalls ausnahmsweise zulässt. Der Gesetzeswortlaut lässt dabei auch das Auftreten eines Rechtsanwalts i.S.d. §§ 4 ff. BRAO als Beistand zu.

b) Anwendbarkeit auf das schiedsgerichtliche Verfahren

Zu entscheiden ist somit, ob für die Anwendung von § 1042 Abs. 2 ZPO auch die §§ 79, 90 ZPO von Bedeutung sind. Zunächst sollen dazu die möglichen inhaltlichen Konsequenzen einer derartigen Anwendung dargestellt werden (**aa.**). Sodann ist auf den Meinungsstand einzugehen (**bb.**), bevor eine eigene Ansicht geäußert wird (**cc.**).

aa) Inhaltliche Konsequenzen einer Anwendung

Da die Zulassung von Bevollmächtigten, die nicht Rechtsanwälte sind, verfahrensrechtlich bereits aus § 1042 Abs. 4 ZPO folgt, würde eine analoge Anwendung von §§ 79, 90 ZPO das Schiedsgericht im Ergebnis nur vor Parteivereinbarungen schützen, die seine Kompetenz zum Ausschluss von Bevollmächtigten, die nicht Rechtsanwälte sind, einschränken. Es könnte dann beispielsweise keine Ermächtigung mehr haben, Mitarbeiter der Parteien zurückzuweisen, wenn diese nicht in der Lage sind, das Sach- und Streitverhältnis sachgerecht darzustellen.

Als allgemein akzeptierte Fälle für einen Ausschluss sonstiger Bevollmächtigter aus dem Schiedsverfahren werden generell etwa die offensichtliche Ungeeignetheit zum sachdienlichen Vortrag sowie eine von dem Bevollmächtigten oder Beistand ausgehende Behinderungswirkung für das Verfahren bzw. auch ungebührliches Benehmen benannt.[191] Grundsätzlich kann ein Schiedsgericht in Ermangelung einer entgegenstehenden Vereinbarung immer derartige Bevollmächtigte ausschließen oder nicht zulassen, sofern es nicht gegen die Gebote aus § 1042 Abs. 1 ZPO verstößt, indem es etwa willkürlich ausschließt.[192]

Unproblematisch ist es hingegen, wenn die Parteien dem Schiedsgericht durch die Vereinbarung eines Anwaltszwangs von vornherein aufgeben, andere Bevollmächtigte ausschließen zu müssen.[193] Dem ist so auch beizupflichten, weil es mit der gesetzgeberischen Intention in § 1042 Abs. 2 ZPO übereinstimmt, Anwälte gegenüber sonstigen Bevollmächtigten oder Beiständen zu privilegieren. Einen Schutz sonstiger Bevollmächtigter gegen die Vereinbarung eines Anwaltszwangs hat die Norm schließlich nie bezweckt. Auch bezweckte sie nie, wie oben bereits dargestellt, Anwälte zu schützen, die lediglich als Beistände hinzugezogen werden. Entsprechend darf das Schiedsgericht bei Vorliegen einer solchen Vereinbarung auch keine anderen Bevollmächtigten wie etwa Syndikusanwälte, die für ihren Arbeitgeber auftreten, zulassen. Dieses Ergebnis folgt jedoch nicht aus einer analogen Anwendung der §§ 78, 79 ZPO, da diese die Vereinbarung eines Anwaltszwangs nicht regeln. Es ergibt sich vielmehr allein aus einer teleologischen Auslegung von § 1042 Abs. 2 ZPO.

bb) Meinungsstand

Ob die §§ 79, 90 ZPO für eine Anwendung im Rahmen von § 1042 Abs. 2 ZPO inhaltlich geeignet sind, ist im Schrifttum umstritten. Die wohl herrschende Meinung geht nunmehr davon aus, dass die §§ 79, 90 ZPO zwar anwendbar sind,

---

191 *Münch*, in: Münchener Kommentar ZPO, § 1042 Rn. 71.

192 *Münch*, in: Münchener Kommentar ZPO, § 1042 Rn. 71.

193 *Geimer*, in: Zöller, ZPO, § 1042 Rn. 21; *Kreindler/Schäfer/Wolff*, Schiedsgerichtsbarkeit, Rn. 710; *Lionnet/Lionnet*, Handbuch der internationalen und nationalen Schiedsgerichtsbarkeit, Rn. 77 f. *Münch*, in: Münchener Kommentar ZPO, § 1042 Rn. 64.

jedoch der Parteidisposition unterliegen.[194] Die einzige inhaltliche Folge einer analogen Anwendung innerhalb von § 1042 Abs. 2 ZPO, also die Beschränkung der Dispositionsbefugnis, wäre damit beseitigt.

Frank *Spohnheimer* wendet sich hingegen gänzlich gegen eine Anwendung von § 79 ZPO. Sie ergebe inhaltlich keinen Sinn. § 79 ZPO würde ein anderer Begriff des „Rechtsanwalts" zugrunde liegen, als § 1042 Abs. 2 ZPO. Schon deshalb könne § 79 ZPO nicht ohne weiteres in § 1042 Abs. 2 ZPO einbezogen werden. Diese würde nämlich, da § 79 ZPO nur Rechtsanwälte im Sinne von § 4 BRAO erfasse, im Ergebnis zu einer Erlaubnis des Ausschlusses ausländischer Rechtsanwälte führen und damit dem erklärten Willen des Gesetzgebers widersprechen.[195] *Spohnheimer* argumentiert weiterhin, dass Schiedsrichter durch eine Anwendung auch die Möglichkeit erhalten würden, Bevollmächtigte auszuschließen, die nicht Rechtsanwälte i.S.d. § 1042 Abs. 2 ZPO seien. Zur Erinnerung sei an dieser Stelle darauf hingewiesen, dass *Spohnheimer* unter diesen Begriff schon jeden Bevollmächtigten fassen will, der über irgendeine juristische Ausbildung verfügt. Dieser Auslegung wurde hier nicht gefolgt.[196] *Spohnheimer* argumentiert nun, dass es nicht einzusehen sei, dass Schiedsrichter, die nach dem Gesetz über keine juristische Qualifikation verfügen müssten, Parteivertreter aufgrund des Fehlens einer Qualifikation ablehnen dürften, nur weil diese nicht nach § 1042 Abs. 2 ZPO privilegiert seien.[197] Er will die Privilegierung also nunmehr faktisch gänzlich aufheben, indem er sie auf alle Personen anwendet. Schiedsgerichte könnten damit faktisch niemanden mehr als Parteivertreter ausschließen.

cc) Eigene Ansicht

Im Ergebnis kann keine der vorgenannten Ansichten überzeugen. Dass Rechtsanwälte nicht ausgeschlossen werden dürfen, begründet sich, wie bereits oben dargelegt, aus ihrer Zugehörigkeit zu einer Profession und der damit einhergehenden Bindung an berufsrechtliche Regeln. Das Mitglied einer solchen Profession muss mit dem Gericht auf Augenhöhe kommunizieren können. Rechtsanwälte sind mit sonstigen Bevollmächtigten also schlicht nicht vergleichbar. Würde

---

194 *Münch*, in Münchener Kommentar ZPO, § 1042 Rn. 73; wohl auch: *Reichold*, in: Thomas/Putzo, ZPO, § 1042 Rn. 3. Andere Kommentierungen verweisen größtenteils noch auf § 157 ZPO, weshalb ihnen keine Aussage zu der hier diskutierten Problematik zu entnehmen ist.

195 *Spohnheimer*, Gestaltungsfreiheit durch antizipiertes Legalanerkenntnis, S. 235; ihm folgend: *Geimer*, in Zöller, ZPO, § 1042 Rn. 19.

196 Siehe oben II.

197 *Spohnheimer*, Gestaltungsfreiheit durch antizipiertes Legalanerkenntnis, S. 235.

man alle Bevollmächtigten unter ein generelles Ausschlussverbot stellen, würde dies zudem Ausnahmen rechtfertigen. Wie später noch zu diskutieren sein wird, will auch *Spohnheimer* dem Schiedsgericht letztlich erlauben, (alle) Bevollmächtigten auszuschließen, wenn ein Fehlverhalten vorliegt.[198] Dies verkehrt § 1042 Abs. 2 ZPO in sein Gegenteil und ignoriert damit die ursprüngliche Intention, Rechtsanwälte vor einem Ausschluss durch Schiedsgerichte schützen zu wollen. Die Intention Louis *Levins* wäre negiert.[199]

Wenn Bevollmächtigte vielmehr keinem Berufsrecht und keiner entsprechenden Aufsicht unterliegen, muss das Schiedsgericht notfalls selbst steuernd tätig werden können. Die Parteien sollten diese Möglichkeit im Vorhinein auch nicht durch entgegenstehende Vereinbarungen beschränken können. Ein vom Schiedsgericht nicht einschränkbares Recht auf freie Wahl ihrer Bevollmächtigten haben die Parteien nur, wenn sie einen Rechtsanwalt beauftragen. Andere Bevollmächtigte muss ein Schiedsgericht bei Ungeeignetheit zum Vortrag oder anderem störenden Verhalten, nicht zuletzt auch zum Wohl der Parteien, ausschließen können. Folglich spricht auch nichts gegen eine generelle Anwendbarkeit der §§ 79, 90 ZPO im Rahmen von § 1042 Abs. 2 ZPO. Entgegenstehende Parteivereinbarungen i.S.v. § 1042 Abs. 3 ZPO sind für das Schiedsgericht somit unbeachtlich.

2. *Möglichkeit einer wirksamen Bevollmächtigung*

Nach ganz herrschender und richtiger Ansicht sind auf die Prozessvollmacht im Schiedsverfahren die §§ 80 ff. ZPO analog anzuwenden.[200] Folglich bestimmt sich, auch bei im Ausland gewährten Vollmachten, die Wirksamkeit im Verfahren nach der *lex arbitri* und damit dem deutschen Recht.

Dem Schiedsgericht ist eine Prüfung der Vollmacht in internationalen Schiedsverfahren auch anzuraten.[201] Sie ist dann von den Prozessbevollmächtigten positiv nachzuweisen.[202] Etwaige Mängel können auch vom Gegner jederzeit

198 Siehe dazu unten D. I. 2. a.

199 Zu den Motiven siehe oben A. I. 1.

200 BGH NJW 1994, 2155 (2156); *Lachmann*, Handbuch für die Schiedsgerichtspraxis, Rn. 2732; *Kreindler/Schäfer/Wolff*, Schiedsgerichtsbarkeit, Rn. 765; *Münch*, in: Münchener Kommentar ZPO, § 1042 Rn. 37; *Schlosser*, Das Recht der internationalen privaten Schiedsgerichtsbarkeit, Rn. 351.

201 *Glossner/Bredow/Bühler*, Das Schiedsgericht in der Praxis, Rn. 289; *Spohnheimer*, Gestaltungsfreiheit bei antizipiertem Legalanerkenntnis, S. 236.

202 *Kreindler/Schäfer/Wolff*, Schiedsgerichtsbarkeit, Rn. 765; *Wais*, in: Schütze/Tscherning/Wais (Hrsg.), Rn. 343.

gerügt werden.[203] Wie oben dargestellt, sind Prozessvollmachten, die gegen das RDG verstoßen, nach § 134 BGB nichtig.

Das Schiedsgericht hat demnach nur bei der Zulassung von solchen Bevollmächtigten ein Ermessen, die nicht Rechtsanwälte i.S.d. § 1042 Abs. 2 ZPO sind und denen eine entsprechende Tätigkeit nach dem RDG ausdrücklich gestattet ist. Dies sind nach § 6 Abs. 2 RDG etwa Arbeitnehmer einer Partei, die für das Auftreten vor dem Schiedsgericht keine zusätzliche Vergütung erhalten.

D. Ausschlussverbot

Kernaussage von § 1042 Abs. 2 ZPO ist, dass es dem Schiedsgericht verboten ist, Rechtsanwälte aus dem Schiedsverfahren als Bevollmächtigte auszuschließen. Inwieweit es sich dabei jedoch um ein absolutes Verbot handelt, ist umstritten. Im Folgenden soll die genaue Reichweite des Ausschlussverbots herausgearbeitet werden. Dazu ist zunächst auf den Meinungsstand in der Literatur einzugehen (**I.**). In einem zweiten Schritt soll untersucht werden, inwieweit § 1042 Abs. 2 ZPO in einem inhaltlichen Kontext zu verfassungsrechtlichen und völkervertragsrechtlichen Garantien steht, die bei der Auslegung zu berücksichtigen sind (**II.**). Basierend auf dieser Analyse soll dann ein eigener Auslegungsansatz entwickelt werden (**III.**).

I. Meinungsstand

1. Absolutes Ausschlussverbot

Weite Teile der Literatur entnehmen aus § 1042 Abs. 2 ZPO ein absolutes Ausschlussverbot. Bei Verstößen sei der Schiedsspruch aufgrund von § 1059 Abs. 2 Nr. 1 Buchstabe b Var. 2 ZPO (Verletzung rechtlichen Gehörs), § 1059 Abs. 2 Nr. 1 Buchstabe d ZPO (fehlerhaftes schiedsrichterliches Verfahren) sowie wohl auch § 1059 Abs. 2 Nr. 2 Buchstabe b ZPO (Verstoß gegen deutschen Ordre Public) aufzuheben.[204]

---

203 BGH NJW-RR 2002, 933 (933); *Lachmann*, Handbuch für die Schiedsgerichtspraxis, Rn. 2733.

204 Siehe etwa: *Münch*, in: Münchener Kommentar ZPO, § 1042 Rn. 63; ähnlich: *Lachmann*, Handbuch für die Schiedsgerichtspraxis, Rn. 1367; *Kreindler/Schäfer/Wolff*, Schiedsgerichtsbarkeit, Rn. 711; *Schütze*, Schiedsgericht und Schiedsverfahren Rn. 93.

2. *Relatives Ausschlussverbot*

a) *Ausschlussmöglichkeit bei Gefährdung des Schiedsverfahrens*

Eine einschränkende Sichtweise hierzu vertritt Frank *Spohnheimer*, der einen Ausschluss zumindest nur dann nach § 1059 Abs. 2 Nr. 1 Buchstabe b Var. 2 ZPO (Verletzung rechtlichen Gehörs) für sanktionsfähig hält, wenn das Verbleiben des Anwalts eine weitere Durchführung des Schiedsverfahrens nicht gefährdet hätte.

Da *Spohnheimer* eine Aufhebung des Schiedsspruchs bei einem Ausschluss generell weder über § 1059 Abs. 2 Nr. 1 Buchstabe d ZPO (Fehlerhaftes schiedsrichterliches Verfahren) noch über § 1059 Abs. 2 Nr. 2 Buchstabe b ZPO (Verstoß gegen deutschen Ordre Public) zulassen will, soll ein Ausschluss demnach sanktionslos bleiben, wenn eine mögliche Gefährdung des Schiedsverfahrens festgestellt werden konnte.[205]

b) *Ausschlussmöglichkeit zur Rettung der Integrität des Schiedsgerichts*

In eine ähnliche Richtung argumentieren Stephan *Wilske* und Lars *Markert*, die zu § 1042 Abs. 2 ZPO vertreten, dass ein Ausschluss durch das Schiedsgericht zumindest in den Fällen möglich sein muss, in denen ansonsten die Integrität des Schiedsverfahrens ohne Ausschluss verletzt werden würde. Die entsprechende Kompetenz dazu leiten sie aus § 1042 Abs. 4 ZPO ab, also aus dem allgemeinen Verfahrensermessen des Schiedsgerichts.[206]

Wilske und *Markert* formulieren ihre Ansicht erkennbar aus Anlass einer Entscheidung in einem Investitionsschiedsverfahren auf der Grundlage der ICSID-Regeln aus dem Jahr 2008 (*Hrvatska Elektroprivreda dd v. Republic of Slovenia*)[207] sowie der in jüngerer Zeit intensiv geführten Debatte um sogenannte „Arbitration Guerilla“ Taktiken.[208]

---

205 *Spohnheimer*, Gestaltungsfreiheit bei antizipiertem Legalanerkenntnis des Schiedsspruchs, S. 239.

206 *Wilske/Markert*, in: Wolf/Vorwerk (Hrsg.), BeckOK ZPO, § 1042 Rn. 16, kritisch dazu: *Lörcher/Lissner*, BBJ Sonderausgabe 1/2013, 25 (29).

207 *Hrvatska Elektroprivreda d.d. v. Republic of Slovenia*, ICSID Case No. ARB/05/24 v. 05.05.2008; grundsätzlich bestätigend auch *Rompetrol vs. Romania*, ICSID Case No. ARB 06/3 v. 14.01.2010.

208 *Wilske/Markert*, in: Wolf/Vorwerk (Hrsg.), BeckOK ZPO, § 1042 Rn. 16 bezieht sich direkt auf die entsprechende Entscheidung sowie den Beitrag *Wilske*, in: Klausegger u.a. (Hrsg.), Austrian Arbitration Yearbook 2011, 315 (324), der „Arbitration Guerillas“ behandelt.

aa) Hintergrund: Hrvatska-Fall

In dem ICSID-Fall hatte ein Schiedsgericht, das einen Fall zwischen einem kroatischen Energieversorger und der Republik Slowenien um die Rechte an einen gemeinsamen Atomkraftwerk entscheiden sollte, einen Parteivertreter ausgeschlossen. Dieser war von Slowenien erst benannt worden, als das Verfahren bereits mehrere Jahre im Gang war.

Da seine Involvierung zu einem potentiellen Interessenkonflikt des Vorsitzenden Schiedsrichters nach Nr. 3.3.2 der IBA Guidelines on Conflict of Interest in International Arbitration von 2004 („**IBA Guidelines für Schiedsrichter**")[209] geführt hätte, war das Schiedsgericht davon ausgegangen, dass entweder der Vorsitzende oder der Parteivertreter aus dem Verfahren auszuscheiden hatten. Die IBA Guidelines für Schiedsrichter stellen insoweit einen allgemein akzeptierten Standard für die Unabhängigkeit von Schiedsrichtern dar.[210] Die Guidelines listen Situationen nach einem Ampelsystem auf. Rot steht für Situationen, in denen ein Schiedsrichter ausscheiden muss, Orange steht für Situationen, in denen es auf die Umstände des Einzelfalls ankommt, ob der Schiedsrichter im Verfahren verbleiben kann. Grün steht für unproblematische Situationen. Nr. 3.3.3 der IBA Guidelines für Schiedsrichter ist Teil der Orangen Liste. In Fällen, in denen ein Schiedsrichter und ein Parteivertreter Mitglieder derselben „*Barrister's Chamber*" sind, muss der entsprechende Umstand von der betroffenen Partei und dem Schiedsrichter zunächst offen gelegt werden. Sofern eine der Parteien der Bestellung oder Fortsetzung der Schiedsrichtertätigkeit daraufhin binnen 30 Tagen widerspricht, muss der Schiedsrichter das Für und Wider seiner weiteren Mitwirkung selber abwägen und entscheiden, ob er aus dem Verfahren ausscheidet. Widerspricht keine der Parteien, braucht er nichts weiter zu tun.[211]

Die IBA Guidelines für Schiedsrichter treffen also per se zunächst nur Aussagen darüber, ob der von einer Kollision betroffene Schiedsrichter im Verfahren bleiben kann. In dem ICSID-Fall wollten aber beide Parteien an dem Schiedsrichter festhalten, da ein Auswechseln wohl die Wiederholung des bis dahin sehr aufwendigen Verfahrens bedeutet hätte. Da der klagende Energiekonzern jedoch insistierte, dass der Parteivertreter gehen müsse und das beklagte Slowenien ihn

---

209 Abrufbar unter www.ibanet.org (letzter Abruf: 26.01.2014).

210 Siehe dazu nur OLG Frankfurt a. M., SchiedsVZ 2008, 96; *Blackaby/Partasides/Redfern/Hunter*, Redfern and Hunter on International Arbitration, Rn. 4.89.

211 Zu den vorstehenden Ausführungen siehe nur die Erläuterungen in Teil I der Guidelines und den Flow Chart, der sich in der offiziellen Druckversion findet sowie *Wolf/Eslami*, in: Vorwerk/Wolf (Hrsg.), BeckOK ZPO, § 1036 Rn. 13.

nicht freiwillig zurückzog, schloss das Schiedsgericht ihn in einer Zwischenentscheidung aus.

Zwar fehlt dazu in den ICSID-Regeln eine ausdrückliche Kompetenz, jedoch behalf sich das Schiedsgericht mit sogenannten *„inherend powers"*, also Kompetenzen, die es Kraft Natur der Sache habe. Das Schiedsgericht argumentierte, dass es in Anbetracht der Situation die Pflicht gehabt hätte, die Integrität des Schiedsverfahrens zu schützen. Einige Stimmen in der schiedsgerichtlichen Literatur sprachen sich allgemein, d.h. losgelöst von den Anforderungen einzelner Schiedsverfahrensgesetze dafür aus, dass solche Kompetenzen nicht nur von aus Völkerrecht basierenden ICSID-Schiedsgerichten, sondern auch von Handelsschiedsgerichte genutzt werden sollten.[212]

bb) Hintergrund: „Arbitration Guerilla" Taktiken

Weiterhin gehört zumindest Stephan *Wilske* zu denjenigen, die unter dem Schlagwort *„Arbitration Guerilla Tactics"* eine Debatte darüber führen, wie sich Schiedsgerichte eines Prozessverhaltens erwehren können, bei dem sich ein Parteivertreter ethisch unlauterer oder gar strafrechtlich relevanter Methoden bedient, um einen ungünstigen Schiedsspruch für seine Mandantschaft zu vermeiden.[213] Ein derartiges Verhalten kann in extremen Fällen etwa auch Einschüchterungen oder gar physische Angriffe auf Zeugen, Sachverständige, Schiedsrichter und gegnerische Anwälte umfassen.[214] Auch wenn derartige Vorkommnisse wohl absolute Ausnahmen sind, sollen sich entsprechende Vorkommnisse nach der Praxiserfahrung erfahrener Schiedsrichter in der jüngeren Vergangenheit gehäuft haben.[215] Für den Schiedsort Deutschland gibt es zum

---

212 Siehe nur: *Wilske*, in: Klausegger u.a. (Hrsg.), Austrian Arbitration Yearbook 2011, 315 (324); *ders.*, Contemporary Asia Arbitration Journal Bd. 2 (2009), 187 (208); *ders./Markert*, SchiedsVZ 2010, 62 (64); *Waincymer*, Arbitration International Bd. 26 (2010), 567 (600) jeweils mwN.

213 Der Begriff entstammt einem den asiatischen Raum behandelnden Aufsatz von *Hwang*, Liber Amicorum Robert Briner S. 401–441; siehe weiterhin einführend dazu *Wilske*, Contemporary Asia Arbitration Journal 2 (2009), 187 (203 ff.); *Khvalei*, in: Austrian Arbitration Yearbook 2011, S. 335 (336 f.) *Horvath*, in: Austrian Arbitration Yearbook 2011, 297 (297 ff.) sowie *Horvath/Wilske/Nettlau/Leinwather*, in: Horvath/ Wilske (Hrsg.), Guerilla Tactics in International Arbitration, S. 3 ff.

214 *Khvalei*, in: Austrian Arbitration Yearbook 2011, S. 335 (336); *Wilske*, in: Austrian Arbitration Yearbook 2011, S. 315 (319).

215 Entsprechende Nachweise finden sich etwa bei: *Khvalei*, in: Austrian Arbitration Yearbook 2011, S. 335 (336 f.). Besonders krasse Beispiele sind die Entführung eines Schiedsrichters in *Himpurna California Energy Ltd. v. Republic of Indonesia*, in:

Glück bisher keine derartigen Berichte. Dennoch ist es natürlich berechtigt, der Frage nachzugehen, ob die deutsche Rechtsordnung im Zweifel in der Lage wäre, mit solchen Fällen umzugehen.

II. Anderweitige Garantien anwaltlicher Tätigkeit im Schiedsverfahren

Um den Regelungsgehalt von § 1042 Abs. 2 ZPO korrekt ermitteln zu können, ist zu fragen, inwieweit die Vorschrift im Lichte von höherrangigen Rechtsschutzgarantien zu lesen ist. In Betracht kommen hier zum einen Absicherungen für die Rechtsanwälte (**1.**), als auch Absicherungen für die Mandanten (**2.**).

1. Absicherungen für Rechtsanwälte

Absicherungen für Rechtsanwälte können sich im deutschen Recht nur aus dem Grundgesetz oder aus dem Anwaltlichen Berufsrecht ergeben.

a) Berufsfreiheit, Art. 12 GG

Die folgende Behandlung des Grundrechts der Berufsfreiheit in Art. 12 Abs. 1 GG konzentriert sich auf die Besonderheiten des Anwaltsberufs und insbesondere der dazu vom Bundesverfassungsgericht ergangenen Rechtsprechung. Hinsichtlich allgemeiner Ausführungen zu Art. 12 Abs. 1 GG wird auf die gängige verfassungsrechtliche Literatur verwiesen, da eine allgemeine Darstellung den Umfang dieser Untersuchung sprengen würde.

aa) Sachlicher Schutzbereich bei Rechtsanwälten

Art. 12 Abs. 1 GG thematisiert als allgemeines Grundrecht der Berufswahl- und Ausübungsfreiheit vom Wortlaut her weder die Bedeutung des Rechtsanwalts für den Rechtsstaat noch die Gemeinwohlorientiertheit seines Berufsbilds. Dies suggeriert zunächst, dass der Beruf des Rechtsanwalts im Lichte des Grundgesetzes nicht anders ist, als jede andere Tätigkeit, die der Schaffung und Erhaltung einer Lebensgrundlage dient und auf Dauer angelegt ist.[216]

Y.B.Com.Arb. 109–215 (Vol. XXV-2000), Fälle, in denen Rechtsanwälte zu Boden geschlagen wurden sowie auch der Fall eines Rechtsanwalts, der in Asien vor dem Gebäude erschossen wurde, in dem Vergleichsverhandlungen stattfinden sollten – alle berichtet von *Wilske*, Contemporary Asia Arbitration Journal 3 (2010), 211 (225 in Fn. 56).

216 BVerfGE 7, 377 (397); 54, 301 (313); 97, 228 (253); 102, 197 (212); 105, 252 (265).

Das Bundesverfassungsgericht geht in seiner Rechtsprechung jedoch davon aus, dass Art. 12 Abs. 1 GG nicht nur den Beruf an sich, sondern auch den Grundsatz der freien Advokatur schützt.[217] Dessen Schutz sei nicht nur im Interesse des Rechtsanwalts, sondern auch im Interesse des Rechtssuchenden sowie der gesamten Allgemeinheit.[218] Art. 12 GG schützt hinsichtlich des Berufs des Rechtsanwalts also nicht nur die originären Interessen des Berufsträgers, sondern auch die (zum Teil auch gegenläufigen) Interessen des Rechtsstaats im Allgemeinen und der rechtssuchenden Bürger als Mandaten im Besonderen. Das Bundesverfassungsgericht erkennt damit zugleich an, dass der Rechtsanwaltsberuf ein freier Beruf ist, dessen Wesensmerkmale die Wahrnehmung einer gemeinwohlorientierten Tätigkeit, die Erbringung ideeller und persönlicher Leistungen, die Existenz eines besonderen Vertrauensverhältnisses zum Auftraggeber, die fehlende Gewerblichkeit, die Eigenverantwortlichkeit und sachlich wie persönliche Weisungsfreiheit, die schöpferische Befähigung bzw. qualifizierte Ausbildung und die Zugehörigkeit zu einer berufsständischen Kammer sind.[219]

bb) Persönlicher Schutzbereich

Art. 12 Abs. 1 GG schützt als einheitliches Grundrecht die Freiheit, einen Beruf zu wählen und auszuüben.[220] Grundsätzlich können sich nach Art. 19 Abs. 3 GG auch inländische juristische Personen und Personenvereinigungen des Privatrechts auf seinen Schutz berufen. Damit sind auch anwaltliche Berufsausübungsgemeinschaften grundrechtsfähig.[221]

Als „*Deutschengrundrecht*" steht dieser Schutz grundsätzlich nur jedem Deutschen i.S.d. Art. 116 GG zu.[222] Ebenso erfasst sind nach richtiger Ansicht aber auch Berufsträger, die Staatsbürger eines EU-Staates sind.[223] Dies findet auch in der Rechtsprechung des Bundesverfassungsgerichts eine Stütze. Zwar hat sich das Bundesverfassungsgericht bisher nicht explizit mit einer Geltung

---

217 BVerfGE 76, 171 (188); 113, 29 (49).

218 BVerfGE 110, 226 (252).

219 *Rick*, Die verfassungsrechtliche Stellung des Rechtsanwalts, S. 65 mwN.

220 BVerfGE 7, 377 (401 f.); 33, 303 (330); 92, 140 (151).

221 Siehe *Gaier*, in: Gaier/Wolf/Göcken (Hrsg.), Anwaltliches Berufsrecht, Art. 12 GG Rn. 14.

222 *Gaier*, in: Gaier/Wolf/Göcken (Hrsg.), Anwaltliches Berufsrecht, Art 12 GG Rn. 13.

223 So etwa *Gaier*, in: Gaier/Wolf/Göcken (Hrsg.), Anwaltliches Berufsrecht, Art. 12 GG Rn. 14; *Hofmann*, in: Schmidt-Bleibtreu/Hofmann/Henneke (Hrsg.), Art. 12 GG, Rn. 6, 19; *Jarass*, in: Jarass/Pieroth (Hrsg.), GG, Art. 12 Rn. 12; a.A. *Scholz*, in: Maunz/Dürig (Hrsg.), GG, Art. 12 Rn. 105; *Tettinger*, in: Sachs (Hrsg.), GG, Art. 12 Rn. 19.

der Grundrechte für Europäische Rechtsanwälte befasst, es hat die Geltung jedoch auf juristische Personen mit Sitz im EU-Ausland bejaht. Das Bundesverfassungsgericht hat dabei ausgeführt, dass die Grundfreiheiten und das allgemeine Diskriminierungsverbot des Art. 18 AEUV einer Ungleichbehandlung von juristischen Personen aus dem EU-Ausland entgegenstünden und insoweit (sprachlich) entgegenstehende Beschränkungen des Grundgesetzes zurückdrängen würden.[224] Dem Grundgesetz sei auch trotz entgegenstehendem Wortlauts („*inländische juristische Personen*", Art. 19 Abs. 3 GG) kein Wille zu entnehmen, nach dem eine Erstreckung auf juristische Personen mit Sitz im EU-Ausland dauerhaft ausgeschlossen werden sollte. Nichts anderes muss insoweit für Europäische Rechtsanwälte und das „*Deutschengrundrecht*" des Art. 12 Abs. 1 GG gelten. Auch hier kann dem Grundgesetz kein Wille entnommen werden, EU-Ausländern einen Schutz dauerhaft zu verweigern.

Das Bundesverfassungsgericht hat in seiner vorgenannten Entscheidung noch zwei weitere Klarstellungen getroffen, die auf Rechtsanwälte aus EU-Staaten insoweit übertragbar sind: Zum einen können sich EU-Ausländer nicht nur auf den Schutz von Grundrechten berufen, sondern müssen sich auch die gleichen Vorschriften der Verfassung wie inländische Personen entgegenhalten lassen; weiterhin kann ein Schutz nur solchen juristischen Personen mit Sitz im EU-Ausland zukommen, die auch eine Verbindung zum Inland aufweisen. Letzteres wäre bei Rechtsanwälten aus EU-Mitgliedsstaaten, die in einem Schiedsverfahren mit Sitz in Deutschland tätig werden, jedoch anzunehmen, so dass insoweit keine Probleme bestehen dürften.

Die Absicherung der anwaltlichen Betätigung von Anwälten, die nicht EU-Staatsbürger sind, sowie von Staatenlosen erfolgt daher nur über Art. 2 Abs. 1 GG, der lediglich die allgemeine Handlungsfreiheit eines jeden Menschen schützt.[225] Über Art. 2 Abs. 1 GG kann jedoch niemals das Schutzniveau erlangt werden, das Art. 12 Abs. 1 GG diesen Personenkreisen explizit verweigert.[226] Dies folgt bereits aus dem Umstand, dass die Handlungsfreiheit des Art. 2 Abs. 1 GG nur insoweit besteht, als sie nicht die Rechte anderer verletzt oder gegen die verfassungsmäßige Ordnung beziehungsweise das Sittengesetz verstößt.

---

224 BVerfGE 129, 78 (94 ff), siehe auch *Gaier*, in: Gaier/Wolf/Göcken (Hrsg.), Anwaltliches Berufsrecht, Art. 12 GG Rn. 14.

225 BVerfGE 78, 179 (196 f.); 104, 337 (346).

226 BVerfGE 78, 179 (197).

cc) Art. 12 GG als Abwehrrecht

Art. 12 Abs. 1 GG ist als Abwehrrecht ausgestaltet und schützt somit Rechtsanwälte zunächst nur vor staatlichen Eingriffen in deren Berufsfreiheit. Ein Eingriff liegt nach der allgemein gängigen Definition in jedem staatlichen Handeln begründet, das dem Einzelnen ein Verhalten, das in den Schutzbereich fällt, ganz oder teilweise unmöglich macht.[227] Das Bundesverfassungsgericht differenziert im Hinblick auf die Rechtfertigung von Eingriffen in die Berufsfreiheit nach der Art des Eingriffs. Grundsätzlich werden drei Arten von Eingriffen unterschieden: Eingriffe in die objektive Berufswahlfreiheit sind nur zulässig, wenn sie der Abwendung einer nachweislichen oder höchstwahrscheinlichen Gefahr für ein überragend wichtiges Gemeinschaftsgut dienen,[228] Eingriffe in die subjektive Berufswahlfreiheit sind dann gerechtfertigt, wenn es um den Schutz eines besonders wichtigen Gemeinschaftsguts geht[229] und Eingriffe in die Berufsausübungsfreiheit sind bereits dann gerechtfertigt, wenn sie auf Grund vernünftiger Allgemeinwohlerwägungen zweckmäßig erscheinen.[230]

Aufgrund der oben angesprochenen Gemeinwohlorientierung des Anwaltsberufs gilt für die Rechtfertigung von Eingriffen in die Berufsausübungsfreiheit eines Rechtsanwalts jedoch generell ein höherer Maßstab. Eingriffe sind nur zulässig, wenn sie zum Wohl der Allgemeinheit unerlässlich sind.[231] Dabei darf die Eigenschaft des Rechtsanwalts als „Organ der Rechtspflege" selbst jedoch nicht als Rechtfertigung dienen, da diese zu einer Staatsgebundenheit der anwaltlichen Tätigkeit führen würde.[232] Eingriffe können sowohl in der Form berufsbezogener Rechtsakte, mittelbar berufsregelnder Rechtsakte als auch in der Form faktischer Beeinträchtigungen – etwa durch Verwaltungsvorschriften – stattfinden.[233] Da im Rahmen dieser Arbeit vorausgesetzt wird, dass der Parteivertreter im Schiedsverfahren bereits als Rechtsanwalt zugelassen ist, sind

227 Siehe nur: *Ruffert*, in: Epping/Hillgruber (Hrsg.), BeckOK GG, Art. 12 Rn. 51 mwN.

228 BVerfGE 7, 377 (408); 25, 1 (11); 40, 196 (218); 84, 133 (151 f.).

229 BVerfGE 7, 377 (407).

230 BVerfGE 7, 377 (405 f.); 30, 336 (351); 65, 116 (125); 77, 308 (332); 93, 362, 369.

231 BVerfGE 63, 266 (287); weiterführend: *Gaier*, in: Gaier/Wolf/Göcken (Hrsg.), Anwaltliches Berufsrecht, Art. 12 GG Rn. 9.

232 BVerfGE 22, 114 (120); BVerfGE 34, 293 (300); *Feuerich/Weyland*, in: Feuerich/Weyland (Hrsg.), BRAO, § 1 Rn. 9; *Busse*, in: Henssler/Prütting (Hrsg.), BRAO, § 1 BRAO Rn. 29; *Krämer*, NJW 1995, 2313 (2315); *Wolf*, in: Gaier/Wolf/Göcken (Hrsg.), Anwaltliches Berufsrecht, § 1 BRAO Rn. 2.

233 *Gaier*, in: Gaier/Wolf/Göcken (Hrsg.), Anwaltliches Berufsrecht, Art. 12 GG Rn. 28 ff.

hier auch grundsätzlich nur Konstellationen denkbar, in denen in die Berufsausübungsfreiheit eingegriffen wird.

Art. 12 Abs. 1 GG schützt als Abwehrrecht jedoch zunächst nur vor Eingriffen in die Berufsfreiheit durch den Staat, weshalb sich etwa die Vorschriften des 10. Buchs der ZPO und damit auch § 1042 Abs. 2 ZPO an der Hürde des Art. 12 Abs. 1 GG messen lassen müssen. Angewandt wird § 1042 Abs. 2 ZPO jedoch nicht von einem staatlichen Richter, sondern von privaten Schiedsrichtern, deren Verhalten dem Staat nicht zurechenbar ist.[234] Eine Bindung des Schiedsgerichts an Art. 12 Abs. 1 GG kommt damit nur über eine mittelbare Drittwirkung von Grundrechten in Betracht. Unter der Rechtsfigur der mittelbaren Drittwirkung lehnt das Bundesverfassungsgericht es zwar ab, dass Grundrechte zwischen Privaten unmittelbar gelten, jedoch hätten Gerichte und Behörden bei der Entscheidung von entsprechenden Sachverhalten die Grundrechte im Rahmen von Generalklauseln (§§ 138 Abs. 1, 242 BGB) zu berücksichtigen, weshalb ein Privater aufgrund der gerichtlichen Entscheidung im Ergebnis durch die Grundrechte anderer Privater in seinem Handeln beschränkt werden kann.[235] Da Schiedsrichter und Parteivertreter jedoch keine vertraglichen Beziehungen unterhalten, scheidet eine Drittwirkung über die §§ 138 Abs. 1, 242 BGB aus. Letztlich müsste also § 1042 Abs. 2 ZPO als eine derartige Generalklausel angesehen werden, um das private Schiedsgericht über die mittelbare Drittwirkung zur Beachtung von Art. 12 Abs. 1 GG anzuhalten.

Grundsätzlich kommen Normen der ZPO zwar nicht als derartige Normen in Betracht, da sie vom staatlichen Richter angewandt werden, im Fall von § 1042 Abs. 2 ZPO ist dies jedoch explizit nicht der Fall. Erschwert ein Schiedsgericht einem Rechtsanwalt also übermäßig die Parteivertretung könnte sich die Nichtigkeit derartiger Erschwerungen also aus § 1042 Abs. 2 ZPO ergeben, der im Lichte von Art. 12 Abs. 1 GG auszulegen wäre. Nichts anders gilt selbstverständlich auch für den Fall eines Ausschlusses des Parteivertreters aus dem Schiedsverfahren. Fälle, in denen ein Ausschluss für das Wohl der Allgemeinheit unerlässlich ist, dürften sich in einem einzelnen Schiedsverfahren kaum stellen. Weiterhin fehlt es ganz allgemein an einer gesetzlichen Grundlage für einen Ausschluss von Rechtsanwälten aus dem Schiedsverfahren. Eben diese gesetzliche Grundlage wird jedoch von Art. 12 Abs. 1 GG gefordert.

---

234 Zu der Frage, ob Schiedsgerichtsbarkeit Bestandteil der Rechtsprechung i.S.v. Art. 92 GG ist, siehe unten 2. a) bb).

235 BVerfGE 7, 198 (204).

dd) Art. 12 GG als wertentscheidende Grundsatznorm

Unabhängig davon, ob man eine unmittelbare Drittwirkung von Art. 12 Abs. 1 GG über § 1042 Abs. 2 ZPO nun bejaht oder nicht, muss Art. 12 Abs. 1 GG weiterhin als eine wertentscheidende Grundsatznorm gelesen werden, die den Staat verpflichtet, die Freiheitssphäre des Rechtsanwalts zum Wohle der (potentiell) Rechtssuchenden aktiv zu schützen und zu sichern.[236] Wenn nötig, muss der Gesetzgeber sogar Schutzvorschriften erlassen, um die Berufsfreiheit abzusichern.[237]

§ 1042 Abs. 2 ZPO muss als eine Schutzvorschrift in diesem Sinne betrachtet werden, da Art. 12 Abs. 1 GG private Schiedsgerichte ansonsten nicht binden würde. Rechtsanwälte, die unter den Schutzbereich von Art. 12 Abs. 1 GG fallen, wären ohne die Existenz von § 1042 Abs. 2 ZPO gegenüber Schiedsrichtern vor Ausschlüssen schutzlos. Insbesondere hätten sie keine eigenen Rechte im Schiedsverfahren. Wenn es § 1042 Abs. 2 ZPO nicht bereits gebe, wäre der Gesetzgeber also zumindest für Rechtsanwälte, die sich auf Art. 12 Abs. 1 GG berufen können, verpflichtet, eine entsprechende Vorschrift einzuführen.[238]

b) Recht auf Vertretung, § 3 Abs. 2 BRAO

Eine Absicherung des Ausschlussverbots findet sich über § 3 BRAO auch im deutschen anwaltlichen Berufsrecht. Bemerkenswert ist, dass die anwaltliche Vertretung vor Schiedsgerichten explizite Erwähnung findet.

aa) Sachlicher Schutzbereich

§ 3 Abs. 1 BRAO stellt klar, dass der Rechtsanwalt der berufene unabhängige Berater und Vertreter in allen Rechtsangelegenheiten ist und benennt damit den Gegenstand, auf den sich die Tätigkeit des Rechtsanwalts als freiberuflich tätiges Organ der Rechtspflege bezieht.[239] § 3 Abs. 2 BRAO sichert den allgemeinen Programmsatz von § 3 Abs. 1 BRAO dadurch ab, dass das Recht des Rechtsanwalts, in Rechtsangelegenheiten aller Art vor Gerichten, Schiedsgerichten oder Behörden aller Art aufzutreten, nur durch ein Bundesgesetz beschränkt werden kann.

---

236 BVerfGE 92, 26 (46); näher dazu: *Gaier*, in: Gaier/Wolf/Göcken (Hrsg.), Anwaltliches Berufsrecht, Art. 12 GG Rn. 10.

237 BVerfGE 92, 26 (46).

238 So im Ergebnis wohl auch *Hayn*, NJW 1958, 1667 (1667); a.A. *Schlosser*, in: Stein/Jonas, ZPO, § 1042 Rn. 17.

239 *Wolf*, in: Gaier/Wolf/Göcken (Hrsg.), Anwaltliches Berufsrecht, § 3 BRAO Rn. 1.

§ 3 Abs. 3 BRAO gewährt zudem jedermann im Rahmen der gesetzlichen Vorschriften das Recht, einen Rechtsanwalt mit der Vertretung vor Gerichten, Schiedsgerichten oder Behörden aller Art zu betrauen. Die direkte Institutionalisierung der Rechtsanwälte über die Absätze 1 und 2 wird in Absatz 3 somit über die Rechte des Rechtssuchenden um eine indirekte Form der Institutionalisierung ergänzt.

Das Vorhandensein einer solchen Regelung in der BRAO verwundert. Aufgabe der BRAO ist zuvorderst, die persönlichen und sachlichen Voraussetzungen der handelnden Personen zu regeln.[240] Einfachgesetzliche Aussagen zum möglichen Forum der Rechtsanwälte, auf die sich auch Rechtssuchende berufen können, vermutet man hingegen eher in den Verfahrensordnungen.

(1) Genese der Norm

Dass in § 3 BRAO überhaupt Schiedsgerichte adressiert sind, geht auf die RAO br. Zone zurück. In dieser wurde dem rechtssuchenden Bürger garantiert, dass er sich vor ordentlichen Gerichten und vor Schiedsgerichten von einem Rechtsanwalt vertreten lassen könne.[241] Sowohl die Rechtsanwaltsordnung von 1878[242] („**RAO**") als auch die RRAO von 1936 beinhalteten nur das Recht des Rechtsanwalts, „*vor Gerichten innerhalb des Reichs*" auftreten zu dürfen. Die RAO br. Zone stellte damit nicht nur Schiedsgerichte den ordentlichen Gerichten gleich. Sie formulierte auch entgegen den Vorschlägen der Rechtsanwaltskammern in der britischen Zone das Recht nicht aus der Sicht des Rechtsanwalts, sondern aus der Sicht des Mandanten als rechtssuchenden Bürger.[243]

Die 1959 eingeführte BRAO vereinigte in § 3 schließlich die Rechtsentwicklungen, die sich mit den vorgenannten Rechtsanwaltsordnungen vollzogen hatten. Der erstmals in der RRAO 1936 erwähnte Satz „*Der Rechtsanwalt ist der berufene unabhängige Berater und Vertreter in allen Rechtsangelegenheiten*" blieb in § 3 Abs. 1 BRAO enthalten. § 3 Abs. 2 BRAO behielt für das Recht auf Vertretung die Aufzählung von Gerichten, Schiedsgerichten und Behörden bei, wie sie

---

240 *R. Schneider*, Der Rechtsanwalt, ein unabhängiges Organ der Rechtspflege, S. 81; *Wolf*, in: Gaier/Wolf/Göcken (Hrsg.), Anwaltliches Berufsrecht, Einl. Rn. 56.

241 § 2 Abs. 2 lautete: „*Jedermann hat das Recht, sich in Angelegenheiten aller Art durch einen Rechtsanwalt seiner Wahl vor Gericht, Behörden, Schiedsgerichten sowie sonstigen Einrichtungen des öffentlichen Lebens vertreten zu lassen. Dieses Recht kann nur durch ein Gesetz beschränkt werden.*"

242 RGBl. I, S. 177.

243 *Wolf*, in: Gaier/Wolf/Göcken (Hrsg.), Anwaltliches Berufsrecht, § 3 BRAO Rn. 9.

sich erstmals in § 2 Abs. 2 RAO br. Zone fand.[244] In Anlehnung an § 26 RAO 1878 knüpft § 3 Abs. 2 BRAO jedoch wieder an die Perspektive des Rechtsanwalts an, dem ein Recht zur Vertretung gewährt wird, das nur durch Bundesgesetz eingeschränkt werden kann. Die in § 2 Abs. 2 RAO br. Zone erstmals erwähnte Perspektive des rechtssuchenden Bürgers findet sich so in abgeschwächter Form aber noch in § 3 Abs. 3 BRAO wieder. Während § 2 Abs. 2 RAO br. Zone sprachlich noch als Abwehrrecht mit Gesetzesvorbehalt ausgestaltet war (wie heute § 3 Abs. 2 BRAO), handelt es sich bei § 3 Abs. 3 BRAO jedoch nur noch um ein Recht *„im Rahmen der gesetzlichen Vorschriften"*. Seit 1959 wurde der Wortlaut von § 3 BRAO nicht mehr modifiziert.

(2) Subjektives Recht

Obwohl der Wortlaut und die Genese von § 3 BRAO darauf hindeuten, dass aus ihm unmittelbar subjektive Rechte von Rechtsanwälten und Rechtssuchenden abgeleitet werden können, wird § 3 BRAO in der berufsrechtlichen Literatur teilweise als reiner Programmsatz gewertet. Michael *Kleine-Cosack* hält die Vorschrift gar für verzichtbar und attestiert ihr, über keine nennenswerte Bedeutung zu verfügen.[245] Auch Felix *Busse* geht davon aus, dass § 3 BRAO kein unmittelbarer Eingriffstatbestand sei.[246]

Christian *Wolf* ist hingegen der Auffassung, § 3 Abs. 2 und 3 BRAO würden subjektive Rechte des Rechtsanwalts und des Bürgers formulieren.[247] Dabei stehe § 3 Abs. 2 BRAO gegenüber § 3 Abs. 3 BRAO jedoch bisher im Vordergrund, da er die korrespondierende Norm zu Art. 12 Abs. 1 GG sei, auf dessen Folie das deutsche anwaltliche Berufsrecht letztlich entwickelt wurde.[248] Der Anspruch des Bürgers stehe demgegenüber bislang im Schatten. *Wolf* kritisiert dies und folgert in der Konsequenz, dass § 3 Abs. 3 BRAO in seiner Bedeutung gestärkt werden müsse, indem er im Kontext von Art. 103 Abs. 1 GG zu lesen sei.[249]

Kleine-Cosack ist insoweit auch zu entgegnen, dass er für seine These, dass § 3 BRAO ein verzichtbarer Satz ohne jede Bedeutung sei, den Nachweis schuldig bleibt. Konkret beruft er sich zur Unterstützung seiner These lediglich auf zwei Urteile des Bundesverfassungsgerichts.[250] In der ersten Entscheidung stellte das

244 Wobei die *„sonstigen Einrichtungen des öffentlichen Lebens"* gestrichen wurden.
245 *Kleine-Cosack*, BRAO, § 3 Rn. 1.
246 *Busse*, in: Henssler/Prütting (Hrsg.), BRAO, § 3 Rn. 8.
247 *Wolf*, in: Gaier/Wolf/Göcken (Hrsg.), Anwaltliches Berufsrecht, § 3 BRAO Rn. 4.
248 *Wolf*, in: Gaier/Wolf/Göcken (Hrsg.), Anwaltliches Berufsrecht, § 3 BRAO Rn. 4.
249 Siehe dazu auch unten 2. a) aa) (2) (cc).
250 BVerfG NJW 1974, 715 (715 f.); NJW 1991, 2228 (2228 f.).

Bundesverfassungsgericht fest, dass die Gesetzgebungskompetenz des Bundes für das Recht der Rechtsanwaltschaft nicht ausreiche, um einem Rechtsanwalt die Vertretung eines Pfarrers in einem formlosen Verfahren gegen seine Kirche zu gestatten. Es gelte das kirchliche Selbstbestimmungsrecht, das dem staatlichen Recht nach Art. 140 GG i.V.m. Art. 137 Abs. 3 Satz 1 Weimarer Reichsverfassung entzogen sei.[251] In der zweiten Entscheidung stellte das Bundesverfassungsgericht fest, dass ein Rechtsanwalt, der die Vertretung eines Mandanten in einem Asylverfahren übernommen hatte, nicht selbst darüber bestimmen könne, wann er seinen Mandanten befrage.[252] Beide Entscheidungen befassen sich folglich nicht mit der Frage, wann ein Auftrittsrecht vor Gerichten, Schiedsgerichten oder Behörden besteht und sind als Nachweis für die These von *Kleine-Cosack* somit nicht geeignet.

(3) Bedeutung vor dem Hintergrund von §§ 138 a, b StPO

Die Konkretisierungsfunktion, die § 3 Abs. 2 BRAO im Hinblick auf Art. 12 Abs. 1 GG in der Rechtsprechung des Bundesverfassungsgerichts einnimmt, lässt sich hingegen insbesondere an der Entstehungsgeschichte der §§ 138 a, b StPO veranschaulichen. Die Normen sind als gesetzgeberische Reaktion auf einen Beschluss des Bundesverfassungsgerichts vom 14.02.1973[253] zu sehen.[254] Das Bundesverfassungsgericht hob damals den durch den Ermittlungsrichter des Bundesgerichtshofs erfolgten Ausschluss des Rechtsanwalts Otto *Schily*[255] als Verteidiger von Gudrun Ensslin, einer der Führungsfiguren der „Baader-Meinhof-Gruppe", auf. *Schily* wurde beschuldigt, ein Schriftstück seiner Mandantin mit verschlüsselten Weisungen (sogenanntes Kassiber) aus der Justizvollzugsanstalt herausgebracht und an die noch in Freiheit lebenden Mitglieder der „Baader Meinhoff-Gruppe" weitergeleitet zu haben.

Das Bundesverfassungsgericht entschied, dass der Bundesgerichtshof dabei ohne eine gesetzliche Grundlage handelte, die dem Vorbehalt des Art. 12 Abs. 1 Satz 2 GG genügen würde. Untermauert wurde diese Argumentation mit § 3

251 BVerfG NJW 1974, 715 (717).

252 NJW 1991, 2228 (2228).

253 BVerfG NJW 1973, 696 (696 f.).

254 Siehe ausführlich zur Begründung einen Aufsatz des damaligen Justizministers *Vogel*, NJW 1978, 1217 (1222).

255 Otto Schily war später von 1998 bis 2005 Innenminister der Bundesrepublik Deutschland. Der Vorwurf gegen ihn konnte nie bestätigt werden. Siehe dazu weiterführend *Reinecke*, Otto Schily – Vom RAF-Anwalt zum Innenminister, S. 135 ff. sowie *Aust*, Der Baader Meinhoff Komplex, S. 261.

Abs. 2 BRAO, aus dem sich explizit ergebe, dass „*das allgemeine Vertretungsrecht des Anwalts nur durch ein Bundesgesetz beschränkt werden kann*".[256] Der Bundesgerichtshof hatte hingegen die zuvor gegen den Ausschluss eingelegte Beschwerden Schilys und Ensslins mit Beschluss vom 25.08.1972 verworfen.[257] Dies wurde mit der Notwendigkeit begründet, die Integrität des Strafverfahrens aufrechterhalten zu müssen, an dem der Verteidiger als „Organ der Rechtspflege" gem. § 1 BRAO mitwirken sollte.

Im Ergebnis stellte das Bundesverfassungsgericht also fest, dass ein Rechtsanwalt in seinem Auftreten vor Gericht nur durch ein (verfassungsgemäßes) Bundesgesetz beschränkt werden kann. Der ausdrückliche Verweis auf § 3 Abs. 2 BRAO zeigt dabei, dass das Bundesverfassungsgericht in § 3 Abs. 2 BRAO eine einfachgesetzliche Präzisierung der Berufsfreiheit des Rechtsanwalts aus Art. 12 Abs. 1 GG sieht. Sofern man der hier vertretenen These, dass Art. 12 Abs. 1 GG private Schiedsgerichte über § 1042 Abs. 2 ZPO mittelbar bindet, nicht folgt, ist die programmatische Erweiterung dieses Schutzes aus Art. 12 Abs. 1 GG durch § 3 Abs. 2 BRAO auf Schiedsgerichte von zentraler Bedeutung.

bb) Persönlicher Schutzbereich

Adressiert werden in § 3 BRAO zunächst die deutschen Rechtsanwälte gem. § 12 BRAO, die die Voraussetzungen von § 4 BRAO erfüllen. Dies sind grundsätzlich die Befähigung zum deutschen Richteramt und damit ein erfolgreich abgeschlossenes rechtswissenschaftliches Hochschulstudium und ein erfolgreich abgeschlossener juristischer Vorbereitungsdienst.[258]

Weiterhin erfasst sind europäische Rechtsanwälte. Als Konsequenz aus der Dienstleitungsrichtlinie,[259] der Hochschuldiplomanerkennungsrichtlinie[260] und der Niederlassungsrichtlinie[261] genießen Staatsbürger eines europäischen

256 BVerfG NJW 1973, 696 (696 f.).

257 BGH NJW 1972, 2140 lfd. Nr. 17.

258 Siehe ausführlich dazu *Wolf*, in: Gaier/Wolf/Göcken (Hrsg.), § 4 BRAO, Rn. 14. Ausnahmen dazu finden sich in Rn. 43 ff. der Kommentierung.

259 RL 77/249/EWG des Rates zur Erleichterung der tatsächlichen Ausübung des freien Dienstleistungsverkehrs der Rechtsanwälte.

260 RL 89/48/EWG des Rates der Europäischen Gemeinschaften über eine allgemeine Regelung zur Anerkennung der Hochschuldiplome, die eine mindestens dreijährige Berufsausbildung abschließen.

261 RL 98/5/EG des Europäischen Parlaments und des Rates zur Erleichterung der ständigen Ausübung des Rechtsanwaltsberufs in einem anderen Mitgliedstaat als dem, in dem die Qualifikation erworben wurde.

Mitgliedsstaats, die innerhalb der EU als Rechtsanwalt tätig sind, die Freiheit, sich innerhalb der EU frei unter der Berufsbezeichnung ihres Zulassungsstaates[262] niederzulassen (*niedergelassene Rechtsanwälte*) oder vorübergehend in anderen Mitgliedsstaaten tätig zu werden (*dienstleistende Rechtsanwälte*). Voraussetzungen sind die Staatsbürgerschaft eines EU-Mitgliedsstaates sowie die anwaltliche Zulassung bei der zuständigen Stelle im Herkunftsstaat.[263] In Deutschland wird dies durch die Vorschriften des Gesetzes über die Tätigkeit europäischer Rechtsanwälte in Deutschland (EuRAG) sichergestellt. Der Geltungsbereich schließt dabei neben Rechtsanwälten aus dem europäischen Ausland auch entsprechende Berufsträger aus Island, Liechtenstein, Norwegen und der Schweiz ein.[264] Es muss sich gem. § 1 EuRAG allerdings um selbstständige Rechtsanwälte handeln, Unternehmensjuristen fallen damit aus dem Anwendungsbereich heraus, die in einer Anwaltskanzlei angestellte Anwälte sind hingegen umfasst.[265]

Nach den Vorschriften des EuRAG können sich Rechtsanwälte, die im europäischen Ausland, Island, Liechtenstein, Norwegen und der Schweiz[266] zugelassenen sind, gem. § 34 BORA bei einer deutschen Kammer anmelden und in Deutschland praktizieren. Durch die Aufnahme in der Rechtsanwaltskammer ist der niedergelassene Europäische Rechtsanwalt gem. § 2 EuRAG berechtigt, die Tätigkeit eines Rechtsanwalts gem. der §§ 1 bis 3 BRAO auszuüben. Es finden alle Verfahrensordnungen und sonstigen Gesetze Anwendung, die an die Tätigkeit eines Rechtsanwalts i.S.v. § 4 BRAO anknüpfen.[267]

Sonstige ausländische Rechtsanwälte werden durch § 3 BRAO nicht adressiert.

Auch § 3 Abs. 2, 3 BRAO bleiben damit hinter dem Anwendungsbereich von § 1042 Abs. 2 ZPO zurück.[268]

---

262 Zur Anknüpfung an den Zulassungsstaat siehe BT-Drs. 14/2269, S. 23.

263 *Lörcher*, in: Henssler/Prütting (Hrsg.), BRAO, § 2 EuRAG Rn. 9.

264 Für Island, Liechtenstein und Norwegen ergibt sich dies aus ihrem Status als Vertragsstaat des europäischen Wirtschaftsraums, für die Schweiz gelten Sonderrechte, vgl. § 1 EuRAG.

265 *Lörcher*, in: Henssler/Prütting (Hrsg.), BRAO, § 1 EuRAG Rn. 14.

266 Für Island, Liechtenstein und Norwegen ergibt sich dies aus ihrem Status als Vertragsstaat des europäischen Wirtschaftsraums, für die Schweiz gelten Sonderrechte, vgl. § 1 EuRAG.

267 BT-Drs. 14/2269, S. 23.

268 Missverständlich insoweit *Prütting*, in: Prütting/Gehrlein (Hrsg.), ZPO, § 1042 Rn. 7, der lediglich auf den Zusammenhang beider Paragraphen hinweist, jedoch nicht auf die Einbeziehung ausländischer Anwälte eingeht.

cc) Übertragung auf das Schiedsverfahren

Für den Untersuchungsgegenstand bedeuten die obigen Ausführungen, dass deutsche Rechtsanwälte sowie auch Europäische Rechtsanwälte auch bei ihrer Tätigkeit im Schiedsverfahren durch Art. 12 Abs. 1 GG i.V.m. § 3 Abs. 2 BRAO unter besonderen Schutz gestellt werden. Eine Beschränkung ihres Auftrittsrechts kann nur aufgrund eines Gesetzes erfolgen. § 1042 Abs. 2 ZPO beinhaltet selbst einen absoluten Schutz für anwaltliche Bevollmächtigte. Auch § 1042 Abs. 3, 4 ZPO scheiden schon sprachlich als Gesetze, die dem Gesetzesvorbehalt von Art. 12 Abs. 1 GG i.V.m. § 3 Abs. 2 BRAO Rechnung tragen könnten, aus. Eine Einschränkung von § 1042 Abs. 2 ZPO ist ihnen nämlich nicht zu entnehmen. Hinsichtlich des Präzisierungsgrades, der für ein solches Gesetz nötig wäre, kann auf §§ 138 a, b StPO verwiesen werden.

2. Absicherungen für die Parteien

Art. 12 GG und § 3 Abs. 2 BRAO schützen nach den vorstehenden Ausführungen nur die Tätigkeit deutscher Rechtsanwälte und Europäischer Rechtsanwälte. Der Status von Rechtsanwälten aus sonstigen WTO-Mitgliedsstaaten wird hingegen in § 206 Abs. 1 BRAO und der von Rechtsanwälten aus Staaten, die nicht WTO-Mitglied sind, in § 206 Abs. 2 BROA geregelt. § 206 BRAO erlaubt jedoch nur sehr eingeschränkte Tätigkeiten. Insbesondere dürfen sie nur im Recht ihres Heimatlandes sowie im Völkerrecht beraten und nicht vor Gericht auftreten.

Zu fragen ist daher, ob es auch eine höherrangige Gewähr gibt, die den Schutz ausländischer Rechtsanwälte beinhaltet, die nicht aus EU-Staaten stammen. In Betracht kommt hier nur eine Absicherung über die Rechte der mandatierenden Partei. Derartige Rechte finden sich zunächst über das Recht auf rechtliches Gehör in Art. 103 Abs. 1 GG sowie in § 1042 Abs. 1 ZPO (**a.**). Weiterhin können sie sich aus der EMRK ergeben (**b.**). Schließlich wird auch vertreten, dass entsprechende Sicherungen direkt aus dem New Yorker UN-Übereinkommen über die Anerkennung und Vollstreckung ausländischer Schiedssprüche von 1958 („**NYÜ**") folgen sollen (**c.**).

a) Absicherung über das rechtliche Gehör, Art. 103 Abs. GG

Art. 103 GG enthält insgesamt drei voneinander unabhängige Prozessgrundrechte, von denen jedoch zwei nur das Strafverfahren betreffen.[269] Hier von Interesse

269 Dies sind der Bestimmtheitsgrundsatz für Strafgesetze und das Verbot der Mehrfachbestrafung.

ist jedoch nur die Gewähr in Art. 103 Abs. 1 GG, die jedermann rechtliches Gehör *„vor Gericht"* einräumt. Um diese Norm für die vorliegende Untersuchung fruchtbar zu machen, müssen zwei Voraussetzungen erfüllt sein: Zunächst muss Art. 103 Abs. 1 GG rechtliches Gehör durch einen Rechtsanwalt gewähren und weiterhin müsste auch das Schiedsverfahren erfasst sein. Im Folgenden soll aus Gründen der Darstellbarkeit zunächst darauf eingegangen werden, wie der Anspruch für das staatliche Gerichtsverfahren gelesen wird (**aa.**), bevor eine Übertragung auf das Schiedsverfahren erfolgen soll (**bb.**).

a) Anspruch auf rechtliches Gehör durch einen Rechtsanwalt im staatlichen Zivilprozess

In der berufsrechtlichen Literatur wird vertreten, dass rechtliches Gehör i.S.d. Art. 103 Abs. 1 GG auch immer einen Anspruch auf rechtliches Gehör durch einen Rechtsanwalt bedeute.[270]

(1) Ablehnung durch die Rechtsprechung

Eine verfassungsrechtliche Absicherung des Rechts auf anwaltlichen Beistand über Art. 103 Abs. 1 GG lehnt das Bundesverfassungsgericht in fortlaufender Rechtsprechung ab.[271] Anerkannt wird insoweit nur, dass, sofern ein Anwalt das rechtliche Gehör für einen Mandanten wahrnimmt, dieses vom Gericht grundsätzlich auch gegenüber dem Anwalt zu erfüllen ist.[272] Dem folgen auch Teile der Literatur.[273]

(aa) Hintergrund: Trennung von Tatsachen und Rechtsfragen

Die Nichteinbeziehung der Vertretung durch einen Rechtsanwalt in Art. 103 Abs. 1 GG steht in engem Zusammenhang zur Rechtsprechung zum Rechtsgespräch. Art. 103 Abs. 1 GG begründet nach dem Bundesverfassungsgericht keine Pflicht des Gerichts, eine Erörterung aller rechtlichen Gesichtspunkte vorzunehmen.[274] Rechtliches Gehör bezieht sich hiernach nur auf Tatsachenfragen und nicht auf Rechtsansichten. Begründet wird dies vornehmlich über die

---

270 So etwa *Wolf*, in: FS Schneider, S. 414 (427).

271 BVerfGE 9, 124 (132); 31, 297 (301); 38, 105 (118); 39, 156 (168); 85, 337 (349).

272 *Kunig*, in: v. Münch/Kunig (Hrsg.), GG, Art. 103 Rn. 15 (Stichwort: *„Rechtsanwalt, Mandant und"*).

273 *Ahrens*, Anwaltsrecht für Anfänger, Rn. 243; *Schier*, AnwBl. 1984, 410 (416); *Waldner*, Der Anspruch auf rechtliches Gehör, Rn. 139.

274 BVerfGE 5, 10 (11); BVerfGE 31, 364 (370); BVerfGE 52, 131 (154); BVerfGE 60, 175 (210 f.); BVerfGE 86, 133 (145); BVerfGE 98, 218 (263).

Neutralitätspflicht des Richters.[275] Folglich bedürfe es für das rechtliche Gehör auch nicht zwingend der Mitwirkung eines Rechtsanwalts.

(bb) Hintergrund: Grundsatz *iura novit curia*

Für den Zivilprozess folgt diese Auffassung im Ergebnis aus dem Grundsatz *iura novit curia* (Das Gericht kennt das Recht),[276] der die zivilprozessuale Rollenverteilung zwischen Parteien und Gericht vorgibt.[277] Dessen zentrales Element ist die aus dem römischen Recht stammende Maxime *da mihi factum, dabo tibi ius* (Gib Du mir die Tatsachen, ich gebe Dir das Recht).[278]

„*Da mihi factum* = Gib Du mir die Tatsachen“ beschreibt den Beibringungsgrundsatz und die Verhandlungsmaxime, die beide zu den zentralen Elementen des Zivilprozesses gehören. Die Parteien haben demnach all diejenigen Tatsachen und Umstände in den Prozess einzuführen, die für den Prozess erheblich sind. Der Richter darf sich in seiner Entscheidungsfindung nur auf diese Tatsachen stützen. Geregelt ist dies in § 138 ZPO.

„*Dabo tibi jus* = Ich gebe Dir das Recht“ enthält ein Versprechen des Richters mit doppelter Bedeutung: Der Richter muss das Recht ermitteln und anwenden.[279] Für Wolfgang *Wiegand* begründet der zweite Satzteil folglich die Rechtsermittlungs- und Rechtsanwendungspflicht des Gerichts und ist damit der Kerngehalt des Prinzips *iura novit curia*.[280] „*Während die Verhandlungsmaxime den Parteien die Herrschaft über den zu beurteilenden Sachverhalt einräumt*

275 *Nolte*, in: v. Mangoldt/Klein/Starck (Hrsg.), GG, Art. 103 Rn. 48; *Schmal*, in: Schmidt-Bleibtreu/Hofmann/Henneke (Hrsg.), GG, Art. 103 Rn. 31; *Zierlein*, in: Umbach/Clemens (Hrsg.), GG, Art. 103 Rn. 73; siehe auch die Kritik bei *Wolf*, in: Gaier/Wolf/Göcken (Hrsg.), Anwaltliches Berufsrecht, § 1 BRAO Rn. 17, der darauf hinweist, dass ein Rechtsgespräch trotz der Neutralitätspflicht erlaubt sei, weshalb das Durchführen eines Rechtsgesprächs die Neutralitätspflicht offenbar nicht verletzt.

276 Zur historischen Entwicklung vgl. *Oestmann*, in: Hansjürgens/Oestmann, Die Grenzen richterlicher Rechtskenntnis, S. 37 (48 ff.).

277 Siehe BVerfG NJW-RR 1993, 383 (383). Zwar relativiert das BVerfG die Bedeutung des Grundsatzes insoweit, als dass es einräumt, dass Art. 103 Abs. 1 GG auch einen darüber hinausgehenden Schutz entfalten kann. Faktisch zieht das BVerfG den Grundsatz aber zumindest insoweit zur Begründung heran, als dass es auf das Vorbringen der Parteien zu Rechtsfragen zumindest nicht ankomme.

278 Eine eingehende Schilderung beider Grundsätze und der daraus folgenden Entwicklungen findet sich bei *Wiegand*, Studien zur Rechtsanwendungslehre der Rezeptionszeit, S. 75–90.

279 *Wiegand*, in: FS Kellerhals, S. 127 (129).

280 *Wiegand*, in: FS Kellerhals, S. 127 (134).

(da mihi facta) und die Dispositionsmaxime als prozessuale Entsprechung der Privatautonomie den Parteien die Herrschaft über den Streitgegenstand sichert, ist die Rechtsermittlung und Rechtsanwendung die elementare Pflicht des Gerichts."[281] Der Vorgang der Rechtsermittlung und Rechtsanwendung ist demnach ein rein interner Vorgang des Gerichts, der sich der Mitwirkung der Parteien entzieht. Die Garantie des rechtlichen Gehörs umfasst nach dem Grundsatz *iura novit curia* daher auch nicht den Anspruch der Parteien, zu Rechtsauffassungen des Gerichts gehört zu werden.[282] Jegliche Ausführungen zur Rechtsanwendung seitens der Parteien stellen damit nur unverbindliche Anregungen an das Gericht dar. Es ist damit auch keine Verletzung des Anspruchs auf rechtliches Gehör gegeben, wenn das Gericht einen ihm unterbreiteten Sachverhalt rechtlich anders würdigt, als es von den Parteien vorgetragen oder auch nur in Betracht gezogen wurde.[283] Da das Gericht nur existierendes Recht anwenden dürfe, könne dessen Anwendung für die Parteien auch weder unvorhersehbar noch überraschend sein.[284] Der Grundsatz *iura novit curia* geht folglich davon aus, dass es nicht Aufgabe des Prozesses ist, das richtige Recht zu finden, sondern lediglich das richtige Recht auf den im Prozess festgestellten Sachverhalt anzuwenden.[285] Dies setzt wiederum voraus, dass das Recht vor dem Prozess als solches schon feststeht. *Iura novit curia* geht also von dem Bild der richtigen richterlichen Entscheidung aus.[286]

Darauf aufsetzend räumt das Bundesverfassungsgericht zwar den Parteien ein Recht ein, mit ihren Rechtsausführungen vom Gericht gehört zu werden und sieht auch einen Verstoß gegen Art. 103 Abs. 1 GG begründet, sofern eine im Ergebnis zutreffende Rechtsansicht der Partei vom Gericht völlig ignoriert wurde und dies auch Auswirkungen auf das Urteil hat.[287] Letztlich muss das Gericht in solchen Konstellationen aber denknotwendig auch immer rechtlich falsch entschieden haben. Weitere Konstellationen, in denen es auf den Prozessvortrag der

---

281 *Wiegand*, in: FS Kellerhals, S. 127 (138).

282 Kritisch dazu *Wolf*, in: FS Schneider, 414 (422), der darauf hinweist, dass dem Prinzip keine Aussage darüber zu entnehmen sei, wie aus den Gesetzen das anzuwendende Recht herauszulesen ist.

283 *Wiegand*, in: FS Kellerhals, S. 127 (138).

284 *Wiegand*, in: FS Kellerhals, S. 127 (139).

285 Siehe zur Kritik unten (2).

286 *Wiegand*, in: FS Kellerhals, S. 127 (139).

287 BVerfG NJW-RR 1993, 383 (383) mwN.

Parteien zu Rechtsfragen ankommt, sieht das Bundesverfassungsgericht nicht.[288] Ist ein Gericht etwa noch nicht sicher, wie es eine Rechtsfrage entscheiden will, muss es die Parteien nicht an der Lösung dieser Frage beteiligen. Dies drückt zweierlei aus: Zunächst sieht das Bundesverfassungsgericht in Art. 103 Abs. 1 GG keinen Anspruch der Parteien darauf, mitgeteilt zu bekommen, wo dem Gericht (aktuell) noch rechtliche Argumente fehlen bzw. wo das Gericht im Hinblick auf das rechtliche Ergebnis noch beeinflussbar ist. Weiterhin sagt der Grundsatz *iura novit curia* aber auch etwas über die generelle Erwartungshaltung eines Gerichts im Hinblick auf Rechtsausführungen der (anwaltlich vertretenen) Partei aus. Es hält sie grundsätzlich schlicht für entbehrlich.

(cc) Ausnahme im Strafverfahren

Lediglich für das Strafverfahren hat das Bundesverfassungsgericht den Anspruch des Einzelnen anerkannt, sich von einem Rechtsanwalt seines Vertrauens verteidigen zu lassen. Abgeleitet wurde dieser Anspruch jedoch nicht aus dem Recht auf rechtliches Gehör sondern aus dem Grundsatz des fairen Verfahrens, der sich aus Art. 2 Abs. 1 GG, i.V.m. Art. 3 Abs. 1 GG und dem Rechtsstaatsprinzip ableitet.[289] Der Rechtsanwalt soll als Verteidiger ein Gegengewicht zu der Macht des Staates aufbauen. Insbesondere soll er sicherstellen, dass der in ein strafgerichtliches Verfahren involvierte Bürger nicht zum bloßen Objekt staatlichen Handelns degradiert wird, sondern in seiner Rolle als Verfahrenssubjekt Bestätigung findet.[290] Dieser Grundsatz ist aber nur auf das Strafverfahren anwendbar und wird bei Gehörsfragen von Art. 103 Abs. 1 GG verdrängt.[291] Folglich ist diese Rechtsprechung weder auf das staatliche Zivilverfahren noch auf das Schiedsverfahren übertragbar.[292] Strenggenommen handelt es sich nicht einmal um eine Ausnahme von der Rechtsprechung zu Art. 103 Abs. 1 GG.

---

288 Siehe auch *Wolf*, in: Gaier/Wolf/Göcken (Hrsg.), Anwaltliches Berufsrecht, § 1 BRAO Rn. 17.

289 BVerfGE 38, 105 (111); BVerfGE 66, 313 (318 f.); BVerfGE 68, 237 (255).

290 *Tettinger*, Fairness und Waffengleichheit, S. 8.

291 *Epping*, Grundrechte, Rn. 922.

292 Missverständlich insoweit *R. Schneider*, Der Rechtsanwalt, ein unabhängiges Organ der Rechtspflege, S. 48, der davon spricht, dass das Bundesverfassungsgericht zum gleichen Ergebnis komme, als wenn es das Recht auf einen Rechtsanwalt in Art. 103 Abs. 1 GG fasse.

(dd) Ausnahme § 293 ZPO

Eine echte Ausnahme vom Grundsatz *iura novit curia* findet sich einfachgesetzlich in § 293 ZPO.[293] Danach unterliegen ausländische Rechtsnormen, Gewohnheitsrecht und statuarisches Recht insoweit des Beweises der Parteien, wie sie für das Gericht unbekannt sind. Als Konsequenz aus der Durchbrechung von *iura novit curia* dürfen sich die Parteien zu allen Rechtsfragen (Rechtsgeltung, Rechtsinhalt, Auslegung, Anwendung) äußern.[294] Die Ermittlung und Anwendung des Rechts wird in Fällen des § 293 ZPO also Teil des Anspruchs auf rechtliches Gehör.[295]

Historisch leitet sich § 293 ZPO aus der Erkenntnis ab, dass für einen Rechtsstreit auch Rechte relevant werden können, die der Richter von Amts wegen nicht zu kennen braucht. Der Grundsatz *iura novit curia* konnte hinsichtlich dieser fremden Rechte also nicht angewandt werden. Bis in das 19. Jahrhundert löste man das Problem dadurch, dass man fremdes Recht als Faktum und damit als beweisbedürftige Tatsache behandelte.[296] Ab dem 19. Jahrhundert wurde jedoch auch fremdes Recht als richtiges Recht anerkannt, weshalb es folglich auch nicht mehr als beweisbedürftig behandelt wurde.[297]

Das Gericht trifft auch bei ausländischem Recht eine umfassende Rechtsermittlungs- und Rechtsanwendungspflicht. Es muss das fremde Recht ggf. von Amts wegen, etwa durch Sachverständigengutachten[298], ermitteln.[299] Auch fremde Rechtsnormen unterliegen damit keiner Parteidisposition.[300] Keine der Parteien trägt die Behauptungs- oder Beweislast.[301] Allerdings hängt der Umfang der vom Gericht anzustellenden Ermittlungen vom *Parteivorbringen* ab.[302]

---

293 *Bacher*, in: Vorwerk/Wolf (Hrsg.), BeckOK ZPO, § 293 Rn. 1; *Huber*, in: Musielak (Hrsg.), ZPO, § 293 Rn. 1; *Prütting*, in: Münchener Kommentar ZPO, § 293 Rn. 4.

294 *Prütting*, in: Münchener Kommentar ZPO, § 293 Rn. 6.

295 *Bacher*, in: Vorwerk/Wolf (Hrsg.), BeckOK ZPO, § 293 Rn. 17; *Prütting*, in: Münchener Kommentar ZPO, § 293 Rn. 54.

296 *Wiegand*, Studien zur Rechtsanwendungslehre der Rezeptionszeit, S. 91 ff.

297 *Puchta*, Das Gewohnheitsrecht. Teil II, S. 151 ff.

298 Die Anfertigung eines derartigen Gutachtens wäre bei inländischen Normen nicht statthaft. Siehe dazu *Prütting*, in: Münchener Kommentar ZPO, § 293 Rn. 13; a.A.

299 *Pfeiffer*, NJW 2002, 3306 (3306 ff.).

300 *Prütting*, in: Münchener Kommentar ZPO, § 293 Rn. 14.

301 *Prütting*, in: Münchener Kommentar ZPO, § 293 Rn. 14.

302 BGH NJW-RR 2007, 574 (Rn. 18); *Bacher*, in: Vorwerk/Wolf (Hrsg.), BeckOK ZPO, § 293 Rn. 19.

Tragen die Parteien umfangreich und zueinander widersprüchlich vor, muss das Gericht dem durch entsprechend weitgehendere Ermittlungen Rechnung tragen.

Den Anspruch auf ein Rechtsgespräch, in dem jede Einzelheit der Rechtsanwendung diskutiert werden muss, begründet aber auch § 293 ZPO nicht.[303] Das Gericht treffen jedoch weitreichende Hinweis- und Mitteilungspflichten im Hinblick auf sämtliche Erkenntnisse, die es aus internen Ermittlungen oder sonstigen Quellen gewinnt.[304]

(2) Kritik im Schrifttum

Die Nichterfassung der anwaltlichen Tätigkeit im Schutzbereich von Art. 103 Abs. 1 GG wird in der berufsrechtlichen sowie teilweise auch verfassungsrechtlichen Literatur weitgehend kritisiert.[305]

Für viele Vertreter begründet sich die Notwendigkeit einer anwaltlichen Vertretung schon vor dem Hintergrund einer immer größeren Normenflut.[306] Diese kann ein Rechtssuchender nur durch die kompetente, unabhängige und rechtkundige Beratung und Vertretung durch einen Rechtsanwalt bewältigen.

(aa) Ansatz von Adolf *Arndt*

Adolf *Arndt* versteht die Gewähr rechtlichen Gehörs auch als Anspruch darauf, das Recht mitgestalten zu können. Recht wird hier nicht einfach als etwas dem Richter Vorgegebenes verstanden. Es muss erst in einem kontradiktorischen Verfahren entwickelt werden. Dort finde nicht nur ein Streit um den richtigen Sachverhalt sondern ein Streit ums Recht statt, in dem die Rechtsausführungen der Parteien und die Diskussion der Rechtsfragen in einer mündlichen Verhandlung

---

303 *Prütting*, in: Münchener Kommentar ZPO, § 293 Rn. 4.

304 *Bacher*, in: Vorwerk/Wolf (Hrsg.), BeckOK ZPO, § 293 Rn. 17; *Prütting*, in: Münchener Kommentar ZPO, § 293 Rn. 54.

305 *Arndt*, NJW 1959, 6 (7); *ders.*, NJW 1959, 1297 (1298 f.); *Epping*, Grundrechte, Rn. 915; *Busse*, in: Henssler/Prütting (Hrsg.), BRAO, § 3 Rn. 20 f.; *W. Hartung*, in: Hartung/Römermann, BerufsO, § 1 Rn. 68.; *Kleine-Cosack*, BRAO, Einl. Rn. 49; *Kopp*, AöR 106 (1981), 604 (622); *Krämer*, NJW 1995, 2313 (2316); *Kunig*, in: v. Münch/Kunig, Art.; 103 Rn. 15; *Rick*, Die verfassungsrechtliche Stellung des Rechtsanwalts, S. 85 ff.; *Schmahl*, in: Schmidt-Bleibtreu/Hofmann/Henneke (Hrsg.), GG, Art. 103 Rn. 14; *Schmidt-Aßmann*, in: Maunz/Dürig, Art. 103 Abs. 1 Rn. 103 ff.; *R. Schneider*, Der Rechtsanwalt, ein unabhängiges Organ der Rechtspflege, S. 45 ff; *Wolf*, in: Gaier/Wolf/Göcken (Hrsg.), § 1 BRAO Rn. 11; *Zuck*, in: Gaier/Wolf/Göcken (Hrsg.), Anwaltliches Berufsrecht, § 43 BRAO Rn. 29; *ders.*, AnwBl. 2006, 773.

306 Siehe nur: *Busse*, in: Henssler/Prütting (Hrsg.), BRAO, § 3 Rn. 20 f.; *Schmidt-Aßmann*, in: Maunz/Dürig, Art. 103 Abs. 1 Rn. 103 ff.

zur Rechtsfindung führen.[307] *Arndts* These greift damit die Grundlage des Prinzips *iura novit curia* an und fordert eine Rechtsfindung im Dialog mit den Parteien. Dies steht im krassen Gegensatz zu der Annahme einer bloßen internen Rechtsermittlung und Rechtsanwendung des erkennenden Gerichts.

(bb) Ansatz von Rolf *Schneider*

Eine ähnliche Begründung erfolgt bei Rolf *Schneider*. Für ihn besteht die Funktion des Rechtsanwalts darin, dass durch die Auseinandersetzung – gerade auch im rechtlichen Bereich – das notwendige subjektive Erkennen des Richters möglichst nahe an die objektive Wahrheit und Gerechtigkeit geführt wird.[308] Diese erfordere eine Mitwirkung der Beteiligten bezüglich der Ziele Wahrheit (Tatsachen) und Gerechtigkeit (Rechtsanwendung).[309] An der Rechtsanwendung könne der Rechtssuchende aber nur mitwirken, wenn ihm ein Rechtsanwalt zur Verfügung stehe.[310]

(cc) Weiterentwicklung durch Christian *Wolf*

Eine Weiterentwicklung des Ansatzes von *Arndt* findet sich bei Christian *Wolf*.[311] *Wolf* kombiniert die Ausgangsthese, dass das Recht nicht bereits vor dem Prozess feststeht, mit der Figur der sogenannten thetischen Rede von Ralph *Christensen* und Hans *Kudlich*.[312] Nach dieser Figur wird erst im konkreten Rechtsstreit das Gesetz aus dem Gesetzestext produziert. Die Parteien stellen dabei dem Gericht mit ihren Anträgen auch immer ihre Rechtsmeinung zur Überprüfung. Um eine derartige Rechtsmeinung vorzutragen, sei es notwendig, sich innerlich von der eigenen Meinung zu distanzieren. Die so gewonnene Objektivierung des eigenen Vortrags bezeichnen *Christensen* und *Kudlich* als Übergang vom bloßen Meinen zum Postulieren (Behaupten), dem Kern der thetischen Rede. Dem Rechtsanwalt komme dabei die Aufgabe zu, für seinen Mandanten „dessen" Rechtsansicht auf Augenhöhe mit dem Richter zu verhandeln. Er stelle die Rechtsmeinung auf deren Gültigkeit hin zur Überprüfung[313] und kämpfe im Raum der Sprache

---

307 *A. Arndt*, NJW 1959, 6 (7).

308 *R. Schneider*, Der Rechtsanwalt, ein unabhängiges Organ der Rechtspflege, S. 49.

309 *R. Schneider*, Der Rechtsanwalt, ein unabhängiges Organ der Rechtspflege, S. 46.

310 *R. Schneider*, Der Rechtsanwalt, ein unabhängiges Organ der Rechtspflege, S. 46.

311 *Wolf*, in: Gaier/Wolf/Göcken (Hrsg.), Anwaltliches Berufsrecht, Einl. Rn. 64 ff.

312 *Wolf*, in: Gaier/Wolf/Göcken (Hrsg.), Anwaltliches Berufsrecht, Einl. Rn. 64 ff.; *ders.*, FS Schneider, S. 414, (423 ff.); *Christensen/Kudlich*, Theorie des richterlichen Begründens, S. 55 ff.

313 *Wolf*, in: Gaier/Wolf/Göcken (Hrsg.), Anwaltliches Berufsrecht, Einl. Rn. 67.

ums Recht.[314] Der Prozess diene also entgegen Niklas *Luhmann* nicht nur der Legitimation oder pädagogischen Vermittlung eines bestimmten rechtlichen Ergebnisses,[315] sondern sei zunächst für dessen Ermittlung verantwortlich.

Wolf vergleicht diesen Vorgang mit einer juristisch-wissenschaftlichen Diskussion.[316] Auch hier stehe die richtige Interpretation eines Gesetzes nicht objektiv als Größe fest. Vielmehr sei diese wandelbar und bilde sich als jeweils herrschende Meinung im „*Konzert der jeweiligen Stimmen heraus*".[317] Wörtlich sagt *Wolf*:

> *„Das „richtige Ergebnis" kann folglich nicht durch subjektiv-individuelle Leistungen des Einzelnen hervorgebracht werden, sondern bedarf, um herrschende Meinung zu werden, der Übereinstimmung und Anerkennung mit den Argumenten der (meisten oder jedenfalls zahlreichen) anderen Diskutanten."*

Ähnlich wie *Schneider* versteht *Wolf* die Beteiligung der Parteien auch in Rechtsfragen also nicht nur als Selbstzweck, sondern sieht sie als notwendige Voraussetzung zur Ermittlung des besten Ergebnisses. Indem die Rechtsprechung des Bundesverfassungsgerichts jedoch dem Gericht die alleinige Verantwortung für die Rechtsauslegung und Rechtsanwendung zuweise, entziehe sie die eigentliche Rechtsanwendung einem diskursiven Prozess der Verfahrensbeteiligten. Dies sei schon deshalb nicht möglich, da der von den Parteien vorzutragende Sachverhalt im Hinblick auf die Rechtsmeinung auszulegen sei.[318] Letztlich begründet *Wolf* damit das Recht auf Beiziehung eines Rechtsanwalts im Parteiprozess an dieser Stelle mit ähnlichen Argumenten, wie allgemein die Pflicht zur Beiziehung eines Rechtsanwalts im Anwaltsprozess gem. § 78 ZPO begründet wird. Hier wird beispielsweise vorgebracht, dass der Anwaltszwang dem Rechtsunkundigen dabei hilft, sein Verfahren in die richtigen Bahnen zu lenken[319] und dafür sorgt, dass der Anwalt den Prozessstoff filtert und in rechtlicher und tatsächlicher Hinsicht aufbereitet.[320]

314 *Christensen*, in: Lerch (Hrsg.), Die Sprache des Rechts, S. 1 (81).

315 *Luhmann*, Legitimation durch Verfahren, S. 7 f.; 57 ff.; 74, 116 ff; vgl. auch die Auseinandersetzungen von *Gilles*, in: FS Schiedermaier, S. 183 ff. und *Wolf*, in: Gaier/Wolf/Göcken (Hrsg.), Einl. Rn. 61 f.

316 *Wolf*, in: Gaier/Wolf/Göcken (Hrsg.), Anwaltliches Berufsrecht, Einl. Rn. 71 f.

317 *Wolf*, in: Gaier/Wolf/Göcken (Hrsg.), Anwaltliches Berufsrecht, Einl. Rn. 72.

318 *Wolf*, in: Gaier/Wolf/Göcken (Hrsg.), Anwaltliches Berufsrecht, Einl. Rn. 73.

319 Statt vieler: *Hartmann*, in: Baumbach/Lauterbach/Albers/Hartmann, ZPO, Übers. § 78 Rn. 2.

320 Statt vieler: *Vollkommer*, in: Zöller, ZPO, § 78 Rn. 5.

Die Figur der thetischen Rede hat nach *Wolf* für die Auslegung von Art. 103 Abs. 1 GG zwei wesentliche Konsequenzen:[321] Erstens könne zwischen rechtlichem Gehör zu Tatsachenfragen und rechtlichem Gehör zu Rechtsfragen nicht getrennt werden, da der vorzutragende Tatbestand zur Formulierung einer Rechtsmeinung auszuwählen und im Hinblick auf anzuwendende Rechtsnorm zu konkretisieren sei.[322] Zweitens müsse sich aus der Funktion des Rechtsanwalts für den Kampf uns Recht im Raum der Sprache der Anspruch ableiten, rechtliches Gehör durch einen Rechtsanwalt wahrnehmen zu lassen.

(dd) Einschränkende Ansicht von Philip *Kunig*

Eine einschränkende Ansicht zum rechtlichen Gehör durch Rechtsanwälte findet sich bei Philip *Kunig*, der ein Recht auf Beiziehung nur in schwierigen Fällen gewähren will.[323] Ähnlich argumentiert auch Reinhold *Geimer* für das Schiedsverfahren.[324] Zur Begründung führt er an, dass anderseits in solchen Fällen eine umfassende Stellungnahme der Partei in tatsächlicher und rechtlicher Hinsicht nicht möglich wäre. In der Theorie ist diese Ansicht überzeugend. Rechtlich einfache (d.h. eindeutige) Fälle bedürfen insoweit keines Rechtsanwalts, als es zu ihrer Lösung auf rechtliche Diskussionen zwischen Parteien und Gericht nicht ankommt. Praktisch dürfte es jedoch kaum möglich sein, derartige Fälle herauszufiltern. Ob ein Fall rechtlich schwierig oder einfach ist, bestimme sich alleine über den Sachverhalt, der als Prozessstoff in das Verfahren eingeführt wird. Die Praxis zeigt, dass dies schon im schriftlichen Vorverfahren regelmäßig schrittweise erfolgt. Wie soll das Gericht aber am Anfang eines Verfahrens entscheiden, ob ein Fall schwierig ist, wenn es nicht davon ausgehen kann, den kompletten Sachverhalt zu kennen?

---

321 Eingehend dazu: *Wolf*, in: Gaier/Wolf/Göcken (Hrsg.), Anwaltliches Berufsrecht Einl. Rn. 76.

322 Vgl. hierzu auch § 138 Abs. 1 ZPO, nach dem die Parteien die Tatsachen vollständig, d.h. in allen voraussichtlich wesentlichen Punkten zu schildern haben. Zu einem vollständigen Tatsachenvortrag gehört damit auch die Antizipation der Rechtsnorm sowie der rechtlich vorteilhaftesten Rechtsmeinung. Zum Umfang der Pflichten nach § 138 Abs. 1 ZPO siehe *C. Wagner*, in: Münchener Kommentar ZPO, § 138 Rn. 5.

323 *Kunig*, in: v. Münch/Kunig (Hrsg.), GG, Art. 103 Rn. 15 Stichwort „Rechtsanwalt, Anspruch auf Beiziehung".

324 *Geimer*, in: Zöller, ZPO, § 1042 Rn. 7.

(3) Zwischenfazit

Entgegen der vorzugswürdigen Ansicht im Schrifttum lehnt das Bundesverfassungsgericht eine Einbeziehung der anwaltlichen Tätigkeit in den Schutzbereich von Art. 103 Abs. 1 GG für das staatliche Zivilverfahren ebenso ab wie einen Anspruch auf ein Rechtsgespräch. Der sachliche Schutzbereich von Art. 103 Abs. 1 GG bezieht sich damit lediglich auf rechtliches Gehör zu Tatsachen, nicht jedoch zu Rechtsfragen. Diese Sichtweise basiert im Wesentlichen auf dem Grundsatz „*iura novit curia*" und wird nach § 293 ZPO nur dann durchbrochen, wenn das Gericht mit unbekannten (ausländischen) Rechten umgehen muss. In derartigen Fällen ist den Parteien volles rechtliches Gehör auch zu Rechtsfragen zu gewähren.

bb) Rechtliches Gehör durch Rechtsanwälte im Schiedsverfahren

Im deutschen Schiedsverfahrensrecht ist die Gewährung rechtlichen Gehörs in § 1042 Abs. 1 ZPO normiert. Bereits rein sprachlich ergeben sich aus dieser Norm Parallelen zu Art. 103 Abs. 1 GG, der die Gewähr rechtlichen Gehörs auf verfassungsrechtlicher Ebene statuiert. Art. 103 Abs. 1 GG garantiert nach der Rechtsprechung des Bundesverfassungsgerichts zunächst jedem Beteiligten in einem gerichtlichen Verfahren, unabhängig davon, ob die Anhörung im Gesetz vorgesehen ist, rechtliches Gehör.[325] In der Literatur ist jedoch umstritten, ob § 1042 Abs. 1 ZPO im Hinblick auf das Schiedsverfahren konstitutive oder lediglich deklaratorische Wirkung zukommt. Letzteres wäre der Fall, wenn die Gewähr rechtlichen Gehörs im Schiedsverfahren bereits durch Art. 103 Abs. 1 GG vorgegeben wäre.[326] Rechtliches Gehör im Schiedsverfahren wäre dann deckungsgleich mit rechtlichem Gehör im Gerichtsverfahren. Wäre § 1042 Abs. 1 ZPO hingegen eine eigenständige Norm, wäre auch deren Schutzbereich eigenständig zu bestimmen.

(1) Meinungsstand zur Herleitung rechtlichen Gehörs

(aa) Unmittelbare Anwendbarkeit von Art. 103 Abs. 1 GG

Die wohl noch herrschende Ansicht in der schiedsgerichtlichen und zivilprozessualen Literatur geht von einer Bindung des Schiedsgerichts an Art. 103 Abs. 1 GG aus.[327] Begründet wird dies vornehmlich mit der faktischen Gleichwertigkeit

325 BVerfGE 75, 201 (215); 92, 158 (183 f.).

326 Hinsichtlich der Nachweise wird auf die folgenden Ausführungen verwiesen.

327 *Geimer*, in: Zöller, § 1042 ZPO Rn. 5; *Hartmann*, in: Baumbach/Lauterbach/Albers/Hartmann, § 1042 ZPO Rn. 3; *Prütting*, in: Prütting/Gehrlein, § 1042 ZPO Rn. 6;

von staatlichem Gericht und Schiedsgericht, die nicht zuletzt auch in § 1055 ZPO zum Ausdruck kommt, der deutsche Schiedssprüche rechtskräftigen Urteilen deutscher Gerichte gleichstellt. Schiedsgerichte haben demnach eine materielle Rechtsprechungsfunktion, die ein funktionelles Äquivalent zur staatlichen Gerichtsbarkeit darstellt.

So argumentiert etwa Peter *Schlosser*, dass Schiedsgerichte unter den Begriff der Rechtsprechung im IX. Abschnitt des Grundgesetzes fallen würden.[328] Bei Karl-Heinz *Schwab* findet sich zudem auch eine systematische Begründung über § 1041 Abs. 1 Nr. 2 ZPO a.F., der einen direkten Verweis auf die Grundrechte enthalten habe.[329]

Auch der Bundesgerichtshof geht in seiner Rechtsprechung von einer unmittelbaren Anwendbarkeit des Art. 103 Abs. 1 GG auf das Schiedsverfahren aus. In einer Entscheidung aus dem Jahr 1982 stellte er unter Berufung auf die Ansicht *Schlossers* klar, dass das Recht auf rechtliches Gehör einer der Grundpfeiler des heutigen Schiedsverfahrens sei und verwies dabei direkt auf Art. 103 Abs. 1 GG.[330] Auch in einer Entscheidung aus dem Jahr 1992 wandte der Bundesgerichtshof Art. 103 Abs. 1 GG direkt auf das Schiedsverfahren an.[331]

Obwohl auch Peter *Schlosser* eine direkte Anwendung von Art. 103 Abs. 1 GG auf das Schiedsverfahren bejaht, kommt er gegenüber der herrschenden Meinung im Schrifttum zu teilweise abweichenden Schlussfolgerungen. Einig mit dem Schrifttum ist sich *Schlosser*, dass rechtliches Gehör zu Verfahrensfragen nicht gewährt werden muss. Auch lehnt er die Anwendbarkeit von § 139 ZPO grundsätzlich ab.[332] *Schlosser* geht weiterhin davon aus, dass rechtliches Gehör im Schiedsverfahren auch zu Rechtsfragen gewährt werden müsse. Dies gelte zumindest dann, wenn das anzuwendende Recht für eine der Schiedsparteien „ausländisch" sei.[333] Das Schiedsgericht müsse dann das, was es an Gesetzestexten,

Schlosser, in: Stein/Jonas, ZPO, § 1042 Rn. 7; Anhang zu § 1061 ZPO Rn. 83; *Malzer*, KTS 1972, 65 (70); *Stüven*, Schiedsverfahrensbezogene Parteivereinbarungen, S. 12; *Schwab*, in: FS Gaul, S. 729 (736); *Kühn*, SchiedsVZ 2009, 53 (56); *Wilske/Markert*, in: Vorwerk/Wolf (Hrsg.), BeckOK ZPO, § 1042 Rn. 28.

328 *Schlosser*, in: Stein/Jonas, ZPO, Anhang zu § 1061 Rn. 83.

329 So *Schwab*, in: FS Gaul, S. 729 (734). Ablehnend: *Spohnheimer*, Gestaltungsfreiheit bei antizipiertem Legalanerkenntnis des Schiedsspruchs, S. 167 f., der darauf verweist, dass es bei einer direkten Grundrechtsbindung des Schiedsgerichts eines derartigen Verweises nicht bedurft hätte.

330 BGH NJW 1983, 867 (867).

331 BGH NJW 1992, 2299 (2299).

332 *Schlosser*, Das Recht der internationalen privaten Schiedsgerichtsbarkeit, Rn. 836.

333 *Schlosser*, Das Recht der internationalen privaten Schiedsgerichtsbarkeit, Rn. 834.

Gerichtsentscheidungen und Literatur ermittelt hat, den Parteien bekanntgeben. Ebenso muss es eigene neue Rechtsgedanken an die Parteien kommunizieren.[334] Für Einzelargumente gelte dies aus Gründen der Praktikabilität aber nicht. Den Anspruch auf anwaltlichen Beistand sieht *Schlosser* jedoch nicht vom Anspruch auf Gewähr rechtlichen Gehörs umfasst.[335] Faktisch erkennt auch er jedoch an, dass die Rechtswahrung einer Partei zumeist davon abhänge, sachkundig anwaltlich vertreten zu werden.[336] *Schlosser* erkennt im Ergebnis auch die Anwendung des Grundsatzes *„iura novit curia"* im Schiedsverfahren an, erweitert diesen aber auf alle Rechtsquellen, da ein internationales Schiedsgericht seiner Ansicht nach kein Heimatrecht hat.[337]

(bb) Keine Anwendung von Art. 103 Abs. 1 GG

Nach der wohl herrschenden verfassungsrechtlichen Meinung werden private Schiedsgerichte i.S.d. §§ 1025 ff. ZPO nicht von Art. 103 Abs. 1 GG erfasst.[338] Zentrales Argument gegen die Einbeziehung ist hierbei, dass Schiedsgerichte nicht hoheitlich, sondern kraft Parteivereinbarung tätig werden und damit eben kein Bestandteil der Rechtsprechung i.S.d. Art. 92 GG sind. Ihre Stütze findet diese Ansicht vornehmlich im Wortlaut von Art. 103 Abs. 1 GG. Dieser adressiert nur Gerichte (*„vor Gericht"*).

Auch wenn das Bundesverfassungsgericht die Frage noch nicht direkt entschieden hat, wird die Ansicht des Schrifttums in dessen Rechtsprechung soweit gestützt. Das Bundesverfassungsgericht hat bisher zwar von einer abschließenden Definition des Rechtsprechungsbegriffs i.S.d. Art. 92 GG abgesehen.[339] Stattdessen hat es Fallgruppen entwickelt, anhand derer sich der Begriff „Rechtsprechung" auslegen lässt.[340] Das Vorliegen einer hoheitlichen Tätigkeit ist dabei

---

334 *Schlosser*, Das Recht der internationalen privaten Schiedsgerichtsbarkeit, Rn. 834.

335 *Schlosser*, in: Stein/Jonas, ZPO, § 1042 Rn. 16.

336 *Schlosser*, Das Recht der internationalen privaten Schiedsgerichtsbarkeit, Rn. 840.

337 *Schlosser*, Das Recht der internationalen privaten Schiedsgerichtsbarkeit, Rn. 747.

338 *Kunig*, in: v. Münch/Kunig (Hrsg.), GG, Art. 103 Rn. 4; *Radke/Hagemeier*, in: Epping/Hillgruber (Hrsg.), GG, Art. 103 Rn. 3; *Rüping*, in: Kahl/Waldhoff/Walter (Hrsg.), Bonner Kommentar, GG, Art. 103 Rn. 87; *Schmahl*, in: Schmidt-Bleibtreu/Hofmann/Henneke (Hrsg.), GG, Art. 103 Rn. 6; *Schmidt-Aßmann*, in: Maunz/Dürig, Art. 103 GG Rn. 50.

339 BVerfGE 8, 197 (207); 103, 111 (136 f.).

340 BVerfGE 22, 49, (76 f.); 103, 111 (136 f.).

allen Fallgruppen gemein,[341] weshalb Schiedsgerichte nicht umfasst sein können. § 1042 Abs. 1 ZPO wäre demnach für den Anspruch auf rechtliches Gehör im Schiedsverfahren konstitutiv, da es den Anspruch mangels Erstreckung von Art. 103 Abs. 1 GG sonst nicht gäbe.

Einige Stimmen in der verfassungsrechtlichen Literatur wollen Schiedsparteien weiterhin durch das Gebot der „natürlichen Gerechtigkeit" schützen, welches seinen Niederschlag in § 242 BGB finde.[342] Diese Ansicht basiert auf einer Entscheidung des Bundesgerichtshofs aus dem Jahr 1959.[343] Der Bundesgerichtshof hatte hier zu Fragen der Vereinsgerichtsbarkeit judiziert, die Anwendbarkeit von Art. 103 Abs. 1 GG auf diese abgelehnt, die Gewährung rechtlichen Gehörs aber aus „der Pflicht zur ordentlichen Untersuchung" gefolgert, die wiederum ein Gebot der „natürlichen Gerechtigkeit" sei.[344] § 242 BGB wird in der Entscheidung nicht erwähnt.[345] Auch bleibt unklar, welchen Inhalt das Gebot der natürlichen Gerechtigkeit aufweisen soll und warum es in Anbetracht von § 1034 ZPO a.F. oder § 1042 Abs. 1 ZPO überhaupt eines Umwegs über § 242 BGB bedarf.

(cc) Mittelbare Anwendbarkeit von Art. 103 Abs. 1 GG

Vertreten wird weiterhin die Figur einer mittelbaren Geltung von Art. 103 Abs. 1 GG in Schiedsverfahren. So sieht etwa Wolfram *Distler* immer dann eine Grundrechtsbindung der Schiedsgerichtsbarkeit, wenn staatliche Organe im Bereich der Zwangsvollstreckung tätig werden müssen.[346] Eine Vollstreckung sei immer dann zu versagen, wenn der Schiedsspruch selbst nicht im Einklang mit der Verfassung stehen würde.[347] Ein Schiedsgericht müsse sich daher etwa auch bemühen, den Anforderungen des rechtlichen Gehörs Rechnung zu tragen, wenn es nicht die Vollstreckbarkeit seines Schiedsspruchs riskieren will. Es ist somit mittelbar über den Umweg der staatlichen Vollstreckungsorgane an die Verfassung

---

341 *Hillgruber*, in: Maunz/Düring, GG, Art. 92 Rn. 31 ff.; *Morgenthaler*, in: Epping/Hillgruber (Hrsg.), GG, Art. 92 Rn. 6 ff.

342 *Kunig*, in: v. Münch/Kunig (Hrsg.), Grundgesetz, Art. 103, Rn. 4; ihm folgend: *Nolte*, in: v. Mangold/Klein/Starck (Hrsg.), GG, Art. 103 Rn. 17.

343 BGHZ 29, 352 (355).

344 Dies erfolgte unter Verweis auf *Meyer-Cording*, Die Vereinsstrafe, § 16 Rn. 5.

345 Siehe auch die Kritik bei *Spohnheimer*, Gestaltungsfreiheit bei antizipiertem Legalanerkenntnis des Schiedsspruchs, S. 168.

346 *Distler*, Private Schiedsgerichtsbarkeit und Verfassung, S. 191 ff.

347 *Distler*, Private Schiedsgerichtsbarkeit und Verfassung, S. 198.

gebunden. Eine direkte Bindung des Schiedsgerichts lehnt *Distler* aus ähnlichen Gründen ab, wie dies die verfassungsrechtliche Literatur tut.[348]

(dd) Einfachgesetzlicher Anwendungsbefehl

Jens-Peter *Lachmann* sieht in § 1042 Abs. 1 ZPO offenbar eine einfachgesetzliche Anordnung der Anwendbarkeit von Art. 103 Abs. 1 GG auf das Schiedsverfahren.[349] Diese Sichtweise steht im Einklang mit der Gesetzesbegründung zu § 1042 Abs. 1 ZPO. Dem Gesetzgeber kam es bei der Regelung des Schiedsverfahrensrecht auf die Sicherstellung eines gleichwertigen Rechtsschutzes gegenüber der staatlichen Gerichtsbarkeit an.[350]

(ee) Gänzlich eigenständiger Anwendungsbereich

Frank *Spohnheimer* sieht in § 1042 Abs. 1 ZPO eine eigenständige Norm mit autonomem Anwendungsbereich.[351] Die Nichtübertragbarkeit von Art. 103 Abs. 1 GG auf das private Schiedsverfahren begründet sich bei ihm über Art. 1 Abs. 3 GG. Gem. Art. 1 Abs. 3 GG würden durch die Grundrechte nur Gesetzgebung, vollziehende Gewalt und Rechtsprechung gebunden.[352] Im Prinzip begründet sich die Verneinung der Anwendbarkeit damit auch bei *Spohnheimer* aus dem Rechtsprechungsbegriff des Art. 92 GG und folgt damit der verfassungsrechtlichen Ansicht. Anderer Ansicht in diesem Punkt ist Reinhold *Geimer*, der meint, dass das rechtliche Gehör dann eben aufgrund des Rechtsstaatsgebots gem. Art. 20 Abs. 3 GG zu gewähren sei.[353] Dies ist jedoch wenig überzeugend. Art. 1 Abs. 3 GG und Art. 20 Abs. 3 GG gehen von einem identischen Rechtsprechungsbegriff aus. Eine unterschiedliche Auslegung beider Normen scheidet somit aus.

---

348 *Distler*, Private Schiedsgerichtsbarkeit und Verfassung, S. 181 ff.

349 *Lachmann*, Handbuch für die Schiedsgerichtspraxis, Rn. 1298: „*Dieses Grundrecht gilt für alle staatlichen Verfahren* […] *und wegen § 1042 Abs. 1 ZPO auch im schiedsrichterlichen Verfahren.*"

350 BT-Drs. 13/5274, S. 34, 46.

351 *Spohnheimer*, Gestaltungsfreiheit bei antizipiertem Legalanerkenntnis des Schiedsspruchs, S. 166 ff; ähnlich jedoch ohne Bezug auf eine bestimmte nationale Rechtsordnung *Poudret/Besson*, Comparative Law of International Arbitration, Rn. 546; ähnlich für das Schweizer Recht *Schneider*, in: Honsell (Hrsg.), Basler Kommentar – Internationales Privatrecht, Art. 182 Rn. 53; ähnlich für das österreichische Recht: *Reiner*, ZfRV 2003, 52 (59).

352 *Spohnheimer*, Gestaltungsfreiheit bei antizipiertem Legalanerkenntnis des Schiedsspruchs, S. 170.

353 *Geimer*, in: Zöller, ZPO, § 1042 Rn. 5.

Spohnheimer wendet sich auch explizit gegen das Modell einer mittelbaren Grundrechtsbindung von *Distler*.[354] Die Rechtspositionen der Schiedsparteien würden nicht erst durch die Zwangsvollstreckung beeinträchtigt. Der Schiedsspruch entfalte für sie bereits aufgrund von § 1055 ZPO, der dem Schiedsspruch innerstaatlich die Wirkungen eines rechtskräftigen Urteils zukommen lässt, unmittelbare Rechtswirkungen. Im Fall von Gestaltungsschiedssprüchen finde eine gesonderte Zwangsvollstreckung nicht einmal statt.[355] *Spohnheimer* bestreitet zudem die Notwendigkeit einer mittelbaren Grundrechtsbindung, da eine einfachgesetzliche Absicherung des Anspruchs auf rechtliches Gehör ebenso tauglich sei, die Parteien vor Willkür des Schiedsgerichts zu schützen. Auch reiche die einfachgesetzliche Sicherung des rechtlichen Gehörs inhaltlich aus.

Im Ergebnis sei der Anwendungsbereich von § 1042 Abs. 1 ZPO daher spezifisch schiedsverfahrensrechtlich zu bestimmen, was dazu führe, dass der Anspruch inhaltlich weiter gefasst sei, als der in Art. 103 Abs. 1 GG.[356] Begründet wird dies bei *Spohnheimer* mit dem Wesen des internationalen Schiedsverfahrens. Schiedssprüche seien im Gegensatz zu Gerichtsurteilen nur eingeschränkt überprüfbar und müssten daher eine höhere Gewähr für inhaltliche Richtigkeit bieten.[357] Im Gegensatz zu staatlichen Richtern in der Zivilgerichtsbarkeit müssten Schiedsrichter keine Juristen sein. Auch seien sie nicht an eine zwingende gesetzliche Verfahrensordnung gebunden. Schließlich seien auch die Parteien gemeinsam in der Lage, die Rahmenbedingungen des Schiedsverfahrens aktiv zu gestalten.[358]

---

354 *Spohnheimer*, Gestaltungsfreiheit bei antizipiertem Legalanerkenntnis des Schiedsspruchs, S. 171 ff.

355 Zur Zulässigkeit solcher Schiedssprüche siehe *Schwab/Walter*, Schiedsgerichtsbarkeit, Kap. 18 Rn. 3; *Schlosser*, in: Stein/Jonas, ZPO, § 1060 Rn. 2; *Lindacher*, ZGR 1979, 201 (209).

356 *Spohnheimer*, Gestaltungsfreiheit bei antizipiertem Legalanerkenntnis des Schiedsspruchs, S. 181 ff; ebenso *Reiner*, ZfRV 2003, 52 (59); a.A. OHG, 5.9.1990, RdW 1991, 327 unter Verweis auf OHG, 13.1.1955, JBl 1955, 503 f.

357 *Spohnheimer*, Gestaltungsfreiheit bei antizipiertem Legalanerkenntnis des Schiedsspruchs, S. 181 ff; ebenso *Reiner*, ZfRV 2003, 52 (59); *Beulker*, Die Eingriffsnormenproblematik in internationalen Schiedsverfahren, S. 1.

358 *Spohnheimer*, Gestaltungsfreiheit bei antizipiertem Legalanerkenntnis des Schiedsspruchs, S. 185.

(2) Eigene Ansicht

(aa) Kritik an den dargestellten Meinungen

Der herrschenden Meinung in der schiedsgerichtlichen Literatur ist zuzugestehen, dass eine materielle Rechtsprechungsfunktion ohne vorherige Gewähr rechtlichen Gehörs im Schiedsverfahren nicht denkbar ist. Die Gewähr rechtlichen Gehörs muss damit logisch vor dem Einsetzen der Rechtsfolgen von § 1055 ZPO stehen. Der Ansatz *Distlers*, der eine Gewähr rechtlichen Gehörs erst über das Vollstreckungsverfahren sichern will, ist somit unzureichend. Dies wird von *Spohnheimer* zu Recht bemängelt.

Zu Recht folgert *Spohnheimer* auch, dass sich Schiedsverfahren und Gerichtsverfahren derart unterscheiden, dass der Gehörsanspruch aus Art. 103 Abs. 1 GG nicht ohne Modifikationen auf das Schiedsverfahren übertragen werden kann. Seine Konzeption ist jedoch insoweit unbefriedigend, als dass er den Gehörsanspruch im Schiedsverfahren nur einfachgesetzlich und ohne die Anerkennung verfassungsrechtlicher Verpflichtungen sichern will. Die Verfassung will aber herausragende Rechte der Bürger unter einen besonders hohen Schutz stellen. Der Gesetzgeber soll nicht die Möglichkeit haben, diesen ohne weiteres durch einfachgesetzliche Regelungen auszuhöhlen, da ein Schiedsgericht anstelle des staatlichen Gerichts für die Parteien echte Rechtsprechung ausübt. Daher gilt für Änderungen des Grundgesetzes ein höheres Quorum. Eine vollständige Aufhebung des rechtlichen Gehörs würde gar gegen die Ewigkeitsgarantie des Art. 79 Abs. 3 GG verstoßen und damit rechtlich nicht möglich sein.[359] Warum dieser besondere Schutz Schiedsparteien nicht zugutekommen soll, ist nicht ersichtlich. Der bloße Verweis auf die insoweit unbestrittene Tatsache, dass Schiedsgerichte nicht hoheitlich tätig werden, kann hier dann keine hinreichende Begründung für eine Versagung solchen Schutzes liefern. Dies ist auch an der herrschenden verfassungsrechtlichen Sichtweise zu kritisieren.

(bb) Verpflichtung des Gesetzgebers zur Sicherstellung rechtlichen Gehörs

Richtigerweise wird man in Art. 103 Abs. 1 GG auch ein Teilhabe- und Leistungsrecht sehen müssen, das grundrechtliche Schutzpflichten der judikativen Staatsgewalt ebenso einschließt wie die an den Gesetzgeber gerichtete organisationsrechtliche Pflicht zur Schaffung eines entsprechenden Verfahrensrechts.[360] Der Gesetzgeber muss folglich durch sein Prozessrecht die einfachgesetzlichen

---

359 *Schmidt-Aßmann*, in: Maunz/Dürig, GG, Art. 103 Rn. 5 mwN.

360 *Epping*, Grundrechte, Rn. 912; *J. Ipsen*, Staatsrecht II – Grundrechte, Rn. 864; *Pieroth*, in: Jarass/Pieroth (Hrsg.), GG, Art. 101 Rn. 1; *Schmahl*, in: Schmidt-Bleibtreu/

Voraussetzungen schaffen, damit Parteien in Verfahren, die zu vollstreckbaren Titel führen können, rechtliches Gehör beanspruchen können. Wenn der Staat die Schiedsgerichtsbarkeit als gleichwertigen Ersatz zur staatlichen Gerichtsbarkeit ausgestaltet (§ 1055 ZPO) und der Partei einer Schiedsvereinbarung den Zugang zu einem staatlichen Verfahren erster Instanz grundsätzlich verwehrt (§ 1032 Abs. 1 ZPO), muss er solche Voraussetzungen auch im Schiedsverfahrensrecht schaffen. Würde man hingegen annehmen, dass der Staat in der Schiedsgerichtsbarkeit nicht zur Sicherung der Gewähr rechtlichen Gehörs verpflichtet wäre, würde man ihm gestatten, das in Art. 103 Abs. 1 GG enthaltene Teilhabe- und Leistungsrecht nach eigenem Ermessen zu verkürzen, indem er bestimmte Bereiche der Rechtsprechung einfach privatisiert.

In der Konsequenz wird man für den Gesetzgeber in allen Bereichen, in denen er privater Streitbeilegung durch sein Verfahrensrecht die Rechtsfolgen rechtskräftiger Gerichtsentscheidungen zubilligt, auch eine Verpflichtung sehen müssen, in diesen Verfahren für die Gewähr rechtlichen Gehörs Sorge zu tragen. Dem ist der Gesetzgeber mit § 1042 Abs. 1 ZPO für das Schiedsverfahren auch ausdrücklich nachgekommen. Wörtlich führt die Gesetzesbegründung zu § 1042 ZPO Folgendes aus:

> *„Absatz 1 enthält die bedeutsamsten Verfahrensprinzipien, nämlich den Grundsatz der Gleichbehandlung und den (auch in § 1034 Abs. 1 Satz 1 ZPO festgelegten) Grundsatz des rechtlichen Gehörs. Beide Maximen sind während des gesamten Schiedsverfahrens zwingend zu beachten und qualifizieren das Schiedsverfahren als eine dem Verfahren vor den staatlichen Gerichten gleichwertige Rechtsschutzmöglichkeit. Ihre Verletzung stellt im Hinblick auf den Schiedsspruch einen Aufhebungsgrund nach § 1059 Abs. 2 Nr. 1 Buchstabe b und d sowie Nr. 2 Buchstabe b ZPO-E (ordre public) und damit einen Grund zur Versagung der Anerkennung und Vollstreckung dar.“*

Der Gesetzgeber hat seine Pflicht aus dem Teilhabe- und Leistungsrecht des Art. 103 Abs. 1 GG also durch § 1042 Abs. 1 GG umgesetzt. Entgegen der von *Lachmann* geäußerten Ansicht ist § 1042 Abs. 1 ZPO also kein bloßer einfachgesetzlicher Anwendungsbefehl von Art. 103 Abs. 1 GG. Vielmehr wird Art. 103 Abs. 1 GG durch § 1042 Abs. 1 ZPO für das Schiedsverfahren auf dessen Bedürfnisse angepasst.

Art. 103 Abs. 1 GG fordert vom Gesetzgeber, dass sowohl die normative Ausgestaltung des Verfahrensrechts als auch das Verfahren im Einzelfall ein Ausmaß an rechtlichem Gehör eröffnen, das sachangemessen ist, um einen wirksamen

---

Hofmann/Henneke (Hrsg.), GG, Art. 103 Rn. 1; *Kunig*, in: v. Münch/Kunig, Art. 103 Rn. 2.

Rechtsschutz zu gewährleisten.[361] Der einzelne Verfahrensbeteiligte soll nicht bloßes Objekt des Prozesses sein, sondern als aktiv handelnde Person am Verfahren teilnehmen sowie seine Rechte durchsetzen und verteidigen können.[362] Wenn jedoch, wie von *Spohnheimer* zu Recht bemerkt, das Schiedsverfahren ein im Wesentlichen anderes Verfahren als das Verfahren vor Gericht ist, dann muss auch das rechtliche Gehör hier im Einzelfall anders ausgestaltet werden. Dies folgt schon aus dem Umstand, dass im Schiedsverfahren das Verfahrensrecht in wesentlichen Teilen von den Parteien mitgestaltet werden kann, Schiedsrichter nicht über eine juristische Ausbildung verfügen müssen und in internationalen Verfahren oft zumindest über keine Ausbildung im Recht am Schiedsort verfügen und es im internationalen Schiedsverfahren regelmäßig zur Anwendung ausländischer oder transnationaler Normen kommt, was im staatlichen Verfahren zwar möglich, jedoch die Ausnahme ist.

(cc) Konkreter Umfang

Das rechtliche Gehör, das das Schiedsgericht im Rahmen von § 1042 Abs. 2 ZPO gewähren muss, weicht somit von Art. 103 Abs. 1 GG ab.

(aaa) Rechtliches Gehör zu Rechtsfragen

Wie dargestellt, geht die herrschende Meinung in der schiedsgerichtlichen Literatur davon aus, dass Art. 103 Abs. 1 GG auch im Schiedsverfahren direkte Anwendung findet. Daraus wird gefolgert, dass im Schiedsverfahren im Wesentlichen die gleiche Gewähr rechtlichen Gehörs zu erfolgen hat, wie im Gerichtsverfahren. Demzufolge gibt es nach der herrschenden Auffassung einen Anspruch auf Gewähr rechtlichen Gehörs nur im Hinblick auf Tatsachenfragen und nicht im Hinblick auf Rechtsfragen.[363] Entsprechend wird auch der Anspruch auf ein Rechtsgespräch mit dem Schiedsgericht verneint.[364] Auch im

---

361 BVerfGE 55, 1 (6); 60, 305 (310); 79, 51 (62 f.).

362 BVerfGE 9, 89 (95); 101, 397 (405 f.); 107, 395 (409).

363 Kritisch zu dieser Handhabung in Bezug auf das staatliche Verfahren: *Wolf*, in: Gaier/Wolf/Göcken (Hrsg.), Anwaltliches Berufsrecht, § 1 BRAO Rn. 17, der bemängelt, dass dabei die Rolle der Anwaltschaft nicht ausreichend gewürdigt werde.

364 *Lachmann*, Handbuch der Schiedsgerichtspraxis, Rn. 1300 unter Berufung auf: BGH NJW 1990, 3210 (3211); BGHZ 31, 33 (46); *Lörcher/Lörcher/Lörcher*, Das Schiedsverfahren – national/international, Rn. 247.

Hinblick auf Verfahrensfragen sei das Schiedsgericht nicht von Rechtswegen zur Gewährung von Gehör verpflichtet.[365]

Dieser Lesweise ist im Ergebnis jedoch zu widersprechen. Allenfalls in einem Schiedsverfahren, in dem ein mit deutschen Juristen besetztes Schiedsgericht auf der Grundlage deutschen Rechts unter der Beteiligung von deutschen Juristen als Verfahrensbevollmächtigten entscheiden würde, könnte dies noch zu sachgerechten Erwägungen führen. In diesem Fall würde das Schiedsgericht wie ein staatliches Gericht über eine *„innere Struktur der Gerechtigkeit"* verfügen, da es einen Zusammenhang zwischen *„Gerichtsverfassung, Juristenausbildung, Verfahren und Rechtsanwendung"* gäbe.[366] In internationalen Schiedsverfahren ist dies jedoch nicht mehr der Fall. Die Juristen, die dort als Schiedsrichter und Parteivertreter auftreten eint keine gemeinsame Ausbildung. Der dialogische Prozess, der zur richtigen Rechtsfindung nötig ist, muss zwangsläufig intensiver sein.

Ein staatliches Gericht muss nach § 293 ZPO immer dann rechtliches Gehör auch zu Rechtsfragen gewähren, wenn auf der Grundlage „fremden Rechts" zu entscheiden ist. Der Grund liegt darin, dass hier eben nicht davon ausgegangen werden kann, dass das Gericht das Recht kennt und die Parteivertreter eine derartige Kenntnis auch unterstellen können. Die Rechtsanwendung bedarf daher eines intensiveren Dialoges.

Zu Recht argumentiert *Schlosser*, dass es auf die Fremdheit des Rechts im Schiedsverfahren nicht ankommen kann, da für internationale Schiedsgerichte letztlich jedes Recht gleichermaßen fremd wie vertraut sein muss. *Schlosser* folgt daraus, dass der Grundsatz *iura novit curia* im internationalen Schiedsverfahren immer gelten müsse und die Ausnahme des § 293 ZPO immer abzulehnen sei. Ein internationales Schiedsverfahren entspricht jedoch eher einem Gerichtsverfahren, in dem über fremdes Recht entschieden wird. Folglich wäre es konsequenter, den Grundsatz *iura novit curia* für das internationale Schiedsverfahren gänzlich abzulehnen und § 293 ZPO in der Folge immer anzuwenden. Es ist somit auch immer rechtliches Gehör zu Rechtsfragen zu gewähren.

365 BGHZ 104, 178, 184; *Kreindler/Schäfer/Wolff*, Schiedsgerichtsbarkeit, Rn. 707; *Schlosser*, in: Stein/Jonas, § 1042 ZPO Rn. 1; *Voit*, in: Musielak (Hrsg.), ZPO, § 1042 Rn. 4; a.A. *Münch*, in: Münchener Kommentar ZPO, § 1042 Rn. 25.

366 Siehe anders für das internationale Schiedsverfahren: *Basedow*, in: Schlosser (Hrsg.), Materielles Recht und Prozessrecht, S. 131 (139).

(bbb) Rechtliches Gehör zu Verfahrensfragen

Letztlich wird man auch den Anspruch auf rechtliches Gehör zu Verfahrensfragen bejahen müssen, da es im Schiedsverfahren kein vorgegebenes Verfahrensrecht gibt. Es findet eine hybride[367] Form der Verfahrensgestaltung statt, die sich gem. § 1042 Abs. 3, 4 ZPO aus einer Mischung von Parteivereinbarungen und schiedsrichterlichem Ermessen zusammensetzt. Wenn aber schon die Festlegung des Verfahrensrechts eine jederzeitige Mitwirkung beider Parteien zulässt, die gegenüber dem schiedsrichterlichen Ermessen sogar vorranging ist, dann müssen die einzelnen Parteien auch vor der Anwendung des Verfahrensrechts durch das Schiedsgericht gehört werden.

(ccc) Anwendbarkeit von § 139 ZPO

Nach der herrschenden Auffassung ist das Schiedsgericht nicht zu Hinweisen-, Fragen- oder Aufklärung verpflichtet, da sich im 10. Buch keine Vorschrift entsprechend des § 139 ZPO finden würde.[368] Menno *Aden* meint sogar, dass das Schiedsgericht nicht einmal ein Recht dazu habe.[369] Das Schiedsgericht dürfe nur nicht gegen das Verbot der Überraschungsentscheidung verstoßen.[370] Die Parteien können nach der herrschenden Auffassung im Schrifttum aber auch über § 1042 Abs. 3 ZPO die Anwendbarkeit von § 139 ZPO vereinbaren.[371] Eine entsprechende Erweiterung sehen etwa die IBA-Beweisregeln vor.[372] Art. 2 Abs. 3 IBA-Beweisregeln hält das Schiedsgericht dazu an, den Parteien zu einem angemessenen Zeitpunkt alle Punkte mitzuteilen, die es als für den Fall relevant und

---

367 Zum Begriff und dem nötigen Zusammenspiel siehe: *Wolf/Hasenstab*, RIW 2011, 612 (612 f.).

368 Siehe dazu einen jüngst ergangenen Beschluss des OLG München: SchiedsVZ 2011, 159 (159 ff.); sowie BGHZ 31, 43 (46); BGHZ 85, 288 (292); BGH NJW 1973, 98; *Schütze*, Schiedsgericht und Schiedsverfahren, Rd. 157; *Sachs/Lörcher*, in: Böckstiegel/Kröll/Nacimiento (Hrsg.), Arbitration in Germany, § 1042 ZPO Rn. 15; *Lachmann*, Handbuch der Schiedsgerichtspraxis, Rn. 1300 unter Berufung auf: BVerfG NJW 1996, 45 (45); BVerfG DtZ 1994, 67 (68); *Münch*, in: Münchener Kommentar ZPO, § 1042 Rn. 22; *Voit*, in: Musielak (Hrsg.), ZPO, § 1042 Rn. 4, 13.

369 *Aden*, NJW 1993, 1964.

370 *Geimer*, in: Zöller, ZPO, § 1042 Rn. 12; *Kreindler/Schäfer/Wolff*, Schiedsgerichtsbarkeit, Rn. 708; *Münch*, in: Münchener Kommentar ZPO, § 1042 Rn. 22; *Voit*, in: Musielak (Hrsg.), ZPO, § 1042 Rn. 4.

371 *Münch*, in: Münchener Kommentar ZPO, § 1042 Rn. 39; *Lachmann*, Handbuch der Schiedsgerichtspraxis, Rn. 1301; *Sachs/Lörcher*, in. Böckstiegel/Kröll/Nacimiento (Hrsg.), § 1042 ZPO Rn. 15.

372 So auch *Münch*, in: Münchener Kommentar ZPO, § 1042 Rn. 38.

als wesentlich für seine Entscheidung hält (Nr. 1). Weithin soll es den Parteien in gleicher Weise mitteilen, wenn es eine Vorabentscheidung über einzelne Punkte als zweckmäßig erachtet (Nr. 2).

Zwar ist der herrschenden Ansicht insoweit zuzustimmen, als dass sich die Anwendung von Vorschriften des ersten Buchs der ZPO im Schiedsverfahren per se verbietet. Im Ergebnis besteht eine Hinweispflicht als Vorstufe eines Rechtsgesprächs aber über das rechtliche Gehör und damit über § 1042 Abs. 1 ZPO.[373]

Wie oben dargestellt, erfordert ein internationales Schiedsverfahren einen intensiveren Dialog, als ein staatliches Gerichtsverfahren. Hinzu kommt, dass Schiedssprüche nur unter sehr engen Voraussetzungen auf ihre Richtigkeit hin überprüfbar sind. Wie *Spohnheimer* deshalb zu Recht feststellt, hat ein Schiedsgericht somit auch eine höhere Verantwortung gegenüber den Parteien, die richtige Entscheidung zu treffen. Deshalb muss es die Parteien auch stärker in die Entscheidung mit einbeziehen.

(ddd) Anspruch auf anwaltliche Vertretung

Aus dem oben Gesagten wird man richtiger Weise auch einen Anspruch auf die Beiziehung eines Rechtsanwalts folgern müssen. Wenn die Parteien einerseits mehr Möglichkeiten haben, den Rahmen des Schiedsverfahrens aktiv mitzugestalten und anderseits aber – sofern sie dieses Recht nicht ausüben – noch stärker von den Entscheidungen des Schiedsgerichts abhängen als im rechtlich stärker geregelten Gerichtsverfahren, dann müssen sie das Recht haben, einen Rechtsanwalt zu bevollmächtigen, um ein Gegengewicht zur Macht des Schiedsgerichts zu schaffen. Damit folgt auch § 1042 Abs. 2 ZPO aus Art. 103 Abs. 1 GG.[374] Der Gesetzgeber hat dies letztlich auch dadurch deutlich gemacht, dass § 1042 Abs. 2 ZPO ebenso zwingend ist, wie die Einhaltung von § 1042 Abs. 1 ZPO.

(eee) Anspruch auf ausländische Rechtsanwälte

Im internationalen Schiedsverfahren kann sich dieser Anspruch aber nicht bloß auf deutsche Rechtsanwälte beschränken. Die Parteien müssen die Möglichkeit haben, auch ausländische Rechtsanwälte beiziehen zu können. Nur so können sie

---

373 So auch wohl auch *Schwab/Walter*, Schiedsgerichtsbarkeit, Kap. 15 Rn. 5; *Schlosser*, in: Stein/Jonas, ZPO, Anhang § 1061 ZPO Rn. 96; *Spohnheimer*, Gestaltungsfreiheit durch antizipiertes Legalanerkenntnis, S. 273 f.

374 So auch *Münch*, in Münchener Kommentar ZPO, § 1042 Rn. 63; *Spohnheimer*, Gestaltungsfreiheit durch antizipiertes Legalanerkenntnis, S. 206, 231; *Stüven*, Schiedsverfahrensbezogene Parteivereinbarungen, S. 10.

nämlich ein effektives Gegengewicht zum Schiedsgericht schaffen. Haben sich die Parteien etwa auf einen US-amerikanischen Schiedsrichter geeinigt, wird dieser generell geneigt sein, die Beweisaufnahme und auch die Auslegung des anwendbaren Rechts vor dem Hintergrund seiner Heimatrechtsordnung stattfinden zu lassen.[375] Einigen sich die Parteien auf einen französischen Schiedsrichter, da sie französisches Recht vereinbart haben, müssen sie auch die Möglichkeit haben, einen französischen Rechtsanwalt zu mandatieren. In der Folge muss auch die Erstreckung auf ausländische Rechtsanwälte aus dem Teilhabe- und Leistungsrecht in Art. 103 Abs. 1 GG gefolgert werden, das in § 1042 Abs. 1 ZPO umgesetzt wird. Art. 103 Abs. 1 GG schützt jedoch nur die Möglichkeit, einen Rechtsanwalt zu bevollmächtigen. Er schützt nicht eigene Rechte des Rechtsanwalts. Ein solcher Schutz erfolgt nur aus Art. 12 Abs. 1 GG und nur für den deutschen bzw. europäischen Rechtsanwalt.

b) Faires Verfahren, Art 6 EMRK

Feststellungen hinsichtlich eines internationalisierten anwaltlichen Berufsbildes können sich auch aus Art. 6 Abs. 1 EMRK ergeben. Art. 6 Abs. 1 EMRK schützt das Recht auf ein faires Verfahren sowohl in Straf- als auch in Zivilverfahren. Von ihm erfasst ist auch die Gewährung rechtlichen Gehörs.[376] Generell wird Art. 6 Abs. 1 EMRK daher auch als wichtige Rechtsgarantie für die Ausübung der rechtsanwaltlichen Tätigkeit bewertet.[377]

aa) Regelungsgehalt

Art. 6 Abs. 1 EMRK enthält mehrere Verfahrensgarantien hinsichtlich zivilrechtlicher Verfahren. Art. 6 EMRK ist dabei die Norm, der innerhalb der EMRK die praktisch größte Bedeutung zukommt. Im Jahr 2009 betrafen 931 der 1625 vom EGMR gesprochenen Urteile potentielle Verletzungen des Art. 6 EMRK.[378] Die drei Hauptgarantien sind die Wahrung eines fairen Verfahrens, die Erledigung des Verfahrens in angemessener Frist sowie die Wahrung des Öffentlichkeitsprinzips.

---

375 *Berger*, Arbitration International 2009, 217 (217 ff.). Vgl. auch: *Aden*, Internationale Handelsschiedsgerichtsbarkeit, Teil A 2. Kap. Rn. 13 ff; der in diesem Zusammenhang beklagt, dass Parteien bei US-amerikanischen Schiedsrichtern auch dann amerikanisches Recht erhalten würden, wenn sie sich auf eine ganz andere Rechtsordnung geeinigt haben.

376 Statt vieler: *Henckel*, in: FS Matscher, S. 185 (188); *Schmal*, in: Gaier/Wolf/Göcken (Hrsg.), Anwaltliches Berufsrecht, EMRK Rn. 3.

377 *Schmal*, in: Gaier/Wolf/Göcken (Hrsg.), Anwaltliches Berufsrecht, EMRK Rn. 3.

378 *Meyer-Ladewig*, EMRK, Art. 6 Rn. 1.

Alle Garantien werden durch die laufende Rechtsprechung des EGMR inhaltlich immer wieder präzisiert. Eine umfangreiche Judikatur des EGMR existiert selbstverständlich auch zum Erfordernis eines fairen Verfahrens.[379]

bb) Anwendbarkeit im Schiedsverfahren

(1) Unmittelbare Anwendbarkeit

Nach herrschender Auffassung findet Art. 6 Abs. 1 EMRK auch auf Schiedsverfahren Anwendung.[380] Argumentativ wird dies hauptsächlich mit der faktischen Gleichwertigkeit von staatlichem Gericht und Schiedsgericht[381] sowie mit der Aussage begründet, dass aus einer Schiedsvereinbarung kein vollständiger Verzicht auf die in Art. 6 Abs. 1 EMRK vorgesehenen Verfahrensgarantien hergeleitet werden könne.[382] Uneinig sind sich die Befürworter einer Erstreckung allerdings darüber, wie diese erfolgen soll. Einige sehen Schiedsgerichte unmittelbar an Art. 6 Abs. 1 EMRK gebunden. Andere verneinen hingegen eine unmittelbare Bindung mit dem Argument, dass Schiedsgerichte keine staatlichen Gerichte seien und wollen nur eine mittelbare Bindung über den Staat herbeiführen, der auf die Einhaltung der EMRK-Grundsätze auch bei Schiedsgerichten achten müsse.[383]

(2) Keine Anwendbarkeit

Der EGMR lehnt eine Einbeziehung von Schiedsgerichten gänzlich ab, da sie seiner Ansicht nach nicht dem Gerichtsbegriff der EMRK unterfallen.[384] Diese Ansicht findet ihre Stütze im Wortlaut von Art. 6 Abs. 1 S. 1 EMRK, wo von einem

---

379 *Meyer-Ladewig*, EMRK, Art. 6 Rn. 90 ff. mwN.

380 *Hartmann*, in: Baumbach/Lauterbach/Albers/Hartmann, Grundz. § 1025 Rn. 4; *Klose*, DRiZ 97, 122 (122 ff.); *Habscheid*, in: FS für Henckel, S. 342 (344); *Lionnet/Lionnet*, Handbuch der internationalen und nationalen Schiedsgerichtsbarkeit, S. 94; *Matscher*, in: FS für Nagel, S. 227 (232 f.); *Schlosser*, in: Stein/Jonas, ZPO, § 1042 ZPO Rn. 6 m.w.N; a.A. *Spohnheimer*, Gestaltungsfreiheit bei antizipiertem Legalanerkenntnis des Schiedsspruchs, S. 174 ff.

381 So auch das Schweizer Bundesgericht, Urteil v. 30.06.1994, ASA Bulletin 15 (1997), 99 (unter E.4.a.).

382 So etwa *Heller*, Der verfassungsrechtliche Rahmen der privaten internationalen Schiedsgerichtsbarkeit, S. 17; *Besson*, ASA Bulletin 24 (2006), 395 (397).

383 *Briner/ v. Schlabrendorff*, Liber Amicorum Böckstiegel, S. 89 (93); *Samuel*, Journal of International Arbitration 21 (2004), 413 (426 f.); *Pitkowitz*, Die Aufhebung von Schiedssprüchen, Rn. 200; *Reiner*, ZfRV 2003, S. 52 (60).

384 EGMR, Urteil v. 28.10.1982 (Piersack vs. Belgien); EGMR Zulässigkeitsentscheid v. 23.02.1999 (Suovaniemi u.a. vs. Finnland).

„auf Gesetz beruhenden Gericht“ (engl. *„a tribunal established by law“*) die Rede ist. Schiedsgerichte beruhen jedoch nur mittelbar auf dem Gesetz. Sie leiten ihre Kompetenz vielmehr aus einer Parteivereinbarung ab, die durch Gesetz (§ 1029 ZPO) ermöglicht wird. Auch kommen den Schiedsparteien bei der konkreten Besetzung des Schiedsgerichts erhebliche Mitwirkungsmöglichkeiten zu.[385] Es gibt hier keinen gesetzlichen Richter.

(3) Stellungnahme

Dem EGMR ist in seinen Ausführungen zu folgen. Überhaupt bleibt allein nach dem Wortlaut der EMRK fraglich, was eine Anwendbarkeit auf das Schiedsverfahren eigentlich bringen soll. So enthält der Wortlaut von Art. 6 Abs. 1 EMRK auch eine explizite Erwähnung des Öffentlichkeitsprinzips. Nur in besonderen Ausnahmefällen kann demnach das Erfordernis der öffentlichen Verhandlung und des Zugangs der Presse entfallen.[386] In der Schiedsgerichtsbarkeit wird genau umgekehrt verfahren. Hier besteht, sofern die Parteien dies nicht ausdrücklich anders wollen, keine Öffentlichkeit nach § 169 GVG.[387] Die Nicht-Öffentlichkeit[388] des Schiedsverfahrens ist weiterhin universell – und damit auch in den Unterzeichnerstaaten der EMRK – anerkannt.[389]

---

385 Siehe unten Teil 2.

386 So regelt der Wortlaut, dass *„Presse und Öffentlichkeit […] während des ganzen oder eines Teiles des Verfahrens ausgeschlossen werden [können], wenn dies im Interesse der Moral, der öffentlichen Ordnung oder der nationalen Sicherheit in einer demokratischen Gesellschaft liegt, wenn die Interessen von Jugendlichen oder der Schutz des Privatlebens der Prozeßparteien es verlangen oder – soweit das Gericht es für unbedingt erforderlich hält – wenn unter besonderen Umständen eine öffentliche Verhandlung die Interessen der Rechtspflege beeinträchtigen würde.“*

387 *Hartmann*, in: Baumbach/Lauterbach/Albers/Hartmann (Hrsg.), ZPO, § 1042 Rn. 12.

388 Wobei in diesem Zusammenhang *„Nicht-Öffentlichkeit“* keinesfalls mit *„Vertraulichkeit“* gleichzusetzen ist. Während *„Nicht-Öffentlichkeit“* dem Schiedsverfahren immanent ist, bedarf die „Vertraulichkeit“ nach heute wohl international herrschender Ansicht einer gesonderten gesetzlichen oder vertraglichen Regelung. Siehe dazu *Born*, International Commercial Arbitration, S. 2252 f.; *Collins*, Arbitration International 11 (1995), 321 (322). Weiterhin *Esso Australia Ressources Ltd. and Others vs. Plowmann (Minister for Energy and Minerals) and Others*, High Court of Australia v. 7.4.1995, 128 Australian Law Reports 391; a.A. *Ali Shipping Corp. vs. Shipyard Trogir*, English Court of Appeals v. 19.12.1997, The All England Law Reports 1998 Bd. 2, S. 136 ff.

389 Vgl. an dieser Stelle nur *Hartmann*, in: Baumbach/Lauterbach/Albers/Hartmann (Hrsg.), ZPO, § 1042 Rn. 12; *Schwab/Walter*, Schiedsgerichtsbarkeit, Kap. 1 Rn. 3.

c) Anerkennung der Schiedsvereinbarung, Art. II NYÜ

In der englischsprachigen Literatur wird teilweise versucht, die Erstreckung der Vertretungsbefugnis auf ausländische Rechtsanwälte aus einem völkerrechtlichen Gebot abzuleiten. So folgert Gary B. *Born* das Recht auf Beiziehung eines ausländischen Anwalts direkt aus Artikel II NYÜ.[390]

Gem. Art. II NYÜ sind die Vertragsstaaten dazu verpflichtet, Parteivereinbarungen hinsichtlich des Schiedsverfahrens zu respektieren. *Born* folgert daraus, dass es der jeweilige Mitgliedsstaat zu respektieren habe, sofern die Parteien durch ausdrückliche Vereinbarung oder durch Verweis auf entsprechende Verfahrensregeln die Beiziehung ausländischer Anwälte zuließen.[391] Diese Ansicht geht von einem sehr weiten Anwendungsbereich von Art. II NYÜ aus.

aa) Anwendungsbereich Art. II NYÜ

Die Regelung in Art. II NYÜ wurde erst am letzten Sitzungstag der abschließenden Konferenz in New York auf Vorschlag der niederländischen Delegation in das Übereinkommen eingefügt.[392] Ursprünglich sollte sich das Übereinkommen nur mit der Vollstreckung ausländischer Schiedssprüche befassen. Es war geplant, die Anerkennung von Schiedssprüchen durch ein Zusatzprotokoll zu regeln.[393] Die späte Einfügung führte dazu, dass die Bestimmung nur ungenügend auf den restlichen Text abgestimmt werden konnte und insbesondere ihr Anwendungsbereich immer wieder Raum für Diskussionen gibt.[394]

(1) Autonomer Anwendungsbereich

So wird von einigen vertreten, dass Art. II NYÜ einen eigenständigen Anwendungsbereich habe, der immer schon dann eröffnet sei, wenn es sich um eine „internationale" Schiedsvereinbarung handele.[395] Im Ergebnis würde diese Ansicht

---

390 *Born*, International Commercial Arbitration, S. 2290 f.

391 *Born*, International Commercial Arbitration, S. 2291.

392 *van den Berg*, New York Convention, S. 56.

393 *van den Berg*, New York Convention, S. 56.

394 *van den Berg*, New York Convention, S. 56; *M. Epping*, Die Schiedsvereinbarung im internationalen privaten Rechtsverkehr, S. 19; *v. Hülsen*, Die Gültigkeit von internationalen Schiedsvereinbarungen, S. 100; *Lionnet/Lionnet*, Handbuch der internationalen und nationalen Schiedsgerichtsbarkeit, S. 110; *Schlosser*, in: Stein/Jonas, ZPO, vor § 1044 Rn. 22 ff.; *ders.*, Recht der internationalen Schiedsgerichtsbarkeit, Rn. 76 ff.

395 *v. Hülsen*, Die Gültigkeit von internationalen Schiedsvereinbarungen, S. 46 f.; *van den Berg*, New York Convention, S. 61; in der Rechtsprechung OGH v. 17.11.1971 (zitiert nach *Schlosser*, Recht der internationalen Schiedsgerichtsbarkeit, Rn. 78).

dazu führen, dass sich der Anwendungsbereich von Art. II NYÜ an der allgemeinen Definition der internationalen Schiedsgerichtsbarkeit orientieren würde, die sich auch in Art. 1 Abs. 3 UNCITRAL Modellgesetz („**UMG**") findet.

(aa) Exkurs: Begriff des internationalen Schiedsverfahrens

Der Begriff „*internationales Schiedsverfahren*" steht nicht für die Herkunft der Rechtsquellen, denen das Schiedsverfahren unterliegt, sondern für den Umstand, dass das Verfahren Bezüge zu mehr als einem Staat aufweist.[396] Umstritten ist jedoch, welche Anknüpfungsmomente einen hinreichenden Auslandsbezug herstellen können.[397]

(aaa) Materielle Theorie

Nach der engen materiellen Theorie entscheidet lediglich der Streitgegenstand darüber, ob ein internationales Verfahren vorliegt. Weist er Momente mit Bezug zu einer ausländischen Rechtsordnung auf, liegt ein internationales Schiedsverfahren vor. Andere Faktoren sind hingegen nicht entscheidend.[398]

(bbb) Prozessuale Theorie

Nach der prozessualen oder auch formellen Theorie werden dagegen auch weitere Faktoren mit berücksichtigt. Ziel ist es dabei, alle Momente zu berücksichtigen, die den Rechtsfrieden zwischen den Parteien abseits einer staatlichen Gerichtsbarkeit herbeiführen sollen. Die Ansicht teilt das Schiedsverfahren in vier Stufen ein: Schiedsvereinbarung, Ernennung der Schiedsrichter, eigentliches Schiedsverfahren und Schiedsspruch.[399] Sofern keine dieser Stufen eine Auslandsberührung aufweist, geht die gesamte Einheit nicht über die Rechtsordnung eines Staates hinaus und das Schiedsverfahren bleibt ein rein nationales.

---

396 So *Handorn*, Das Sonderkollisionsrecht der Schiedsgerichtsbarkeit, S. 7 unter Berufung auf *W. Lorenz* AcP 157 (1958–1959), 265 (269); *Schlosser*, Recht der internationalen Schiedsgerichtsbarkeit, Rn. 37; *Rensmann*, Anationale Schiedssprüche, S. 33 f.; *Lew*, Applicable Law, S. 18 f.

397 Siehe zum Streit auch *Beulker*, Eingriffsnormenproblematik in internationalen Schiedsverfahren, S. 17 m.N.

398 *Calvaros*, Das UNCITRAL Modellgesetz, S.15; *v. Hoffmann*, Internationale Handelsschiedsgerichtsbarkeit, S. 51.

399 *Beulker*, Eingriffsnormenproblematik in internationalen Schiedsverfahren, S. 18; *Hußlein-Stich*, UNCITRAL-Modellgesetz über die internationale Handelsschiedsgerichtsbarkeit, S. 15.

Findet hingegen eine entsprechende Berührung zu mindestens einer weiteren Rechtsordnung statt, wird das Schiedsverfahren dadurch international.[400]

(bb) Stellungnahme

In dieser Arbeit wird der materiellen Theorie gefolgt, da nur sie letztlich eine klare Trennung von nationalen und internationalen Schiedsverfahren herbeiführen kann.

(2) Einheitlicher Anwendungsbereich Art. II NYÜ

Die Gegenmeinung knüpft den Anwendungsbereich von Art. II NYÜ hingegen systematisch an Art. I Abs. 1 NYÜ an.[401] Der Anwendungsbereich wäre demnach nur eröffnet, wenn der Schiedsvertrag in dem Land, in dem er geltend gemacht wird, zu einem Schiedsspruch führen würde, der nach dem NYÜ vollstreckt werden müsse.[402] Dies ist nur bei ausländischen, nicht aber bei inländischen Schiedssprüchen der Fall.[403] Gem. Art. I Abs. 1 NYÜ liegt immer dann ein ausländischer Schiedsspruch vor, wenn der Erlassstaat ein anderer Staat als der Vollstreckungsstaat ist.[404]

Insofern kann es nach dieser Meinung über Art. II NYÜ auch keine Verpflichtung am Verfahrenssitz geben, einen ausländischen Anwalt in einem inländischen Verfahren anzuerkennen.

---

400 Im Ergebnis so auch *Schlosser*, Recht der internationalen Schiedsgerichtsbarkeit, Rn. 37; *Ungeheuer*, Beachtung von Eingriffsnormen in der internationalen Handelsschiedsgerichtsbarkeit, S. 21.

401 *M. Epping*, Die Schiedsvereinbarung im internationalen privaten Rechtsverkehr, S. 20; *Schlosser*, in: Stein/Jonas, vor § 1044 ZPO Rn. 24; *ders.*, Recht der internationalen Schiedsgerichtsbarkeit, Rn. 78; *Schwab/Walter*, Schiedsgerichtsbarkeit, Kap. 42 Rn. 8; *Hausmann, in:* Reithmann/Martiny (Hrsg.), Internationales Vertragsrecht, Rn. 2332; aus der Rechtsprechung: *OLG Hamburg*, RIW 1979, 482, 483; *OLG Hamm*, RPS 1995, 21 (21 ff.).

402 *Schlosser*, Recht der internationalen Schiedsgerichtsbarkeit, Rn. 78 mwN.

403 So in diesem Punkt auch: *van den Berg*, New York Convention, S. 19.

404 Inwieweit der Vollstreckungsstaat zur Vollstreckung eines Schiedsspruchs verpflichtet ist, der nicht in einem anderen Vertragsstaat erlassen wurde, richtet sich danach, ob der Vollstreckungsstaat einen völkerrechtlichen Vorbehalt nach Art. I Abs. 3 S. 1 UNÜ erklärt hat, siehe dazu auch *Schlosser*, Recht der internationalen Schiedsgerichtsbarkeit, Rn. 67.

(3) Eigene Ansicht

Insgesamt erscheint die zweitgenannte Ansicht hier vorzugswürdig. Als völkerrechtlicher Vertrag geht das NYÜ davon aus, dass die Behandlung inländischer Schiedssprüche am Ort des Verfahrenssitzes in die alleinige Kompetenz des Herkunftsstaates fällt. Es handelt sich dabei um eine rein interne Angelegenheit, auch wenn die Partei möglicherweise ausländisch ist oder eine sonstige Voraussetzung vorliegt, die das Verfahren international im Sinne des UNCITRAL Modellgesetzes werden lässt.[405] Das NYÜ soll ausländische Schiedssprüche davor schützen, aufgrund von rein inländischen Wertevorstellungen nicht vollstreckt zu werden.[406] Das UNCITRAL Modellgesetz hingegen möchte internationale Standards auf inländische Verfahren übertragen. Beide Regelwerke ergänzen sich somit eher, als dass sie sich im Anwendungsbereich überschneiden.[407] Folglich ist der Begriff des *„ausländischen"* Schiedsverfahrens im NYÜ in Abgrenzung zum Begriff des „internationalen" Schiedsverfahrens i.S.d. UNCITRAL Modellgesetzes zu sehen.[408]

bb) Bewertung der Ansicht von *Born*

Eine völkerrechtliche Pflicht zur Anerkennung ausländischer Rechtsanwälte am Verfahrenssitz lässt sich dem New Yorker Übereinkommen aus den oben genannten Gründen daher nicht entnehmen.[409] Die Frage, wer vor einem Schiedsgericht als Bevollmächtigter einer Partei auftreten darf, fällt mangels entsprechender völkerrechtlicher Verpflichtungen allein in die Regelungskompetenz des jeweiligen nationalen Gesetzgebers.

Ein moderner und schiedsfreundlicher Gesetzgeber sollte jedoch alleine aus Gründen der Zweckmäßigkeit und internationalen Akzeptanz ausländische Rechtsanwälte als Bevollmächtigte zulassen. So ist die Zulässigkeit einer Vertretung durch ausländische Rechtsanwälte international auch lange schon gängige

---

405 *Schlosser*, Recht der internationalen Schiedsgerichtsbarkeit, Rn. 78.

406 Zur Frage, inwieweit eine Nichtbefolgung dieser Pflicht einen Schadensersatzanspruch auslöst: *Maurer*, SchiedsVZ 2011, S. 75 ff.

407 *Blackaby/Partasides/Redfern/Hunter*, Redfern and Hunter on International Arbitration, Rn. 1.212.

408 So auch *Solomon*, Die Verbindlichkeit von Schiedssprüchen, S. 52 f; vgl. zur Genese des Begriffs auch *Lionnet/Lionnet*, Handbuch des internationalen und nationalen Schiedsverfahrens, S. 103 sowie *Schlosser*, Recht der internationalen Schiedsgerichtsbarkeit, Rn. 56.

409 So auch *Spohnheimer*, Gestaltungsfreiheit durch antizipiertes Legalanerkenntnis, S. 231 (Fn. 14).

Praxis.[410] In Singapur haben sich abweichende Regelungen historisch ebenso überlebt,[411] wie in Japan, China, der Türkei, Portugal und Thailand.[412]

3. *Zwischenergebnis*

Wie bereits in Abschnitt B aufgezeigt wurde, hat der Gesetzgeber durch die Entscheidung, § 1042 Abs. 2 ZPO auch auf ausländische Rechtsanwälte anzuwenden, dem Begriff „Rechtsanwalt" für das Schiedsverfahren einen eigenständigen Anwendungsbereich gegenüber den sonstigen Normen der ZPO sowie gegenüber dem deutschen anwaltlichen Berufsrecht geschaffen.

§ 1042 Abs. 2 ZPO ist im Hinblick auf deutsche sowie die ihnen gleichgestellten europäischen Rechtsanwälte als einfachgesetzliche Normierung ihrer Berufsausübungsfreiheit und damit der Institutsgarantie für eine freie Anwaltschaft in Art. 12 GG zu lesen. In diese dürfte nur auf Grundlage eines anderen (verfassungsgemäßen) Gesetzes eingegriffen werden. Derartige Gesetze gibt es nicht, weshalb § 1042 Abs. 2 ZPO insoweit absoluten Schutz gewährt.

Weiterhin wurde herausgearbeitet, dass das rechtliche Gehör aus § 1042 Abs. 1 ZPO das Recht der Partei beinhaltet, sich sowohl von inländischen als auch ausländischen Rechtsanwälten vertreten lassen zu können. Sowohl § 1042 Abs. 1 ZPO als auch § 1042 Abs. 2 ZPO sind so zu lesen, dass der Gesetzgeber durch sie seiner Pflicht aus Art. 103 Abs. 1 GG nachgekommen ist, rechtliches Gehör auch im Schiedsverfahren zu garantieren. Ohne diese Garantie wäre eine Gleichstellung von Schiedssprüchen gegenüber staatlichen Urteilen (§ 1055 ZPO) nicht möglich. Eigene Rechte des Rechtsanwalts beinhaltet Art. 103 Abs. 1 GG jedoch nicht. Der Rechtsanwalt übt das rechtliche Gehör für die Partei aus, die durch Art. 103 Abs. 1 GG i.V.m. § 1042 Abs. 1, 2 ZPO geschützt wird.

Ausländische Rechtsanwälte verfügen somit zwar anders als deutsche und europäische Rechtsanwälte nicht über eigene Rechte aus § 1042 Abs. 2 ZPO. Ihre Betätigungsmöglichkeit wird aber mittelbar über das Recht der Partei, die sie bevollmächtigt hat, geschützt.

---

410 *Lachmann*, Handbuch der Schiedsgerichtspraxis, Rn. 1367.

411 Eine Begrenzung auf am Schiedsverfahrensort zugelassene Rechtsanwälte nahm der *High Court of Singapore* in einem zu (abschreckender) Berühmtheit gelangten Fall *Builders Federal (Hong Kong) Ltd. v. Turner (East Asia) Pte Ltd.* im Jahr 1988 vor J. Int'l Arb. 139; vgl. dazu auch die Kritik von *Rivkin*, XVI Yearbook Commercial Arbitration (1991), 402 (412). Die zugrunde liegende Regelung wurde aufgrund der starken Kritik durch den Singapore Legal Profession Act von 1991 (Amendment No. 2) beseitigt.

412 Eingehend *Born*, International Commercial Arbitration, S. 2296 mwN.

III. Eigene Auslegung

Im Folgenden soll nun auf der Grundlage der bisherigen Analyse eine eigenständige Auslegung der Reichweite des Schutzes vor Ausschluss (**1.**) und damit auch eine Bewertung der eingangs geschilderten Ansichten von Stefan *Wilske* und Lars *Markert* sowie von Frank *Spohnheimer* erfolgen (**2.**). Weiterhin soll Stellung dazu genommen werden, welche Rechtsschutzmöglichkeiten den betroffenen Rechtsanwälten und Schiedsparteien gegebenenfalls gegen Ausschlüsse durch das Schiedsgericht zur Verfügung stehen (**3.**).

1. Reichweite des Schutzes vor Ausschluss

Die obige Untersuchung hat gezeigt, dass zwischen dem Ausschluss von deutschen sowie europäischen Rechtsanwälten (**a.**) und dem Ausschluss sonstiger ausländischer Rechtsanwälte (**b.**) zu unterscheiden ist.

a) Deutsche und Europäische Rechtsanwälte

Wie oben festgestellt, kann ein Ausschluss von deutschen Rechtsanwälten bereits aufgrund der Institutsgarantie des Art. 12 Abs. 1 GG, die bei der Auslegung von § 1042 Abs. 2 ZPO zu beachten ist, per se nicht erfolgen. Das gleiche gilt bei Europäischen Rechtsanwälten. Eine entsprechende Auslegung ergibt sich zudem auch aus der Gesetzgebungsgeschichte von § 1042 Abs. 2 ZPO, nach der die Zulassung deutscher Rechtsanwälte in Schiedsverfahren nicht zur Disposition des Schiedsgerichts gestellt werden sollte. Entsprechendes ergibt sich bereits aus den Entwürfen von Louis *Levin*. Solange der Bevollmächtigte einer deutschen oder europäischen Rechtsanwaltskammer angehört, muss ihn das Schiedsgericht auch auftreten lassen. Die bloße Verletzung strafrechtlicher oder berufsrechtlicher Verhaltensnormen stellt jedenfalls keinen Grund dar, ihn durch die Schiedsrichter ausschließen zu lassen. Entsprechende Anträge der Gegenseite sind ohne nähere Prüfung abzuweisen.

Nichts anderes gilt für Interessenskollisionen des Rechtsanwalts gegenüber der Gegenseite nach § 43 a Abs. 4 BRAO, § 3 BORA oder Art. 3.2 der CCBE-Berufsregeln. Zwar ist der Rechtsanwalt zur sofortigen Niederlegung des Mandats verpflichtet und der Anwaltsvertrag nach § 134 BGB als nichtig anzusehen[413] – verfahrensrechtlich bleibt der Verstoß jedoch ohne Folge. Ein

413 LG Hildesheim AGS 2005, 143 = FF 2006, 272; *Hartung*, in: Hartung/Römermann (Hrsg.), BerufsO, § 3 Rn. 161; *Henssler*, in: Henssler/Prütting (Hrsg.), BRAO, § 43a Rn. 209; *Zuck*, in: Gaier/Wolf/Göcken (Hrsg.), Anwaltliches Berufsrecht, § 43a BRAO /

Schiedsgericht darf den Rechtsanwalt nicht zurückweisen.[414] Allenfalls kann die Gegenseite versuchen, den Rechtsanwalt direkt auf die Niederlegung seines Mandats in Anspruch zu nehmen. Beantragt eine Partei hingegen beim Schiedsgericht, den Rechtsanwalt auszuschließen, muss das Schiedsgericht diesen Antrag ablehnen.

Besteht ein Interessenskonflikt mit einem Schiedsrichter, da dieser aufgrund der IBA Guidelines für Schiedsrichter durch die Involvierung des Rechtsanwalts als Bevollmächtigten in einen Interessenskonflikt nach § 1036 ZPO gerät, hat das Schiedsgericht ebenfalls keine Handhabe gegen den Bevollmächtigten. Vielmehr muss der Schiedsrichter sein Amt niederlegen, wenn die Verbindung zu dem Bevollmächtigten tatsächlich so gravierend ist, dass seine Unabhängigkeit tangiert ist. Anträge auf den Ausschluss eines Rechtsanwalts als Bevollmächtigten sind umgehend abzulehnen.

b) Sonstige ausländische Rechtsanwälte

Sonstige ausländische Rechtsanwälte werden nicht durch Art. 12 Abs. 1 GG geschützt. Ihr Schutz erfolgt verfassungsrechtlich vielmehr nur über Art. 103 Abs. 1 GG und damit nur über die Rechte des Mandanten. Die Auslegung von § 1042 Abs. 2 ZPO muss auch diesem Schutz Rechnung tragen.

Da Art. 103 Abs. 1 GG ein vorbehaltlos gewährleistetes Grundrecht ist, können sich Schranken lediglich aus kollidierenden Verfassungspositionen ergeben.[415] „*Nur kollidierende Grundrechte Dritter und andere mit Verfassungsrang ausgestattete Rechtswerte sind mit Rücksicht auf die Einheit der Verfassung und die von ihr geschützte gesamte Wertordnung ausnahmsweise imstande, auch uneinschränkbare Grundrechte in einzelnen Beziehungen zu begrenzen.*“[416] Beschränkungen des Rechts auf Beiziehung ausländischer Rechtsanwälte in § 1042 Abs. 2 ZPO könnten sich daher etwa aus entsprechenden kollidierenden Rechten des Schiedsgerichts (**aa.**) oder der gegnerischen Schiedspartei (**bb.**) ergeben.

---

§ 3 BORA Rn. 36. Dies gilt bei deutschen Rechtsanwälten jedoch nicht mehr im Hinblick auf die CCBE-Berufsregeln, da diese in Deutschland nicht mehr anwendbar sind.

414 Siehe für das staatliche Gerichtsverfahren unter Verneinung einer Anwendbarkeit von § 156 Abs. 2 ZPO *Hartung*, in: Hartung/Römermann (Hrsg.), BerufsO, § 3 Rn. 162 sowie zur Wirksamkeit der Vollmacht BGH MDR 2009, 1296.

415 *Schmidt-Aßmann*, in: Maunz/Dürig, GG, Art. 103 Abs. 1 Rn. 16 f. mwN.

416 So etwa BVerfGE 28, 243 (261); 49, 24 (56).

aa) Kollidierende Rechte des Schiedsgerichts

Generell werden in der verfassungsrechtlichen Literatur und Rechtsprechung – insbesondere in Strafsachen – auch Einschränkungen des Rechtsstaatsprinzips und des rechtlichen Gehörs aufgrund von objektiv-institutionellen Elementen als gerechtfertigt angesehen. Dazu wird vor allem die „Funktionsfähigkeit der Rechtspflege" als solche gerechnet.[417] Für das Schiedsverfahren sind solche Rechte jedoch schon deshalb abzulehnen, da immer nur eine Funktionsfähigkeit des Einzelverfahrens in Rede stehen und diese eine „Funktionsfähigkeit der Rechtspflege" kaum tangieren kann. Schlimmstenfalls müssen die Parteien ein neues Schiedsverfahren imitieren oder die Undurchführbarkeit der Schiedsvereinbarung mit dem Ziel feststellen lassen, vor ein staatliches Gericht ziehen zu können.

Insgesamt ist es abzulehnen, dass ein Schiedsgericht zur Wahrung eigener Rechte in die Rechte eines Bevollmächtigten eingreifen kann. Darüber kann es schon mangels eigener Neutralität nicht entscheiden. So ist es beispielsweise in den USA auch nur den Gerichten möglich, Rechtsanwälte aus Schiedsverfahren auszuschließen, wenn diese sonst der Integrität des Verfahrens schaden würden.[418] In den USA haben die Gerichte jedoch auch im Zivilrecht eine *„inherent power to preserve the integrity of the adversary process"*.[419]

bb) Rechte der anderen Schiedspartei

Als Rechtfertigung für einen Ausschluss kommen damit nur noch kollidierende Rechte der anderen Schiedspartei(en) in Betracht. Zu denken ist hierbei zunächst an deren Gehörsanspruch. Sollte ein ausländischer Rechtsanwalt des Gegners diesen durch sein Verhalten beeinträchtigen, könnte ein Ausschluss demnach grundsätzlich i.S.v. Art. 103 Abs. 1 GG i.V.m. § 1042 Abs. 1 ZPO (von dem § 1042 Abs. 2 ZPO ein Ausfluss ist) gerechtfertigt sein. Zu denken ist hier insbesondere an die Fälle, die eingangs unter dem Stichwort „Arbitration Guerilla Tactics"

---

417 Siehe std. Rspr. BVerfGE 19, 342 (347); 51, 324 (343 ff.) zurückhaltend *Kunig*, Rechtsstaatsprinzip, S. 441 ff.; *Rüping*, in: Kahl/Waldhoff/Walter (Hrsg.), Bonner Kommentar, GG, Art. 103 Abs. 1 Rd. 85; *Schmidt-Aßmann*, in: Maunz/Dürig, GG, Art. 103 Abs. 1 Rn. 17.

418 United States District Court, Southern District of New York *Decker vs. Nagel*, 09 Civ. 9878 (SAS) v. 22.03.2010; *Munich Re vs. ACE*, M-28 (HB) v. 30.10.2008; Northwestern vs. Insco, 11 Civ. 1124 (SAS) v. 3.10.2011. Alle Entscheidungen verneinten jedoch eine entsprechende Kompetenz des Schiedsgerichts.

419 Siehe dazu die Entscheidungen *Hempstead Video, Inc. Incorporated Vill. of Valley Steam*, 409 F.3d 127, 132 (2nd Cir. 2005) sowie *Decker vs. Nagel Rice LLC*, 716 F.2d 228, 231 (2nd Cir. 2010).

beschrieben wurden. Dies würde zunächst für die ebenfalls dargestellte Auslegung von Frank *Spohnheimer* sprechen.

Zu beachten ist jedoch, dass Rechtsanwälte gegenüber dem Schiedsgericht auf Augenhöhe verhandeln können müssen und ihr Mandant einen Anspruch auf eine engagierte Vertretung im Kampf ums Recht hat. Letztlich darf eine Einschränkung des Rechts auf anwaltliche Vertretung daher niemals dazu missbraucht werden, missliebige Rechtsanwälte auszuschließen. Das Schiedsgericht und die Gegenseite müssen vielmehr Wege finden, mit diesem Verhalten umzugehen.

Ein Ausschluss kommt auch dann noch nicht in Betracht, wenn das Schiedsgericht zu der Überzeugung gelangen muss, dass der Rechtsanwalt durch sein Verhalten gegen deutsche Strafgesetze verstößt.[420] Vielmehr wären das Schiedsgericht und insbesondere die Rechtsanwälte der Gegenseite dazu aufgerufen, das Verhalten des Rechtsanwalts gegenüber den Strafverfolgungsbehörden zur Anzeige zu bringen.[421] Weiterhin wäre es an den Schiedsrichtern berufsrechtliches Fehlverhalten an die zuständigen nationalen Aufsichtsbehörden weiterzuleiten.[422] Die Privatheit des Schiedsverfahrens müsste hier jedenfalls hinter dem öffentlichen Interesse an einer Strafverfolgung zurücktreten.[423]

2. *Eigene Ansicht*

Schiedsgerichte in Handelsstreitigkeiten waren bisher auch immer zurückhaltend, Rechtsanwälte auszuschließen. So hat es etwa ein ICC-Schiedsgericht in Frankreich explizit abgelehnt, die Verletzung von Standesregeln im Verfahren selbst zu ahnden.[424] Auch in der Literatur gab es bereits in den 1990er Jahren Stimmen, die einen Ausschluss durch das Schiedsgericht aus gutem Grund explizit ablehnten.[425]

---

420 Siehe zu deren Anwendbarkeit im Schiedsverfahren unten Teil 2: A.

421 Das dies möglich ist, sehen auch: *Wilske/Horvath/Leinwather*, in: Horvath/Wilske (Hrsg.), Guerilla Tactics in International Arbitration, S. 47 f.

422 *Wilske/Horvath/Leinwather*, in: Horvath/Wilske (Hrsg.), Guerilla Tactics in International Arbitration, S. 46 f.

423 So auch *Horvath*, in: Klausegger u.a. (Hrsg.), Austrian Arbitration Yearbook 2011, 297 (301 f.).

424 Partial Award in ICC Case No. 8879 (2001), zitiert nach *Born*, International Commercial Arbitration, S. 2322.

425 *Paulsson*, American Review on International Arbitration, 3 (1992), 214 (215): „*Arbitrators are named to resolve disputes between parties, not to police the conduct of their representatives*"; *Heitzmann*, ASA Bulletin 26 (2008), 205 (224): "*International*

So sehr damit die eingangs beschriebenen Ansichten von *Wilske* und *Markert* sowie von *Spohnheimer* dahingehend verständlich sind, als dass sie die Effektivität und Integrität des Schiedsverfahrens im Einzelfall vor die Rechte des sich fehlverhaltenden Parteivertreters stellen wollen – die Gefahr, dass Rechtsanwälte dabei die Augenhöhe mit dem Schiedsgericht und die Schiedsparteien damit ihr Recht auf rechtliches Gehör verlieren würden, ist schlicht zu groß. Historisch wollte § 1034 Abs. 1 S. 2, 3 ZPO a.F., die Vorgängernorm von § 1042 Abs. 2 ZPO, (deutsche) Rechtsanwälte davor schützen, von Schiedsgerichten zurückgewiesen zu werden, nur weil diese sie als störend und ineffektiv empfanden. Begriffe wie „Integrität des Schiedsverfahrens" oder „Fehlverhalten" würden jedoch, sofern sie im Gesetz nicht klar definiert sind, für eine derartige Verfahrensweise wieder eine Hintertür öffnen. Dass dies zu einer Verbesserung der Schiedsgerichtsbarkeit als Streitbeilegungsform führen würde, muss bezweifelt werden, da das Prinzip der Augenhöhe zwischen Schiedsgericht und Parteivertretern hier schwer wiegt. Schiedsgerichte sind noch viel stärker auf den Dialog um das Recht angewiesen als staatliche Gerichte. Daher sind starke Rechtsanwälte letztlich auch ein Garant für richtige Entscheidungen.

Insbesondere der Ausschluss eines Rechtsanwalts, der mit einem potentiellen Interessenskonflikt des Schiedsrichters nach den IBA Guidelines für Schiedsrichter begründet wird, kann hier nicht richtig sein. Wenn ein Schiedsrichter einen derartigen Konflikt hat, muss er vielmehr selbst seinen Stuhl räumen. Der Effizienzverlust, der dadurch in einem Schiedsverfahren auftreten mag, ist einer Schwächung des Rollenbilds eines anwaltlichen Parteivertreters insgesamt schlicht vorzuziehen.

Wilske und *Markert* ist jedoch Recht zu geben, wenn sie fordern, dass es auch im internationalen Schiedsverfahren eine äußere Grenze des tolerablen Verhaltens geben und ein Schiedsgericht auch in Extremfällen handlungsfähig bleiben muss.

Ein Ausschluss kommt nach der hier vertretenen Ansicht daher in solchen Fällen in Betracht, in denen der Verstoß gegen ein Strafgesetz oder eine Berufspflicht offensichtlich gegeben ist und weiterhin mit überwiegender Wahrscheinlichkeit davon auszugehen ist, dass ein deutscher Rechtsanwalt für dasselbe Verhalten aus der Rechtsanwaltschaft ausgeschlossen werden würde. Dies widerspricht auch nicht dem Leitgedanken von § 1042 Abs. 2 ZPO, der ausländische

---

Arbitrators may be reluctant to rule on a motion to disqualify an attorney appearing before them."

Rechtsanwälte gegenüber deutschen Rechtsanwälten letztlich nur gleichstellen, nicht aber bei Fehlverhalten besserstellen will.

3. Rechtsschutz

Verstößt ein Schiedsgericht gegen das Ausschlussverbot, kann die betroffene Schiedspartei zunächst den Schiedsspruch beim zuständigen Oberlandesgericht aufheben lassen. In Betracht kommen generell drei Aufhebungsgründe: ein fehlerhaftes schiedsrichterliches Verfahren (§ 1059 Abs. 2 Nr. 1 Buchstabe d ZPO), eine Verletzung des rechtlichen Gehörs (§ 1059 Abs. 2 Nr. 1 Buchstabe b ZPO) und eine Verletzung des deutschen Ordre Public (§ 1059 Abs. 2 Nr. 2 Buchstabe b ZPO). Während § 1059 Abs. 2 Nr. 1 Buchstaben b, d ZPO vom Antragssteller geltend gemacht werden müssen, findet bei § 1059 Abs. 2 Nr. 2 Buchstabe b ZPO der Amtsermittlungsgrundsatz Anwendung. Im Ergebnis werden bei einem unzulässigen Ausschluss auch alle vorgenannten Aufhebungsgründe einschlägig sein. Das Recht einer Schiedspartei, von einem Rechtsanwalt ihres Vertrauens vertreten zu werden, wird, wie oben dargestellt, über Art. 103 Abs. 1 GG i.V.m. § 1041 ZPO zu einem Bestandteil der öffentlichen Ordnung.[426] Auch stellt ein Ausschluss einen Mangel des schiedsrichterlichen Verfahrens dar, der jedoch nach richtiger Ansicht gegenüber der Gehörsverletzung als lex spezialis zurücktritt.[427]

Da deutsche Rechtsanwälte sowie auch Europäische Rechtsanwälte weiterhin über Art. 12 GG i.V.m. § 3 Abs. 2 BRAO und § 1042 Abs. 2 ZPO mit eigenen Rechten zur Teilhabe an einem Schiedsverfahren ausgestattet sind, müssen sie ihre Rechte zudem auch selbst geltend machen können. Ihnen steht daher auch noch während des laufenden Verfahrens die Möglichkeit offen, das Schiedsgericht in einem Zivilprozess auf Zulassung zum Verfahren zu verklagen. Örtlich zuständig sind zumindest die Gerichte am Sitz des Schiedsgerichts.

E. Ergebnisse Teil 1

Im Hinblick auf das in § 1042 Abs. 2 ZPO enthaltene Recht auf anwaltliche Vertretung ergeben sich damit folgende Ergebnisse:

---

426 Das Verstöße gegen Art. 103 Abs. 1 GG i.V.m. § 1042 Abs. 1 ZPO einen Verstoß gegen den verfahrensrechtlichen Ordre Public begründen ergibt sich bereits aus der Gesetzesbegründung BT-Drs. 13/5274, S. 59. Zu den Einzelheiten siehe *Münch*, in: Münchener Kommentar ZPO, § 1059 Rn. 45 mwN.

427 *Münch*, in: Münchener Kommentar ZPO, § 1059 Rn. 22.

- Historisch bezweckte die Vorgängernorm von § 1042 Abs. 2 ZPO, der 1933 eingeführte § 1034 Abs. 1 S. 2, 3 ZPO einen Schutz der Rechtsanwaltschaft vor willkürlichen Ausschlüssen von Schiedsgerichten. Rechtsanwälte sollte dieses potentielle Betätigungsfeld nicht verschlossen bleiben. Die Regel war nur auf deutsche Rechtsanwälte anwendbar. Von den Nationalsozialisten sollte sie auch dazu missbraucht werden, die private Schiedsgerichtsbarkeit unter die Kontrolle einer gleichgeschalteten Anwaltschaft zu stellen.
- Seit der Reform von 1998 findet § 1042 Abs. 2 ZPO auch auf ausländische Rechtsanwälte Anwendung. Ausländischer Rechtsanwalt i.S.d. § 1042 Abs. 2 ZPO ist jeder Rechtsanwalt i.S.v. § 206 BRAO sowie jeder andere mit einem deutschen Rechtsanwalt vergleichbare ausländische Berufsträger, der nicht für seinen Arbeitgeber als Syndikusanwalt auftritt oder Berufsbeamter am Ort seiner Zulassung ist. Europäische Rechtsanwälte sind den deutschen Rechtsanwälten ohnehin gleichgestellt. Für ausländische Rechtsanwälte ist § 1042 Abs. 2 ZPO damit eine Erlaubnisnorm i.S.d. RDG, weshalb ihnen die Erbringung von Rechtsdienstleistungen gegen Entgelt, die mit ihrer Bevollmächtigung im Schiedsverfahren zusammenhängt, erlaubt ist. Alle Bevollmächtigten, die nicht Rechtsanwälte i.S.v. § 1042 Abs. 2 ZPO sind, sind zurückzuweisen, wenn ihre Tätigkeit gegen das RDG verstößt, da ihre Vollmacht gem. § 134 BGB als nichtig zu betrachten ist.
- § 1042 Abs. 2 ZPO steht in inhaltlichem Konnex zum Recht auf rechtliches Gehör, das sich im Schiedsverfahren aus § 1042 Abs. 1 ZPO i.V.m. Art. 103 Abs. 1 GG ergibt. Der Anwendungsbereich des rechtlichen Gehörs im Schiedsverfahren ist insoweit eigenständig. Er schließt das Recht auf rechtliches Gehör zu Rechts- und Verfahrensfragen ebenso ein, wie das Recht auf Beiziehung eines Anwalts der Wahl. Diese Wahl ist aufgrund des internationalen Charakters des Schiedsverfahrens auf ausländische Rechtsanwälte zu erstrecken. Art. 12 Abs. 1 GG ist weiterhin bei deutschen Rechtsanwälten und Europäischen Rechtsanwälten vom Schiedsgericht entweder aufgrund der mittelbaren Drittwirkung von Art. 12 Abs. 1 GG über § 1042 Abs. 2 ZPO oder aufgrund der enthaltenen Institutsgarantie für Rechtsanwälte zu beachten.
- Deutsche und Europäische Rechtsanwälte dürfen aus dem Schiedsverfahren niemals ausgeschlossen werden. Ausländische Rechtsanwälte dürfen aus dem Schiedsverfahren lediglich dann ausgeschlossen werden, wenn ein Sachverhalt vorliegt, der bei einem deutschen Rechtsanwalt zum Entzug der Zulassung führen würde. Entgegenstehende Vereinbarungen der Parteien sind unzulässig.

- Deutsche und Europäische Rechtsanwälte können gegen Ausschlüsse aufgrund eigener subjektiver Rechte Rechtsschutz beim Schiedsgericht gegen Ausschlüsse suchen. Ausländische Rechtsanwälte haben selbst keine subjektiven Rechte. Die Schiedspartei, die sie mandatiert hat, kann gegen den Ausschluss jedoch mit der Behauptung vorgehen, in ihrem Recht auf rechtliches Gehör verletzt zu sein.

2. Teil: Regulierung anwaltlichen Verhaltens durch nationales Recht

Nachdem in Teil 1 erörtert wurde, inwieweit die deutsche Rechtsordnung das Auftrittsrecht von in- und ausländischen Rechtsanwälten vor deutschen Schiedsgerichten schützt, wird in Teil 2 nun der Frage nachgegangen, welche gesetzlichen Regelungen im Hinblick auf die Berufsausübung existieren. Das 10. Buch der ZPO enthält selbst keine detaillierten Regelungen zu dieser Thematik. Zu prüfen ist daher, an welchen Regelungen in- und ausländische Rechtsanwälte, die vor einem deutschen Schiedsgericht auftreten, ihr Verhalten auszurichten haben. Namentlich sind dies zunächst Regelungen des deutschen Strafrechts (**A.**) und des auf sie anwendbaren anwaltlichen Berufsrechts (**B.**). Schließlich wird analysiert, wie ein Schiedsgericht Situationen begegnen kann, in denen mehrere unterschiedliche Berufsrechte gleichzeitig anwendbar sind (**C.**).

A. Regelungen im Strafrecht

In Deutschland kommt dem Strafrecht eine zentrale Aufgabe bei der Regulierung anwaltlichen Verhaltens im Zivilprozess zu. Nachdem zunächst auf die internationale Anwendbarkeit deutschen Strafrechts bei Straftaten im Zusammenhang mit einem deutschen Schiedsverfahren einzugehen sein wird (**I.**), ist zu prüfen, welche Delikte das Verhalten von dort tätigen in- und ausländischen Rechtsanwälten erfassen. In Betracht kommen hier die Tatbestände der Falschaussage (§§ 153 ff. StGB) (**II.**), der Tatbestand des Prozessbetrugs (§ 263 StGB) (**III.**), des Parteiverrats (§ 356 StGB) (**IV.**), der Schiedsrichterbestechung und Vorteilsgewährung (§§ 331 ff. StGB) (**V.**) sowie der Bruch der anwaltlichen Verschwiegenheit (§ 203 Abs. 1 Nr. 3 StGB) (**VI.**).

I. Internationale Anwendbarkeit

Die internationale Anwendbarkeit des deutschen Strafrechts ist in §§ 3 ff. StGB geregelt. Es gilt grundsätzlich das sogenannte Territorialitätsprinzip, wonach deutsches Strafrecht auf alle Straftaten anzuwenden ist, die im Inland verübt werden.[428]

428 Siehe nur: *Heintschel-Heinegg*, in: Heintschel-Heinegg (Hrsg.), BeckOK StGB, § 3 Rn. 2 f. mwN.

Wann eine Straftat im Inland begangen wurde, ergibt sich aus § 9 StGB, dem sogenannte Ubiquitätsgrundsatz.[429] Nach § 9 Abs. 1 StGB ist eine Tat an jedem Ort begangen, „*an dem der Täter gehandelt hat oder im Falle des Unterlassens hätte handeln müssen oder an dem der zum Tatbestand gehörende Erfolg eingetreten ist oder nach der Vorstellung des Täters eintreten sollte.*"

Begehungsort i.S.v. § 9 StGB ist damit auch der Erfolgsort und damit der Ort, an dem ein zum gesetzlichen Tatbestand gehörender Handlungserfolg eintritt.[430] Mit Erfolg ist nicht jede Auswirkung der Tat gemeint.[431] Es zählen nur solche Tatfolgen dazu, die für die Verwirklichung des Tatbestands auch erheblich sind.[432] Bei schlichten Tätigkeitsdelikten[433] (wie etwa dem Meineid) ist ein Erfolg i.S.d. § 9 Abs. 1 StGB nicht gegeben.[434]

Übertragen auf die hier interessierenden Delikte wird eine Anwendbarkeit des deutschen Strafrechts also zunächst immer dann gegeben sein, wenn die Tat tatsächlich im Inland verübt wurde, also etwa ein Bevollmächtigter einem Schiedsrichter zu Unrecht Vorteile gewährt (§ 332 StGB) oder gegenüber dem Schiedsgericht in der mündlichen Verhandlung unwahre Angaben über Tatsachen macht, um für seine Partei einen günstigen Schiedsspruch zu erwirken, der ihr nicht zustand (§ 263 Abs. 1 StGB).

Begeht ein Bevollmächtigter die Tat im Ausland, so ist er immer dann strafbar, wenn der tatbestandliche Erfolg nach seiner Vorstellung im Inland eintreten soll. Damit sind im internationalen Schiedsverfahren auch jene Taten erfasst, deren Erfolg in einer Handlung oder in einem Unterlassen des Schiedsgerichts am Verfahrenssitz in Deutschland bestehen.

---

429 Siehe nur *Heintschel-Heinegg*, in: Heintschel-Heinegg (Hrsg.), BeckOK StGB, § 9 Rn. 1. mwN.

430 BGHSt 44, 52 (52 f.).

431 BGH NJW 2006, 1984 (1984 f.); BGH NStZ-RR 2007, 48 (48 f.); OLG Koblenz wistra 2012, 39 (39 f.).

432 *Fischer*, StGB, § 9 Rn. 4a.

433 Dies sind Delikte, bei denen der Tatbestand bereits durch die Handlung als solche erfüllt wird und damit ein Erfolg für die Verwirklichung nicht erforderlich ist.

434 *Eser*, in: Schönke/Schröder, StGB, § 9 Rn. 6; *Fischer*, StGB, § 9 Rn. 4.

II. Falschaussage, §§ 153 ff. StGB

§§ 153 bis 163 StGB enthalten die sogenannte Aussagedelikte, deren Rechtsgut die „inländische Rechtspflege" ist.[435] Es handelt sich um abstrakte Gefährdungsdelikte.[436]

Nach § 153 StGB macht sich wegen falscher uneidlicher Aussage strafbar, wer

> *„vor Gericht oder vor einer anderen zur eidlichen Vernehmung von Zeugen oder Sachverständigen zuständigen Stelle als Zeuge oder Sachverständiger uneidlich falsch aussagt".*

Nach ganz herrschender Auffassung erfasst die Vorschrift im Zivilprozess Aussagen der Partei auch dann nicht, wenn diese nach §§ 445 ff. ZPO vernommen wird.[437] Dies ergibt sich aufgrund des Wortlautes („*Zeuge oder Sachverständiger*") nicht zuletzt aus dem Verbot, strafschärfende Analogien zu bilden.[438] Falsche Aussagen können zudem nur hinsichtlich Tatsachen gemacht werden. Auf Schlussfolgerungen und andere Bekundungen findet der Tatbestand keine Anwendung.[439]

Die Vorschrift ist für die Zivilrechtspflege von erheblicher Bedeutung, da die ZPO eine Wahrheitspflicht des Zeugen,[440] anders als etwa die StPO in § 57, nicht eigenständig normiert.[441] Die Strafandrohung des § 153 StGB bezieht sich jedoch unstreitig nur auf staatliche Gerichte und nicht auf Schiedsgerichte.[442] Schiedsgerichte sind auch Kraft Natur der Sache als private Gerichte keine zur eidlichen Vernehmung von Zeugen oder Sachverständigen zuständige Stelle.[443] Letztlich hat ein Schiedsgericht nicht einmal die Kompetenz, Zeugen

---

435 BGHSt 8, 301 (309) sowie *Kindhäuser*, in: LPK-StGB, Vor §§ 153–163 Rn. 1.

436 Siehe nur: *Fischer*, StGB, Vorb. § 153 Rn. 2.

437 Siehe nur: *Fischer*, StGB, § 153 Rn. 9; *Lenckner/Bosch*, in: Schönke/Schröder, StGB, § 153 Rn. 4.; A.A. *Norouzi*, in: Matt/Renzikowski (Hrsg.), StGB, § 153 Rn. 2.

438 Art. 103 Abs. 2 GG i.V.m. § 41 StGB.

439 *Fischer*, StGB, § 153 Rn. 4; *Norouzi*, in: Matt/Renzikowski (Hrsg.), StGB, § 153 Rn. 5.

440 Missverständlich insoweit *Maaß*, Betrug verübt durch Schweigen, S. 79 (81), der eine solche Pflicht aus § 392 ZPO (Nacheid, Eidesnorm) ableiten will.

441 Zum hier nicht weiter relevanten Streit, inwieweit § 153 StGB das ungeschriebene Tatbestandsmerkmal einer „prozessualen Wahrheitspflicht" oder nur das einer „Aussagepflicht" bzw. „Vollständigkeitspflicht" beinhaltet, siehe die Nachweise bei *H. E. Müller*, Falsche Zeugenaussage und Beteiligungslehre, S. 97 f.

442 *Kindhäuser*, in: LPK-StGB, § 153 Rn. 3; *Norouzi*, in: Matt/Renzikowski (Hrsg.), StGB, § 153 Rn. 10; *Rudolphi*, in: Systematischer Kommentar, StGB, § 153 Rn. 4; *Ruß*, in: Leipziger Kommentar, StGB, § 153 Rn. 5.

443 So aber für die Rechtsordnung der Schweiz: *Nater-Bass*, in: Zuberbühler/Müller/Habegger (Hrsg.), Swiss Rules of International Arbitration, Art. 25, N 20.

zum Erscheinen und zur (vollständigen) Aussage zu zwingen.[444] Erscheint ein Zeuge nicht freiwillig oder muss das Schiedsgericht davon ausgehen, dass ein Zeuge nicht wahrheitsgemäß oder vollständig aussagen wird, kann es jedoch nach § 1050 S. 1 ZPO ein staatliches Gericht um Unterstützung ersuchen und so die Drohung mit §§ 153 ff. StGB zumindest mittelbar aussprechen. Auch eine Strafbarkeit nach den §§ 154 ff. StGB scheidet für Zeugen und Sachverständige in Schiedsverfahren damit aus.

Damit können sich weder ausländische noch inländische Rechtsanwälte wegen Anstiftung oder Beihilfe zu einer Haupttat nach den §§ 153 bis 163 StGB strafbar machen.[445] Es verbleibt lediglich die Möglichkeit einer Strafbarkeit wegen Nötigung nach § 240 Abs. 1 StGB, wenn es ein inländischer oder ausländischer Rechtsanwalt unternimmt, einem Zeugen mit einem empfindlichen Übel zu drohen, wenn er es nicht unterlässt, auszusagen oder seine Aussage nicht in einer bestimmten Weise vornimmt.[446] Der Versuch der Nötigung ist gem. § 240 Abs. 3 StGB ebenfalls mit Strafe belegt.

III. Prozessbetrug, § 263 Abs. 1 StGB

Falsche Angaben von Parteien, Zeugen sowie Bevollmächtigten im Verfahren sind strafrechtlich grundsätzlich an § 263 Abs. 1 StGB zu messen. § 263 Abs. 1 StGB beinhaltet nach anerkannter Leseweise insbesondere für Verfahren in Zivilsachen auch die Fallkonstellation des Prozessbetrugs.[447] Diese Fallkonstellation ist von Gesetzes wegen nicht auf gerichtliche Verfahren begrenzt. Bei Betrug handelt es sich um ein kupiertes Erfolgsdelikt, also ein mehraktiges Delikt, bei dem die Verursachung eines bestimmten Erfolgs nicht Teil des objektiven

444 Siehe nur: *Lachmann*, Handbuch für die Schiedsgerichtspraxis, Rn. 1493; *Lionnet/Lionnet*, Handbuch der internationalen und nationalen Schiedsgerichtsbarkeit, S. 362; *Schütze*, Schiedsgericht und Schiedsverfahren Rn. 183.

445 Zwar handelt es sich bei § 153 StGB um ein eigenhändiges Delikt, weshalb eine Mittäterschaft oder mittelbare Täterschaft nicht möglich ist, für eine Strafbarkeit wegen Anstiftung oder Beihilfe bleibt es jedoch bei den allgemeinen Grundsätzen. Siehe: *Kudlich*, in: Heintschel-Heinegg (Hrsg.), BeckOK StGB, § 153 Rn. 24.

446 Solche Fälle kamen in der Praxis leider vor, siehe: Supreme Court of Hong Kong, High Court Urteil v. 12.08.1992, JJ. Argo Industries (P) Ltd. v. Texuna Int'l ltd., XVIII Yearbook Commercial Arbitration (1993), S. 396 sowie Beispiele bei *Wilske*, in: Klausegger u. a. (Hrsg.), Austrian Yearbook on International Arbitration 2011, S. 315 (319 f.).

447 Die Darstellung beschränkt sich hier auf Zivilverfahren.

Tatbestandes ist, sondern lediglich eine auf seine Verursachung gerichtete Absicht vorausgesetzt wird.[448]

1. *Tatbestand*

Unter Prozessbetrug versteht man allgemein, dass eine Prozesspartei im Verfahren unwahr vorträgt, um dem Prozessgegner zu schaden und sich selbst auf dessen Kosten zu bereichern. Die Bereicherung liegt in einem für den Gegner ungünstigen und für den Täter günstigen Urteil. Für die Partei kann jeweils auch der Bevollmächtigte handeln, der sich damit auch selbst strafbar machen kann, da es ihm bei einer absichtlichen Täuschung auch auf die für seine Partei günstige Folge ankommen wird. Der Tatbestand des Prozessbetrugs hat, sofern der Täter ein Rechtsanwalt ist, der als Bevollmächtigter auftritt, inhaltliche Überschneidungen zum Sachlichkeitsgebot in § 43 a Abs. 3 BRAO, das dem Rechtsanwalt auferlegt, keine Unwahrheiten zu verbreiten.

Es werden grundsätzlich zwei Formen des Prozessbetrugs unterschieden. Maßgebliches Abgrenzungskriterium ist die Frage, wer der Getäuschte ist:[449] Zunächst kann der Betrug zur Folge haben, dass der Prozessgegner selbst eine für sich nachteilige Verfügung vornimmt, indem er etwa einen Anspruch anerkennt bzw. seine Klage zurücknimmt oder in einen ungünstigen Vergleich einwilligt (sogenannter Betrug im Prozess). Überdies kann eine Partei auch das Gericht täuschen und es damit dazu veranlassen, zu Unrecht eine Entscheidung zu fällen, die das Vermögen des Prozessgegners schädigt (Prozessbetrug im engeren Sinne). Bei der zweitgenannten Variante handelt es sich um einen sogennaten Dreiecksbetrug, da das aufgrund eines Irrtums verfügende Gericht personenverschieden zur geschädigten Partei (Gegenseite) ist.

§ 263 Abs. 2 StGB stellt auch den versuchten Betrug unter Strafe. Entsprechend ist auch versuchter Prozessbetrug bereits eine Straftat. Auch können sowohl die strafschärfenden Qualifikationen in § 263 Abs. 3 StGB als auch die Privilegierungen in § 263 Abs. 4 StGB zum Tragen kommen. Praktisch relevant dürften insbesondere die Qualifikationen des § 263 Abs. 3 Nr. 2, 3 StGB, die Schäden großen Ausmaßes oder die Herbeiführung einer Notlage auf Seiten des Geschädigten mit einer höheren Strafandrohung versehen.

---

448 *Cramer/Perron*, in: Schönke/Schröder, StGB, § 263 Rn. 5; *Hefendehl*, in: Münchener Kommentar StGB, § 263 Rn. 11; *Tiedemann*, in: Leipziger Kommentar StGB, § 263 Rn. 3.

449 Zu den Begrifflichkeiten *Kraatz*, Jura 2007, 531 (531); *Lackner*, in: Leipziger Kommentar StGB, § 263 Rn. 304; *Maaß*, Betrug verübt durch Schweigen, S. 79.

2. *Konstruktion*

Die Fallgruppe des Prozessbetrugs bereitet innerhalb des § 263 Abs. 1 StGB diverse dogmatische Schwierigkeiten, von denen hier nur die wichtigsten kurz genannt werden sollen. So wird beispielsweise diskutiert, ob ein Gericht bei einem Prozessbetrug im engeren Sinne (Dreiecksbetrug) überhaupt „Verfügender" sein kann, da es aufgrund seiner Neutralität nicht „im Lager" einer Partei steht.[450] Im Ergebnis tragen diese Bedenken jedoch nicht, da die Befugnis des Verfügenden, über das fremde Vermögen Anordnungen zu treffen reicht. Dies ist bei einem Gericht[451] aufgrund seiner hoheitlichen Stellung (Art. 101 GG i.V.m. GVG) unzweifelhaft gegeben.[452]

Weiterhin ist fraglich, ob ein Urteil eine unmittelbare Vermögensminderung darstellen kann, da diese bei der unterlegenden Partei selbst bei rechtskräftigen Entscheidungen ja streng genommen erst bei freiwilliger Zahlung oder durch hoheitlichen Akt im Vollstreckungsverfahren herbeigeführt wird. Im Ergebnis wird man richtiger Weise die unmittelbare Vermögensminderung jedoch mit dem Argument bejahen müssen, dass schon die bloße (vorläufige) Möglichkeit, gegen einen Schuldner zu vollstrecken, für diesen eine Vermögensminderung bedeutet.[453]

3. *Anwendung auf das Schiedsverfahren*

a) *Grundsätzliche Anwendung*

Grundsätzlich bestehen keine Bedenken, dass ein Prozessbetrug i.S.d. § 263 Abs. 1 StGB auch bei einer Begehung im Schiedsverfahren vorliegen kann.[454] Schiedssprüche deutscher Schiedsgerichte stehen innerstaatlich nach § 1055 ZPO den rechtskräftigen Urteilen deutscher Gerichte gleich. International sind sie über das NYÜ vollstreckbar. Insofern stellen ungünstige Schiedssprüche für

---

450 Siehe Kritik bei: *Fahl*, Jura 1996, 74 (74 ff.); *Piech*, Der Prozessbetrug im Zivilprozess, S. 175 ff.; zur Entwicklung der Rechtsprechung siehe *Offermann-Burckart*, Vermögensverfügungen Dritter im Betrugstatbestand, S. 175 ff.

451 Getäuschter ist hier nach richtiger Auffassung nicht der einzelne Richter, sondern das Gericht als Spruchkörper, siehe: *Kretschmer*, GA 2004, 458 (465); ähnlich *Schild*, Täterschaft als Tatherrschaft, S. 24.

452 Siehe nur: *Krell*, JR 2012, 102 (106); *Kretschmer*, GA 2004, 458 (460) jeweils mwN.

453 Siehe nur: *Krell*, JR 2012, 102 (106 f.).

454 So auch *Eckstein-Puhl*, Prozessbetrug im Schiedsverfahren, S. 51 f., die sich in ihrer Arbeit jedoch ausschließlich mit der Frage befasst, wie ein auf Prozessbetrug basierender Schiedsspruch durch Aufhebung wieder aus der Welt geschafft werden kann.

den Prozessgegner ebenso einen Vermögensschaden dar, wie ein entsprechendes staatliches Urteil. Probleme der vorläufigen Vollstreckbarkeit stellen sich bei Schiedssprüchen nicht.[455]

Auch die Berechtigung, Anordnungen über das Vermögen der Schiedspartei zu treffen, ist bei einem Schiedsgericht gegeben. Das Recht folgt hier aus der Schiedsvereinbarung und den Schiedsrichterverträgen.[456]

b) Einzelprobleme

Die Anwendung des Prozessbetrugs i.S.d. § 263 StGB auf das Schiedsverfahren erfordert auch eine Diskussion von ausgewählten Einzelproblemen. Konkret ist danach zu fragen, inwieweit strukturelle Unterschiede zwischen Schiedsverfahren und Gerichtsverfahren auch zu Unterschieden bei der Betrugsstrafbarkeit führen müssen.

aa) Strafbewehrte Garantenstellung

Allgemein ist es umstritten, ob einer Prozesspartei eine strafbewehrte Garantenpflicht gegenüber der Gegenseite im Zivilprozess zukommt. Deren Bestehen oder Nichtbestehen entscheidet letztlich darüber, ob eine Tatbestandsverwirklichung auch durch Unterlassen möglich ist. Konkret stellt sich also die Frage, ob sich eine Prozesspartei auch dadurch strafbar machen kann, dass sie bewusst unvollständig vorträgt oder es bewusst unterlässt, einen zuvor von ihr eingeführten Vortrag, der sich später als unrichtig herausstellt, zu korrigieren.

(1) Im staatlichen Gerichtsverfahren

Geht man davon aus, dass die Prozesspartei gegenüber ihrem Gegner keine anderen Garantenpflichten (etwa aus Vertrag oder aus Ingerenz) hat, kann sich eine solche Pflicht insoweit nur aus der zivilprozessualen Wahrheitspflicht des § 138 Abs. 1 ZPO ergeben. § 138 Abs. 1 ZPO verpflichtet die Parteien dazu, „*vollständig und der Wahrheit gemäß*“ vorzutragen. Die Verpflichtung erstreckt sich nach herrschender Ansicht auch auf die Rechtsanwälte der Parteien.[457] § 263 Abs. 1

---

455 Die Vollstreckbarkeit kann nur durch einen Aufhebungsantrag nach § 1059 ZPO bzw. einen Antrag auf Nichtvollstreckung nach dem UNÜ am ausländischen Vollstreckungsort beseitigt werden.

456 Ausführlich zur Rechtsfigur des Schiedsrichtervertrags: *Wolf*, Die institutionelle Handelsschiedsgerichtsbarkeit, S. 231 ff.; sowie *Wolf/Eslami*, in: Wolf/Vorwerk (Hrsg.), BeckOK ZPO, § 1029 Rn. 3 ff.

457 h.M.: *Greger*, in: Zöller, ZPO, § 138 Rn. 1; *Reichold*, in: Thomas/Putzo, ZPO, § 138 Rn. 1; *Stadler*, in: Musielak (Hrsg.), ZPO, § 138 Rn. 1; a.A. *Hirtz*, AnwBl. 2006, 780

ZPO enthält keinerlei Beschränkungen hinsichtlich des Täterkreises. Folglich können auch ausländische Rechtsanwälte taugliches Tatsubjekt eines Prozessbetrugs sein.

Unter § 138 Abs. 1 ZPO ist zivilprozessual generell anerkannt, dass eine beweisbelastete Partei verpflichtet ist, Behauptungen zu revidieren, die sie im Nachhinein als falsch erkennt.[458] Überwiegend abgelehnt wird hingegen das Bestehen einer Aufklärungspflicht für den Beweisgegner.[459] Auch verstößt es nach wohl noch herrschender und im Ergebnis richtiger Lehre nicht gegen § 138 ZPO, wenn eine Partei den unrichtigen Vortrag ihres Gegners trotz besseren Wissens gegen sich gelten lässt, weil er für sie günstig ist.[460]

Rechtsprechung und Teile der Literatur lassen dies für eine Garantenstellung genügen.[461] Die Rechtsprechung geht sogar so weit, dass die Parteien aufgrund von § 138 Abs. 1 StGB verpflichtet sein sollen, Tatsachen offen zu legen, die ihrem Anspruch die Grundlage entziehen würden.[462] Auch Rechtsanwälte sind nach einer mittlerweile über 60 Jahre alten Entscheidung des Bundesgerichtshofs verpflichtet, den Sachverhalt immer dann vollständig und wahrheitsgemäß mitzuteilen, wenn erkennbar ist, dass das Gericht eine Aufklärung wünscht. Ausgenommen sind nur Fallkonstellationen in denen die Mitteilung des richtigen Sachverhalts dazu führen würde, dass sich der Rechtsanwalt in Widerspruch zu den vorherigen Behauptungen seiner Partei setzt und diese damit der Gefahr aussetzt, wegen Prozessbetrugs überführt zu werden.[463]

---

(781), der zwar eine Pflicht annimmt, die Wahrheitspflicht der Partei zu achten, den Rechtsanwalt jedoch nicht eigenständig zur Wahrheit verpflichtet sehen will.

458 BGH NJW 1999, 2804 (2805); *Hartmann*, in: Baumbach/Lauterbach/Albers/ Hartmann, ZPO, § 138 Rn. 25; *Wagner*, in: Münchener Kommentar ZPO, § 138 Rn. 14.

459 BGH NJW 1958, 1491 (1492); BGH NJW 1990, 3151 (3151); a.A.; *Schlosser*, JZ 1991, 599 (599 ff.); *Zekoll/Bolt*, NJW 2002, 3129 (3129 f.); relativierend in Bezug auf Unternehmensgeheimnisse: *Sawang*, Geheimhaltung und rechtliches Gehör im Schiedsverfahren nach deutschem Recht, S. 95 ff.

460 *Leipold*, in: Stein/Jonas, § 138 Rn. 6; *Reichold*, in: Thomas/Putzo, ZPO, § 138 Rn. 7; a.A. *Bernhardt*, in: FG Rosenberg, S. 9 (30); *Olzen*, ZZP 98 (1985), 403, (415); *Stadler*, in: Musielak (Hrsg.), ZPO, § 138 Rn. 4; *Wagner*, in: Münchener Kommentar ZPO, § 138 Rn. 13.

461 BGH NJW 1952, 1148; OLG Zweibrücken NJW 1983, 694; BayObLG NJW 1987, 1654.

462 OLG Zweibrücken NJW 1983, 694; AG Kaiserslautern, ZMR 1993, 96 f.; *Fischer*, StGB, § 263 Rn. 44; *Seier*, JA 1983, 337 (337 f.); *Rengier*, Strafrecht Besonderer Teil I, § 13 Rn. 28; *Wessels/Hillenkamp*, Strafrecht Besonderer Teil 2, Rn. 505.

463 BGH NJW 1952, 1148.

Richtiger Weise wird man eine strafrechtliche Garantenstellung im staatlichen Zivilverfahren jedoch mit dem Argument verneinen müssen, dass zwischen Prozessparteien mit Klageeinreichung insoweit kein besonderes Vertrauensverhältnis entsteht.[464] Die Vorschrift des § 138 Abs. 1 ZPO dient vielmehr nur dem Schutz der Rechtspflege.[465] Parteien (und Rechtsanwälte) machen sich daher auch nicht strafbar, wenn sie es vor dem staatlichen Gericht unterlassen, Tatsachen zu verschweigen, die für sie ungünstig sind.[466] Auch machen sie sich nicht strafbar, wenn sie bemerken, dass ihr bisheriger Vortrag zu einem Verfahrensgegenstand unrichtig ist bzw. unrichtig geworden ist und es dennoch unterlassen, diesen richtig zu stellen.

(2) Im Schiedsverfahren

Auch im Schiedsverfahren kann es eine strafrechtliche Garantenstellung denklogisch nur dann geben, wenn die Schiedsparteien einander zur Wahrheit verpflichtet wären. Woraus sich die Existenz einer prozessualen Wahrheitspflicht für die Parteien letztlich ableiten soll, ist umstritten.

(aa) Direkte Anwendung von § 138 Abs. 1 ZPO

Die Rechtsprechung und weite Teile der Literatur wenden § 138 Abs. 1 ZPO direkt auf das Schiedsverfahren an, ohne dies jedoch näher zu begründen.[467]

Dem ist jedoch entgegenzuhalten, dass eine direkte Anwendung von § 138 Abs. 1 ZPO nicht vom Gesetz gedeckt ist. Zwar adressiert der Wortlaut von § 138 ZPO dessen Anwendungsbereich nicht auf das gerichtliche Verfahren, jedoch ergibt sich eine solche Begrenzung aus der systematischen Stellung der Vorschrift. § 138 ZPO ist im dritten Abschnitt des 1. Buches der ZPO verortet. Das 1. Buch enthält die „Allgemeinen Vorschriften“ der ZPO, Abschnitt 3 die Vorschriften hinsichtlich des „Verfahrens“. Schiedsgerichte werden hingegen in keiner Vorschrift explizit erwähnt. Auch inhaltlich werden sie nicht erfasst. Würden sie

---

464 So auch: *Krell*, JR 2012, 102, (104); *Maaß*, Betrug verübt durch Schweigen, S. 83 f.

465 *Cramer/Perron*, in: Schönke/Schröder, StGB, § 263 Rn. 21; *Hefendehl*, in: Münchener Kommentar StGB, § 263 Rn. 180; *Kindhäuser*, in: Kindhäuser/Neumann/Paeffgen (Hrsg.), § 263 Rn. 158; *Satzger*, in: Satzger/Schmitt/Widmaier, StGB, § 263 Rn. 52; *Tiedemann*, in: Leipziger Kommentar, StGB, § 263 Rn. 58.

466 So auch: *Cramer/Perron*, in: Schönke/Schröder, StGB, § 263 Rn. 21; *Saliger*, in: Matt/Renzikowski (Hrsg.), StGB, § 263 Rn. 75; *Tiedemann*, in: Leipziger Kommentar, § 263 Rn. 58.

467 BGHZ 23, 198 (198); *Greger*, in: Zöller, ZPO, § 138 Rn. 1; *Reichold*, in: Thomas/Putzo, ZPO, § 138 Rn. 1; *Stadler*, in: Musielak (Hrsg.), ZPO, § 138 Rn. 1

erfasst werden, würde dies § 1042 Abs. 3, 4 ZPO widersprechen. Dieser gewährt den Parteien und – subsidiär – dem Schiedsgericht weitgehende Freiheiten bei der Gestaltung des schiedsgerichtlichen Verfahrens. Im Gegensatz skizzieren die §§ 128 bis 252 ZPO ein verhältnismäßig detailliertes Bild davon, wie ein Verfahren vor staatlichen Gerichten zu führen ist.

Weiterhin spricht historisch nichts dafür, § 138 Abs. 1 ZPO als einzige Vorschrift des dritten Abschnitts direkt auf das Schiedsverfahren anzuwenden. Die Vorschrift wurde mit dem Gesetz zur Änderung des Verfahrens in bürgerlichen Rechtsstreitigkeiten vom 27. Oktober 1933 in die ZPO eingeführt.[468] Auch sie basiert jedoch auf dem ZPO-Entwurf von 1931 (dort § 228 Abs. 3) und stammt folglich nicht aus der Feder der Nationalsozialisten. Lediglich die Präambel des Gesetzes zeugt von nationalsozialistischem Gedankengut. Wörtlich heißt es dort:

> *„Eine volkstümliche Rechtspflege ist nur in einem Verfahren möglich, das dem Volke verständlich ist und einen ebenso sicher wie schleunig wirkenden Rechtsschutz verbürgt.*
>
> *Die Parteien und ihre Vertreter müssen sich bewußt sein, daß die Rechtspflege nicht nur ihnen, sondern zugleich und vornehmlich der Rechtssicherheit des Volksganzen dient.*
>
> *Keiner Partei kann gestattet werden, das Gericht durch Unwahrheiten irrezuführen oder seine Arbeitskraft durch böswillige oder nachlässige Prozeßverschleppung zu mißbrauchen. Dem Rechtsschutz, auf den jeder Anrecht hat, entspricht die Pflicht, durch redliche und sorgfältige Prozeßführung dem Richter die Findung des Rechts zu erleichtern.“*

Der Reformentwurf von 1931 ist in seiner Begründung nicht von einer derartigen Pathetik getragen. Hier wird lediglich festgestellt, dass der „laissez faire“ der ZPO von 1877, nach dem jede Partei ihr Prozessverhalten frei bestimmen durfte und somit auch die Lüge oder einen unvollständigen Vortrag aus zivilprozessualer Sicht[469] taktisch nutzen durfte, aufgegeben werden solle. Dies war die Folge einer neuen Sichtweise, die dem Gericht bei der Aufklärung des Sachverhalts eine stärkere Rolle zukommen lassen und auch die Prozesslüge eindämmen wollte. Vorbild waren Regelungen des österreichischen Rechts, in dem es bereits eine allgemeine Wahrheitspflicht gab. Man war der Auffassung, dass auch eine sanktionslose Wahrheitspflicht die Prozesslüge zurückdrängen könnte, da zumindest die Rechtsanwälte aufgrund ihrer Standespflicht eine entsprechende Vorschrift zu achten hätten.[470] Dies alles zeigt, dass es weder der Reformkommission noch

---

468 RGBl. I 1933, S. 780.

469 Betrug und damit auch Prozessbetrug waren auch unter dem Reichsstrafgesetzbuch von 1871 bereits strafbar, RGBl. I 1871, S. 127 (dort ebenfalls § 263).

470 Reichsjustizministerium (Hrsg.), Entwurf einer Zivilprozessordnung, S. 286.

dem Gesetzgeber von 1933 darauf ankam, die Pflicht auch für das Schiedsverfahren einzuführen. Vielmehr sollte sie nur für das Gerichtsverfahren gelten.

Auch eine analoge Anwendung von § 138 Abs. 1 ZPO im Schiedsverfahren muss hier ausscheiden, da es bereits an einer planwidrigen Regelungslücke fehlt. Der Gesetzgeber wollte mit § 1042 ZPO das Schiedsverfahren bewusst nur rudimentär und nur im Hinblick auf seine Grundgarantien regeln. Den Rest wollte der Gesetzgeber den Parteien und dem Schiedsgericht überlassen. Im Ergebnis soll der „laissez faire" hier also fortgelten.

(bb) Nebenpflicht des Schiedsvertrags

Nach einer in der Literatur insbesondere von Rolf A. *Schütze* und Jens-Peter *Lachmann* vertretenen Ansicht ist die Wahrheitspflicht im Schiedsverfahren hingegen ein Ausfluss der allgemeinen Verfahrensförderungspflichten, die die Parteien als materiell-rechtliche Nebenpflicht der Schiedsvereinbarung miteinander vereinbaren.[471] Eine gesetzliche Verankerung und damit die entsprechende Anwendung von § 138 ZPO wird von ihnen in der Konsequenz abgelehnt.[472] Auch hier soll die Verletzung der Wahrheitspflicht im Verfahren jedoch ohne Sanktionsmöglichkeit bleiben. Es wird insbesondere kein Recht zur Kündigung der Schiedsvereinbarung angenommen, wenn die andere Partei unwahr vorträgt.

Würde man dieser Ansicht folgen, müsste man in der Konsequenz im Schiedsverfahren sogar eine Garantenpflicht i.S.d. § 263 StGB bejahen, da die Wahrheitspflicht hier dann durch Vertrag begründet werden würde. Dies würde wohl auch die Annahme eines besonderen Vertrauensverhältnisses rechtfertigen.

Letztlich kann die Begründung über materielle Nebenpflichten aus der Schiedsvereinbarung jedoch nicht überzeugen. Denn eine derartige Begründung würde zunächst voraussetzen, dass es derartige Nebenpflichten überhaupt gibt. Nach der überwiegenden Meinung im Prozessrecht erfolgt die Abgrenzung von materiell-rechtlichen Vereinbarungen und Prozessverträgen anhand der Vertragswirkungen.[473] Treten diese im materiellen Recht ein, liegt ein Rechtsgeschäft vor, treten sie im Prozessrecht ein, handelt es sich um eine Prozessvereinbarung. Richtigerweise ist die Schiedsvereinbarung mit der wohl herrschenden Auffassung jedoch als reiner Prozessvertrag zu klassifizieren, da Schiedsverträge keine materiellen Wirkungen entfalten, die über das reine Prozessverhältnis der

471 *Schütze*, Schiedsgericht und Schiedsverfahren, Rn. 157; *Lachmann*, Handbuch für die Schiedsgerichtsbarkeit, Rn. 455.

472 So explizit *Lachmann*, Handbuch für die Schiedsgerichtsbarkeit, Rn. 455.

473 Siehe dazu: *Wagner*, S. 28 mN.

Parteien hinausgehen.[474] Insbesondere kommt das Schiedsverfahren ebenso wie das staatliche Gerichtsverfahren, auch ohne materielle Kooperations- oder Verfahrensförderungspflichten aus. Dank § 1035 Abs. 3 ZPO führt das schuldhafte Unterlassen einer Schiedsrichterernennung ebenso wenig zu einer Blockade des Verfahrens, wie das Versäumen einer Klageerwiderung dank § 1048 Abs. 2 ZPO. Gleiches gilt für etwaige Säumnisse einer Partei, Schriftstücke vorzulegen oder zur mündlichen Verhandlung zu erscheinen. Es ist vielmehr Sache des Schiedsgerichts, aus dem Unterlassen der Mitwirkung geeignete Schlüsse zu ziehen.[475] Insofern schadet sich die obstruierende Partei im Schiedsverfahren durch ihr Verhalten ebenso nur selbst, wie eine gleich handelnde Streitpartei im staatlichen Verfahren. Nichts anderes gilt auch in Bezug auf Parteien, die die Unwahrheit vortragen und dabei vom Schiedsgericht oder der Gegenseite überführt werden.

(cc) Keine Prozessuale Wahrheitspflicht

In der Folge ist nach der hier vertretenen Auffassung eine prozessuale Wahrheitspflicht für die Parteien im Schiedsverfahren abzulehnen. Sie kann höchstens zwischen den Parteien explizit vereinbart werden.[476] Sie würde hier im Übrigen auch noch weniger passen, als im staatlichen Verfahren. Im staatlichen Verfahren ist durchaus streitig, ob der Zivilprozess eine formelle oder objektive Wahrheit ermitteln soll. Wäre nur ersteres der Fall, könnten die Parteien auch dann frei

474 Siehe nur: BGHZ 99, 143, 147; *Aden,* Internationale Handelsschiedsgerichtsbarkeit, Teil A, 4. Kap., Rn. 9; *Rosenberg/Schwab/Gottwald*, Zivilprozessrecht, S. 1075; *Schiedermair*, Vereinbarungen im Zivilprozess, S. 3; *Schwab/Walter*, Schiedsgerichtsbarkeit, Kap. 7, Rn. 37; *Schlosser*, in: Stein/Jonas, ZPO, § 1029, Rn. 1; *Wagner*, Prozessverträge, S. 578 ff; *Geimer*, in: Zöller, ZPO, § 1029 Rn. 15; a.A. (Materiell-rechtlicher Vertrag über prozessrechtliche Beziehungen) BGHZ 40, 320, 322; BGHZ 23, 198, 200; *v. Bar*, Internationales Privatrecht II, Rn. 554; *Baumbach*, Das privatrechtliche Schiedsverfahren, S. 37; *Habscheid*, KTS 1955, 33 (34 ff.); *ders.* KTS 1957, 129 (129 f.); *Kisch*, ZZP 51 (1926), 321, 330 ff.; *Lachmann*, Handbuch für die Schiedsgerichtspraxis, Rn. 94; *Münch*, in: Münchener Kommentar ZPO, § 1029 Rn. 117; die rein materielle Theorie, nach der die Schiedsklausel ein bedingter Vorvertrag mit ausschließlich materiellen Wirkungen sein sollte, wird seit der Reform von 1998 nicht mehr vertreten. Vertreter waren *Blomeyer*, in: FG Rosenberg, S. 51 ff.; *W. Lorenz*, AcP 157 (1958–1959), 265 und *Voit*, JZ 1997, 120 ff.

475 *Schwab/Walter*, Kap. 7 Rn. 21 mwN.

476 Eine entsprechende Regelung findet sich etwa in § 8 Nr. 8 Abs. 1 der Schiedsordnung der Schiedsgerichtsbarkeit des Netzwerks Deutscher Erbrechtsexperten e.V., abrufbar unter: http://www.ndeex.de/erbrecht/download/Schiedsordnung.html (letzter Abruf: 13.12.2013).

über den Streitgegenstand disponieren, wenn dies evident zu falschen Ergebnissen führen würde. Wenn beide Parteien der Meinung wären, dass beispielsweise eine bestimmte Ware im Hafen angeliefert wurde, dann wäre der Richter auch dann daran gebunden, wenn er tatsächlich aufgrund von Medienberichten wüsste, dass das Schiff, das die Ware transportieren sollte, in einem Sturm gesunken ist. Die Väter der ZPO haben dies 1877 so gesehen. Mit der Reform von 1933 mag sich diese Sicht insoweit geändert haben.[477]

In Bezug auf das Schiedsverfahren wurden solche Ansprüche 1933 jedoch nicht erhoben. Sie wären auch heute fehl am Platz. Parteiautonomie hat hier Kraft Natur der Sache einen viel höheren Stellenwert. Öffentliche Interessen treten hingegen zurück, was sich schon an dem Umstand erkennen lässt, dass Schiedsgerichte grundsätzlich nicht öffentlich tagen und Schiedssprüche auch nicht veröffentlicht werden müssen. Letztlich führt dies auch dazu, dass über Schiedsverfahren in den Medien kaum berichtet wird. Einzig bei Verfahren der hier nicht weiter behandelten Investitionsschiedsgerichtsbarkeit wird dies zunehmend anders. Auch erhebt der Staat keinen Anspruch darauf, die Arbeit von Schiedsgerichten daraufhin zu überprüfen, ob diese zum richtigen (und wahrhaftigen) Ergebnis gekommen sind. Der Staat wird nur tätig, wenn das Verfahren im Verdacht steht, nicht fair gewesen zu sein oder sein Ergebnis gegen den Ordre Public verstößt.

Im Hinblick auf § 263 Abs. 1 StGB bedeutet dies, dass im Schiedsverfahren keine Begehung durch Unterlassen in Frage kommt. Auch das wahrheitswidrige Zugestehen eines falschen Vortrags der Gegenseite kann im Schiedsverfahren keinen Prozessbetrug darstellen.

(3) Sonderproblem: Prozessbetrug durch Zeugen

Prinzipiell kann Prozessbetrug auch durch Zeugen begangen werden.[478] Im Schiedsverfahren werden generell auch Parteien und ihre Organe als Zeugen vernommen.[479] Die §§ 445 ZPO ff. entfalten im Schiedsverfahren somit keine Bedeutung.

Für die Frage, ob sich eine Person bei ihrer Aussage gem. § 263 Abs. 1 StGB strafbar gemacht hat, kann der Unterscheidung jedoch auch für das Schiedsverfahren Bedeutung zukommen. Ist die Partei eine natürliche Person, wird es ihr bei unwahren Angaben regelmäßig darauf ankommen, sich durch ein unrichtiges

477 Siehe dazu umfassend *Wagner*, Prozessverträge, S. 621 ff. mwN.
478 Siehe dazu explizit: *Maaß*, Betrug verübt durch Schweigen, S. 81.
479 Siehe nur: *Lachmann*, Handbuch für die Schiedsgerichtspraxis, Rn. 1510.

Urteil bereichern zu wollen. Bei Organen wie Vorständen oder Geschäftsführern oder sonstigen Zeugen, wird man hingegen gesondert feststellen müssen, ob die unwahren Angaben auch tatsächlich zu dem Zweck erfolgt sind, sich oder einen Dritten (etwa den Arbeitgeber) stoffgleich zu bereichern. Gefordert wird *dolus directus* ersten Grades, also zielgerichteter Wille.[480] Lügt ein Zeuge beispielsweise, da er sonst innerhalb seines Unternehmens eigenes Fehlverhalten einräumen müsste und er sich dafür schlicht schämt, kommt es ihm eben nicht zielgerichtet darauf an, eine Prozesspartei durch ein unrichtiges Urteil zu schädigen. Dasselbe gilt auch für einen Sachverständigen („*Expert Witness*"), der etwa nur deshalb falsch aussagt, da er um seinen guten Ruf fürchtet, wenn er eigene Fehler einräumen würde, die ihm bei seiner Begutachtung unterlaufen sind.

Auch im Hinblick auf eine falsche Aussage von Zeugen oder parteibeauftragten Sachverständigen wird man zudem eine strafbewehrte Garantenstellung verneinen müssen. Wie oben bereits bei den Ausführungen zu §§ 158 StGB ff. festgestellt, unterliegen Zeugen im Strafverfahren weder einer zivilprozessualen noch einer strafrechtlichen Wahrheitspflicht.[481] Folglich können sie auch keine strafrechtliche Garantenstellung innehaben.[482]

Bereitet ein in- oder ausländischer Rechtsanwalt einen Zeugen oder Sachverständigen für seine Aussage im Schiedsverfahren vor, begibt er sich, wenn er dabei eine aktive Rolle einnimmt, generell in Gefahr, den Zeugen zu falschen Angaben zu verleiten (Anstiftung, § 25 StGB) bzw. ihn bei dessen Ausführung zu unterstützen (Beihilfe, § 26 StGB).

Sowohl Anstiftung als auch Beihilfe setzten jedoch zunächst eine vorsätzliche, rechtswidrige Haupttat eines anderen voraus.[483] Folglich kann nach dem oben Gesagten nur dann eine Anstiftung zum Prozessbetrug vorliegen, wenn der Aussagende in der Absicht einer stoffgleichen Eigen- oder Drittbereicherung gehandelt hat. Ein Prozessbetrug als unechtes Unterlassungsdelikt kommt von vornherein nicht als vorsätzliche, rechtswidrige Haupttat in Betracht.

---

480 Siehe dazu nur: LG Kiel, NStZ 2008, 219 (220); *Saliger*, in: Matt/Renzikowski (Hrsg.), StGB, § 263 Rn. 278; *Tiedemann*, in: Leipziger Kommentar, StGB, § 263 Rn. 249.

481 Siehe oben unter II.

482 So auch ganz generell für den Zivilprozess: *Maaß*, Betrug verübt durch Schweigen, S. 81.

483 Siehe dazu nur: *Heine*, in: Schönke/Schröder, StGB, Vorbem. § 25 ff. Rn. 29–31.

bb) Beschränkung auf unwahre Tatsachen

(1) Im staatlichen Gerichtsverfahren

Prozessbetrug ist im staatlichen Zivilprozess nach der Rechtsprechung und der wohl herrschenden Lehre nur in Bezug auf das Vorbringen falscher Tatsachen möglich. Falscher rechtlicher Vortrag ist hingegen nach diesen Ansichten strafrechtlich nicht relevant. Dies gilt nach der Rechtsprechung etwa auch für die bewusst falsche Behauptung eines Rechtsanwalts, dass es gerichtliche Entscheidungen gebe, die seine Rechtsauffassung tragen würden.[484] Begründet wird dies über den Rechtssatz *iura novit curia*, der auch zur Folge hätte, dass das Gericht die rechtliche Würdigung eigenverantwortlich vornehmen müsse. Der Vortrag der Parteien zu Rechtsfragen sei nur eine Anregung. Vertraue das Gericht diesem blind, würde es – als ein verantwortlich handelnder Dritter oder durch das in Gang setzen eines atypischen Kausalverlaufs – in einem derart hohen Maße gegen seine Pflichten verstoßen, dass dies demjenigen, der unwahr vorgetragen hat, nicht objektiv zurechenbar[485] sei.[486]

Anders werden jedoch Fälle des § 293 ZPO beurteilt. § 293 ZPO eröffnet den Parteien im Falle von fremdem Recht, das in ausländischen Staaten gilt, Einflussmöglichkeiten bei dessen Ermittlung. Es findet eine Beweisaufnahme über den Inhalt und die Anwendungspraxis des fremden Rechts statt. In der Folge ist das Gericht für die korrekte Ermittlung nicht allein verantwortlich. Entsprechend sind den Parteien unwahre Angaben dazu auch objektiv zurechenbar.[487]

(2) Im Schiedsverfahren

Wie in Teil 1 herausgearbeitet, ist nach der hier vertretenen Auffassung jede Rechtsordnung für ein internationales Schiedsgericht fremd, weshalb das Schiedsgericht den Inhalt des Rechts immer wie in § 293 ZPO zu ermitteln hat.[488] In der Folge kann einem Schiedsgericht auch nicht die alleinige Verantwortung für die korrekte Ermittlung angelastet werden. Behauptet ein Parteivertreter

---

484 OLG Koblenz NJW 2001, 1364; dem folgend: *Kretschmer*, GA 2004, 459 (459); *Harbort*, Die Bedeutung der objektiven Zurechnung beim Betrug, S. 130 ff.; siehe weiterhin: *Schröder*, JR 1958, 106 (107); *Seier*, ZStW 102 (1990), 563 (572).

485 Objektive Zurechnung meint nach der gängigen Definition, dass der Täter eine rechtlich missbilligte Gefahr geschaffen hat, die sich im konkreten Taterfolg verwirklichte.

486 A.A. *Protzen*, wistra 2003, 208 (210 f.), der auch fordert, das Merkmal der objektiven Zurechnung nicht auf Fälle des § 263 StGB anzuwenden.

487 So auch *Jänicke*, Gerichtliche Entscheidungen als Vermögensverfügung, S. 592.

488 Siehe oben Teil 1: D. II. 2. a. bb. (2).

etwa wahrheitswidrig, dass es eine bestimmte Rechtsprechung gäbe, die die Position seiner Mandantschaft stützt, obwohl er weiß, dass es sie nicht gibt, ist ihm die irrtumsbedingte Täuschung des Schiedsgerichts objektiv auch zurechenbar.

4. *Folgen für den Schiedsspruch*

Wird durch den Prozessbetrug ein günstiger Schiedsspruch erwirkt, ist darin grundsätzlich ein Verstoß gegen den deutschen Ordere Public zu sehen, der, gestützt auf § 1059 Abs. 2 Nr. 2 Buchstabe b ZPO, die Aufhebung des Schiedsspruchs zur Folge haben kann.[489] Dies ergibt sich bereits daraus, dass die Verübung eines Prozessbetrugs in einem staatlichen Gerichtsverfahren ein Restitutionsgrund nach § 580 Nr. 4 ZPO wäre. Restitutionsgründe i.S.d. § 580 ZPO stellen auch Ordere Public Verstöße i.S.d. § 1059 Abs. 2 Nr. 2 Buchstabe b ZPO dar.[490]

5. *Zusammenfassung*

Zusammenfassend lässt sich somit feststellen, dass der Prozessbetrug im Schiedsverfahren gegenüber dem Prozessbetrug im Zivilprozess andere Konturen hat. Einerseits ist – anders als nach der Rechtsprechung und h.M. zum staatlichen Verfahren – eine Begehung durch Unterlassen solange nicht möglich, wie eine prozessuale Wahrheitspflicht der Parteien nicht gesondert durch Parteivereinbarung begründet wird. Andererseits sind im Schiedsverfahren auch falsche Angaben zu Rechtsfragen von strafrechtlicher Relevanz.

IV. Parteiverrat, § 356 StGB

Eine weitere prominente strafrechtliche Sanktionierung anwaltlichen Fehlverhaltens findet sich in § 356 StGB (Parteiverrat). Es handelt sich um ein abstraktes Gefährdungsdelikt.[491] Im Folgenden soll kurz der Tatbestand des Parteiverrates umrissen werden (**1.**), bevor der Frage nachgegangen werden soll, ob ein ausländischer Rechtsanwalt taugliches Tatsubjekt sein kann (**2.**).

---

489 Siehe ausführlich zu den wichtigsten Verfahrensfragen einer derartigen Aufhebung: *Eckstein-Puhl*, Prozessbetrug im Schiedsverfahren, S. 149 ff.

490 Siehe nur: BT-Drucks. 13/5274, S. 59, BGH NJW 2001, 373 (373 f.); OLG Stuttgart, SchiedsVZ 2003, 83 (87 f.); *Eckstein-Puhl*, Prozessbetrug im Schiedsverfahren, S. 143; *Münch*, in: Münchener Kommentar ZPO, § 1059 Rn. 45; *Wilske/Markert*, in: Vorwerk/Wolf (Hrsg.), BeckOK ZPO, § 1059 Rn. 63.2.

491 *Dahs*, in: Münchener Kommentar StGB, § 356 Rn. 9; *Gillmeister*, in: Leipziger Kommentar, StGB, § 356 Rn. 10; *Heine*, in: Schönke/Schröder, StGB, § 356 Rn. 3.

1. *Tatbestand*

Der Tatbestand des § 356 StGB sanktioniert Rechtsanwälte und sonstige Rechtsbeistände, die in dieser Eigenschaft[492] in einer ihnen anvertrauten Angelegenheit[493] mindestens zwei Parteien[494] dienen, obwohl zwischen ihnen zumindest ein potentieller Interessenswiderstreit rechtlicher Natur[495] gegeben ist. Konkret sanktioniert der Tatbestand die gleichzeitige oder aufeinanderfolgende Beratung oder Beistandsgewährung für gegenüberstehende Parteien in derselben Sache.[496] Der Straftatbestand sanktioniert auch einen Parteiverrat im Schiedsverfahren.[497]

§ 356 Abs. 2 StGB enthält eine strafschärfende Qualifikation für den Fall, dass der Täter im Einverständnis mit der Gegenpartei zum Nachteil der anderen Partei handeln will,[498] mit ihr also „gemeinsame Sache" macht.

Auch wenn § 356 StGB kein Standesdelikt der Anwaltschaft enthält,[499] wird der Tatbestand praktisch in erster Linie für Rechtsanwälte bedeutsam.[500] Er steht in einem engen inhaltlichen Kontext zu § 43 a Abs. 4 BRAO, der durch § 3 BORA inhaltlich konkretisiert wird.[501] Eine große praktische Rolle kommt § 356 StGB in der Praxis glücklicherweise nicht zu.[502]

---

492 Näheres bei: *Matt*, in: Matt/Renzikowski (Hrsg.), StGB, § 356 Rn. 17, 19; siehe auch: *Dahs*, in: Münchener Kommentar StGB, § 356 Rn. 33; *Gillmeister*, in: Leipziger Kommentar, StGB, § 356 Rn. 85.

493 Siehe dazu ausführlich bei: *Matt*, in: Matt/Renzikowski (Hrsg.), StGB, § 356 Rn. 19.

494 BGHSt 20, 41 ff. = NJW 1964, 2428; *Gillmeister*, in: Leipziger Kommentar, StGB, § 356 Rn. 36; *Matt*, in: Matt/Renzikowski (Hrsg.), StGB, § 356 Rn. 25.

495 BGHSt 20, 52, 307 (310 f.) = NJW 2008, 2723.

496 Siehe dazu: OLG Stuttgart NJW 1986, 948; Einzelheiten bei: *Matt*, in: Matt/Renzikowski (Hrsg.), StGB, § 356 Rn. 31.

497 Siehe etwa: OLG Düsseldorf NStZ-RR 1996, 298 f.

498 Es genügt „Benachteiligungswille", siehe: *Heine*, in: Schönke/Schröder, StGB, § 356 Rn. 26; *Lackner/Kühl*, StGB, § 356 Rn. 11; *Matt*, in: Matt/Renzikowski (Hrsg.), StGB, § 356 Rn. 31.

499 *Gillmeister*, in: Leipziger Kommentar, StGB, § 356 Rn. 4.

500 *Kuhlen*, in: Kindhäuser/Neumann/Paeffgen (Hrsg.), StGB, § 356 Rn. 3.

501 Siehe dazu nur: *Henssler*, in: Henssler/Prüting (Hrsg.), BRAO, § 43a Rn. 211.

502 Zu den Zahlen siehe: *Kuhlen*, in: Kindhäuser/Neumann/Paeffgen (Hrsg.), StGB, § 356 Rn. 4 (Fn. 9) mwN.

2. *Täterkreis*

Der Parteiverrat ist ein Sonderdelikt der Anwälte und „anderen Rechtsbeistände".[503] Unter Anwälten werden dabei zunächst alle im Inland zugelassenen Rechts- und Patentanwälte verstanden.[504] Erfasst sind auch die Europäischen Rechtsanwälte.[505] Weiterhin erfasst sind die nach § 206 f. BRAO in Deutschland niedergelassenen ausländischen Rechtsanwälte.[506] Neben Syndikusanwälten, die für ihren Arbeitgeber tätig werden,[507] sind somit auch die Berufsträger nicht von dem Begriff „Anwälte" erfasst, die lediglich im (nicht europäischen) Ausland zugelassen sind.[508]

Da ausländische Rechtsanwälte jedoch zumindest in einem deutschen Schiedsverfahren als Bevollmächtigte einer Partei auftreten dürften, ist zu prüfen, ob sie zumindest von dem Begriff „andere Rechtsbeistände" umfasst sind. Nach heute allgemein anerkannter Definition sind „andere Rechtsbeistände" solche Personen, die, rechtlich anerkannt, als unabhängige Sachwalter fremder Interessen in Rechtsangelegenheiten tätig werden.[509] Die Stellung eines „Organs der Rechtspflege" wird nach zutreffender Auffassung nicht gefordert, es genügt ein „anwaltsähnliches Auftreten", d.h. die Funktion eines unabhängigen Beistandes, der durch Mandat gebunden ist.[510] Da § 1042 Abs. 2 ZPO im

503 *Kuhlen*, in: Kindhäuser/Neumann/Paeffgen (Hrsg.), StGB, § 356 Rn. 9.

504 *Dahs*, in: Münchener Kommentar StGB, § 356 Rn. 13, 19; *Gillmeister*, in: Leipziger Kommentar, StGB, § 356 Rn. 11 ff.; *Kudlich*, in: Satzger/Schmidt/Widmaier, StGB, § 356 Rn. 5, 6; *Kuhlen*, in: Kindhäuser/Neumann/Paeffgen (Hrsg.), StGB, § 356 Rn. 9.

505 *Dahs*, in: Münchener Kommentar StGB, § 356 Rn. 14; *Gillmeister*, in: Leipziger Kommentar, StGB, § 356 Rn. 16; *Kuhlen*, in: Kindhäuser/Neumann/Paeffgen (Hrsg.), StGB, § 356 Rn. 9.

506 *Kuhlen*, in: Kindhäuser/Neumann/Paeffgen (Hrsg.), StGB, § 356 Rn. 9; *Matt*, in: Matt/Renzikowski (Hrsg.), StGB, § 356 Rn. 10.

507 BGHSt 24, 191 f. = NJW 1971, 1663; *Dahs*, in: Münchener Kommentar StGB, § 356 StGB Rn. 17f.; *Fischer*, StGB, § 356 Rn. 2a; *Kudlich*, in: Satzger/Schmidt/Widmaier, StGB, § 356 Rn. 7; *Lackner/Kühl*, StGB, § 356 Rn. 2; *Matt*, in: Matt/Renzikowski (Hrsg.), StGB, § 356 Rn. 10.

508 *Gillmeister*, in: Leipziger Kommentar, StGB, § 356 Rn. 16.

509 Siehe nur: *Gillmeister*, in: Leipziger Kommentar, StGB, § 356 Rn. 18; *Heine*, in: Schönke/Schröder, StGB, § 356 Rn. 7; *Kuhlen*, in: Kindhäuser/Neumann/Paeffgen (Hrsg.), StGB, § 356 Rn. 10 mwN.

510 *Gillmeister*, in: Leipziger Kommentar, StGB, § 356 Rn. 18; *Heine*, in: Schönke/Schröder, StGB, § 356 Rn. 7; *Kuhlen*, in: Kindhäuser/Neumann/Paeffgen (Hrsg.), StGB,

Schiedsverfahren eine Bevollmächtigung ausländischer Rechtsanwälte nach der Gesetzesbegründung ausdrücklich zulassen will, verfügen ausländische Rechtsanwälten über die geforderten Eigenschaften und sind auch taugliches Tatsubjekt des § 356 StGB.

V. Schiedsrichterbestechung und Vorteilsgewährung

Nach § 333 Abs. 2 StGB macht sich jeder wegen Vorteilsgewährung strafbar, der einem Schiedsrichter einen Vorteil für sich oder einen Dritten als Gegenleistung dafür anbietet, verspricht oder gewährt, dass der Schiedsrichter eine schiedsrichterliche Handlung vorgenommen hat oder künftig vornimmt. Sofern die schiedsrichterliche Handlung eine Verletzung der Schiedsrichterpflichten konstituiert, liegt gem. § 334 Abs. 2 StGB eine Strafbarkeit wegen Bestechung vor.

§ 331 Abs. 2 StGB und § 332 Abs. 2 StGB postulieren eine spiegelbildliche Strafbarkeit des Schiedsrichters, wenn dieser einen entsprechenden Vorteil für sich oder einen Dritten fordert, sich versprechen lässt oder annimmt.

§ 337 StGB stellt insoweit klar, dass die Vergütung eines Schiedsrichters nur dann als Vorteil im vorgenannten Sinne anzusehen ist, wenn der Schiedsrichter sie von einer Partei hinter dem Rücken der anderen fordert, sich versprechen lässt oder annimmt oder wenn sie ihm eine Partei hinter dem Rücken der anderen anbietet, verspricht oder gewährt.

Die Anwendung der §§ 331 ff. StGB auf in- und ausländliche Rechtsanwälte, die in einem deutschen Schiedsverfahren auftreten, macht insoweit keinerlei Schwierigkeiten, da die §§ 331 ff. StGB die Schiedsgerichtsbarkeit ausdrücklich adressieren.

VI. Bruch der Verschwiegenheit

Im deutschen Recht unterscheidet man begrifflich zwischen der berufsrechtlichen Pflicht des Rechtsanwalts zu schweigen (§ 43 a Abs. 2 BRAO, konkretisiert durch § 2 BORA), dem strafrechtlichen Vergehen der Verletzung von Privatgeheimnissen (§ 203 Abs. 1 Nr. 3 StGB) und dem prozessualen Recht des Rechtsanwalts zur Verschwiegenheit (u.a. §§ 383 Abs. 1 Nr. 6, 385 Abs. 2

§ 356 Rn. 10; *Matt*, in: Matt/Renzikowski (Hrsg.), StGB, § 356 Rn. 12; a.A. noch zu finden bei: RGSt 51, 220; 73, 126; OLG Saarbrücken NJW 1960, 306.

ZPO[511]).[512] Auch wenn die drei vorgenannten Institute systematisch voneinander abhängen, weisen sie inhaltliche Unterschiede zueinander auf. Sinn und Zweck aller Institute ist es jedoch, dass im Sinne der Rechtspflege vertrauliche Informationen (Geheimnisse) des Mandanten auch vertraulich bleiben.[513] Im Folgenden soll hier zunächst auf § 203 Abs. 1 Nr. 3 StGB eingegangen werden. Die Frage, in welchem Umfang entsprechende Vorschriften des anwaltlichen Berufsrechts im internationalen Schiedsverfahren zu beachten sind, wird – dem Aufbau der Darstellung folgend – unter B. und C. bearbeitet.

1. *Tatbestand*

Einzelheiten des Tatbestandes von § 203 StGB sind grundsätzlich und besonders im Hinblick auf die anwaltliche Verschwiegenheit im Detail heftig umstritten. Für den weiteren Verlauf dieser Untersuchung sind genaue Grenzziehungen des Tatbestands jedoch nicht von Belang. Es wird insoweit auf die strafrechtliche Literatur und Rechtsprechung verwiesen. Im Folgenden soll nur ein Grobüberblick über den Tatbestand gegeben werden, bevor der Frage nachgegangen wird, inwieweit er für Bevollmächtigte im Schiedsverfahren zu beachten ist.

a) Geschützte Geheimnisse

Schutzgegenstand von § 203 StGB ist das in beruflicher Eigenschaft erlangte fremde Geheimnis.[514] Ein Geheimnis in diesem Sinne kann wiederum nur eine Tatsache sein, die nur einem Einzelnen oder einem beschränkten Personenkreis

---

511 Für andere Verfahrensarten ergeben sich entsprechende Rechte aus §§ 53 Abs. 1 Nr. 3, 53 a StPO, § 15 Abs. 1 FGG; § 98 VwGO, §§ 46 Abs. 2, 80 ArbGG; § 84 Abs. 1 FGO; § 102 Abs. 1 Nr. 3 AO; § 65 Abs. 1 VwVfG; § 28 BVerfGG und § 56 BRAO. Zwar suggeriert dies eine Vielzahl von Einzeltatbeständen, praktisch gibt es jedoch nur zwei eigenständige Verschwiegenheitsrechte. So verweisen § 15 Abs. 1 FGG, § 98 VwGO, §§ 46 Abs. 1, 80 Abs. 2 ArbGG und § 65 Abs. 1 VwVfG auf die Bestimmungen der ZPO. § 28 BVerfGG verweist für die Vernehmung von Zeugen und Sachverständigen auf die StPO und für übrige Fälle auf die ZPO. § 84 Abs. 1 FGO verweist auf die AO, die in § 102 eine dem § 53 StPO nachgebildete Regelung enthält. § 56 BRAO ist eine zwar grundsätzlich eigenständige Regelung, nimmt systematisch jedoch Anleihen an § 383 ZPO. Die Beschlagnahmefreiheit in § 97 StPO knüpft an § 53 StPO an, dessen Umgehung durch sie verhindert werden soll.

512 Siehe auch: *Zuck*, in: Gaier/Wolf/Göcken (Hrsg.), Anwaltliches Berufsrecht, § 43 a BRAO Rn. 4; *Wolf/Hasenstab*, BRAK-Mitt. 2010, 150 (151 f.).

513 *Wolf*, in: Gaier/Wolf/Göcken (Hrsg.), Anwaltliches Berufsrecht, § 1 BRAO Rn. 45; *Wolf/Hasenstab*, BRAK-Mitt. 2010, 150 (151 f.).

514 *Walter/Kargel*, in: Kindhäuser/Neumann/Paeffgen (Hrsg.), StGB, § 203 Rn. 6.

bekannt ist. Wertungen oder Rechtsansichten können somit per se kein Geheimnis i.S.d. § 203 StGB sein, wohl aber die Tatsache, dass etwa jemand eine bestimmte Rechtsansicht hat oder hatte.[515] Auch juristische Personen können Geheimnisträger sein.[516]

Das Geheimnis muss dem Berufsträger anvertraut oder sonst bekannt geworden sein. Ist dem Berufsträger das Geheimnis lediglich in sonstiger Weise anvertraut worden, muss ein Bekanntwerden Kraft Berufsausübung, also ein innerer Zusammenhang zwischen Aufgabenwahrnehmung und Bekanntwerden bestehen.[517]

Der Mandant muss weiterhin ein Interesse an der Geheimhaltung seines Geheimnisses durch den Rechtsanwalt haben, wobei ein mutmaßlicher Geheimhaltungswille ausreicht.[518]

b) Rechtfertigungsgründe

Die Offenbarung eines Geheimnisses ist zunächst immer dann gerechtfertigt, wenn der Mandant ausdrücklich oder konkludent seine Einwilligung dazu gegeben hat.[519] Gerechtfertigt ist eine Weitergabe etwa auch, wenn den Rechtsanwalt gesetzliche Offenbarungspflichten treffen.[520] Wichtigste Fallgruppen für gesetzliche Pflichten sind hierbei Anzeigepflichten bei bestimmten geplanten Straftaten gem. § 139 Abs. 3 S. 2 StGB sowie nach dem Geldwäschegesetz (GWG). Zudem kann der Anwalt nach seinem Ermessen auch andere lediglich unter § 138 StGB fallende Taten anzeigen ohne eine Pflichtverletzung zu begehen, da § 139 Abs. 3 S. 2 StGB insoweit ein Wahlrecht vorsieht.

---

515 *Fischer*, StGB, § 203 Rn. 4; *Schünemann*, in: Leipziger Kommentar, StGB, § 203 Rn. 20; *Walter/Kargel*, in: Kindhäuser/Neumann/Paeffgen (Hrsg.), StGB, § 203 Rn. 6.

516 *Cierniak/Pohlit*, in: Münchener Kommentar StGB, § 203 Rn. 27; *Lackner/Kühl*, StGB, § 203 Rn. 14; *Walter/Kargel*, in: Kindhäuser/Neumann/Paeffgen (Hrsg.), StGB, § 203 Rn. 6.

517 BGHSt 33, 150 (150 ff.); vertiefend: *Schünemann*, in: Leipziger Kommentar, StGB, § 203 Rn. 38; *Hoyer*, in: Systematischer Kommentar, StGB, § 203 Rn. 25; *Walter/Kargel*, in: Kindhäuser/Neumann/Paeffgen (Hrsg.), StGB, § 203 Rn. 32.

518 *Fischer*, StGB, § 203 Rn. 6;

519 Siehe dazu nur: *Walter/Kargel*, in: Kindhäuser/Neumann/Paeffgen (Hrsg.), StGB, § 203 Rn. 52 ff. mwN.

520 Eine Auflistung findet sich bei *Walter/Kargel*, in: Kindhäuser/Neumann/Paeffgen (Hrsg.), StGB, § 203 Rn. 71 f. mwN.

c) *Anwendbarkeit im Schiedsverfahren*

Das Strafrecht bedroht die Verletzung von Mandatsgeheimnissen generell mit Strafe. Eine Differenzierung in Geheimnisse, die sich auf forensische und nichtforensische Mandate beziehen, nimmt das Strafrecht nicht vor. Insofern kann auch unproblematisch davon ausgegangen werden, dass sich Rechtsanwälte, die im Hinblick auf ein Schiedsverfahren mandatiert werden und Geheimnisse ihrer Mandanten offenbaren, nach § 203 Abs. 1 Nr. 3 StGB strafbar machen.

2. *Täterkreis*

§ 203 Abs. 1, 2 StGB enthalten insoweit eine abschließende Aufzählung der möglichen Tatsubjekte.[521] Die für diese Untersuchung einzig relevanten Täterkreise finden sich in § 203 Abs. 1 Nr. 3 StGB, wo die rechts- und steuerberatenden Berufe geregelt sind. Konkret ist zu fragen, welche Berufsträger unter den Begriff „Rechtsanwalt" zu fassen sind. Nach ganz herrschender Auffassung sind dies zunächst nur deutsche Rechtsanwälte sowie europäische Rechtsanwälte nach § 42 EuRAG.[522] Andere ausländische Rechtsanwälte sowie sonstige inländische Rechtsberater sind von dem Begriff damit nach dieser Auffassung nicht umfasst. Eine Ausnahme wurde vor der Reform des § 157 ZPO für Prozessagenten gemacht, denen nach § 157 Abs. 3 S. 1 ZPO a.F. das mündliche Verhandeln vor Gericht durch Anordnung der Justizverwaltung gestattet war,[523] bzw. für Personen, die nach § 209 BRAO Mitglied einer Rechtsanwaltskammer sind, ohne Rechtsanwalt zu sein.[524]

Teilweise scheint es, als ob einige Stimmen in der Literatur eine weitergehende Anknüpfung des Begriffs vertreten, wenn dort geschrieben wird, dass § 203 Abs. 1 Nr. 3 StGB alle ausländischen Rechtsanwälte umfasse, deren Tätigkeit im Inland (gesetzlich) anerkannt sei.[525] Würde man diesen Ansatz im Hinblick auf die Schiedsgerichtsbarkeit weiterdenken, müsste dies dazu führen, dass ausländische Rechtsanwälte, die in einem deutschen Schiedsverfahren als Bevollmächtigte auftreten, ebenfalls von § 203 Abs. 1 Nr. 3 StGB umfasst sein

---

521 *Fischer*, StGB, § 203 Rn. 11; *Schünemann*, ZStW 90 (1978), 11 (51).

522 *Lackner/Kühl*, StGB, § 203 Rn. 4; *Walter/Kargel*, in: Kindhäuser/Neumann/Paeffgen (Hrsg.), StGB, § 203 Rn. 32.

523 Siehe dazu nur: *Lenckner/Eisele*, in: Schönke/Schröder, StGB, § 203 Rn. 37.

524 BVerwG NJW 2002, 2308; *Lackner/Kühl*, StGB, § 203 Rn. 4; *Schünemann*, in: Leipziger Kommentar, StGB, § 203 Rn. 63.

525 *Fischer*, StGB, § 203 Rn. 14; *Lenckner/Eisele*, in: Schönke/Schröder, StGB, § 203 Rn. 37.

müssten. Ihre Tätigkeit wird schließlich über § 1042 Abs. 2 ZPO gesetzlich anerkannt und der Tätigkeit deutscher Rechtsanwälte insoweit gleichgestellt. Letztlich würde eine derartige Weiterentwicklung jedoch an § 203 Abs. 3 S. 1 StGB scheitern müssen. Hier ordnet das Gesetz an, dass lediglich diejenigen Personen, die Mitglied einer (deutschen) Rechtsanwaltskammer sind, den deutschen Rechtsanwälten insoweit gleichgestellt werden sollen.[526] Eine weitergehende Erstreckung wollte der Gesetzgeber also offensichtlich nicht vornehmen. Eine weitergehende Auslegung des Begriffs „Rechtsanwalt" in seiner Verwendung im StGB ist daher nicht zulässig. Wie bereits in Teil 1 aufgezeigt wurde, steht die weite Verwendung des Begriffs in § 1042 Abs. 2 ZPO insoweit auch innerhalb der ZPO und im Verhältnis zum Berufsrecht für sich. In der Folge kann sie auch nicht zur Auslegung des StGB herangezogen werden. Eine Analogiebildung würde selbst dann, wenn man von einer planwidrigen Regelungslücke ausginge, an dem Verbot der Bildung strafschärfender Analogien scheitern. In der Folge ist § 203 Abs. 1 Nr. 3 StGB nicht auf ausländische Rechtsanwälte anwendbar.

B. Anwendbares Berufsrecht

In der schiedsgerichtlichen Literatur wird oft moniert, dass nicht klar sei, welches Berufsrecht das Verhalten von Rechtsanwälten im Schiedsverfahren tatsächlich regeln würde. Regelmäßig unterliegen Rechtsanwälte zunächst dem Berufsrecht an ihrem Zulassungsort. Im Folgenden soll herausgearbeitet werden, ob diese Grundannahme in einem deutschen Schiedsverfahren tatsächlich gültig ist. Es wird analysiert welchem Berufsrecht deutsche Rechtsanwälte (**I.**), Europäische Rechtsanwälte (**II.**) und internationale Rechtsanwälte (**III.**) unterliegen.

I. Deutsche Rechtsanwälte

Die Bindung der deutschen Rechtsanwälte an das deutsche anwaltliche Berufsrecht bedarf für sich genommen keiner weiteren Begründung. Primäre Quellen für anwaltliche Verhaltensnormen sind in Deutschland im Wesentlichen die BRAO und die BORA.[527]

Expressis verbis kommt die Bindung an die BRAO in § 113 Abs. 1 BRAO zum Ausdruck, wo es heißt, dass: „[g]*egen einen Rechtsanwalt, der schuldhaft gegen Pflichten verstößt, die in diesem Gesetz oder in der Berufsordnung bestimmt sind,*

526 Siehe dazu auch BT-Drs. 13/4184, S. 41.

527 Der Inhalt anderer Gesetze wird jedoch im Einzelfall über § 43 BRAO in die Berufspflichten transportiert. Siehe auch: *Prütting*, AnwBl. 1999, 361 (362).

[…] *eine anwaltsgerichtliche Maßnahme verhängt* [wird].“[528] Weitere Sanktionsmöglichkeiten enthält die BRAO nicht. Insbesondere gibt es keine Vorschriften, nach denen spezielle Berufsregeln, die in einem internationalen Schiedsverfahren gelten, zum Gegenstand eines anwaltsgerichtlichen Verfahrens werden können. Sofern also etwa ein Schiedsgericht die IBA Guidelines für Parteivertreter auf Grundlage von § 1042 Abs. 2 ZPO für maßgeblich erklärt, kann ein deutscher Rechtsanwalt bei Verstößen disziplinarisch nicht zur Rechenschaft gezogen werden.[529]

Die BORA setzt die Bindung der deutschen Rechtsanwälte schlicht voraus. Gesondert angeordnet wird ihre Geltung in § 29 Abs. 2 BORA für grenzüberschreitende Tätigkeiten deutscher Rechtsanwälte außerhalb des Anwendungsbereichs der CCBE-Berufsregeln, die wiederum die BORA innerhalb Europas[530] substituieren.[531]

II. Europäische Rechtsanwälte

Wie bereits vielfach erwähnt, sind Europäische Rechtsanwälte den deutschen Rechtsanwälten rechtlich gleichgestellt. Im Hinblick auf das anwendbare anwaltliche Berufsrecht ergeben sich jedoch Besonderheiten, da Europäische Rechtsanwälte nicht nur dem deutschen Berufsrecht unterliegen.

1. Doppelte Berufspflichten

Berufsrechtlich unterfallen Europäische Rechtsanwälte, die in Deutschland tätig sind, sowohl dem Berufsrecht ihres Herkunftslandes als auch dem deutschen Berufsrecht.[532] Für den „niedergelassenen Rechtsanwalt“ ergibt sich dies aus § 6 Abs. 1 EuRAG.[533] Für den „dienstleistenden Rechtsanwalt“ aus

528 So auch *Prütting*, AnwBl. 1999, 361 (361).

529 Dies stellt ein Hauptproblem derartiger Berufsreglungen dar. So auch explizit zu den IBA Guidelines für Parteivertreter: *Saravarian*, Professional Ethics at the International Bar, S. 259.

530 Die CCBE-Berufsregeln gelten in allen Staaten der EU sowie in den Staaten, die dem CCBE als Beobachter beigetreten sind.

531 Zu den CCBE-Berufsregeln siehe im Detail unten II. 2.

532 Siehe ausführlich zu diesem Regelungsmodell: *Lonbay*, Vanderbild Journal of Transnational Law 34 (2001), 907 (907 ff.).

533 *Eichele*, in: Gaier/Wolf/Göcken (Hrsg.), Anwaltliches Berufsrecht, § 6 EuRAG Rn. 2; vgl. auch Nr. 6 der CCBE-Empfehlungen zur Umsetzung der Niederlassungsrichtlinie, in der von doppelten Berufsregeln und der Möglichkeit zur doppelten Verfolgung

§ 6 Abs. 1 EuRAG i.V.m. § 27 Abs. 2 EuRAG.[534] Das EuRAG setzt innerstaatlich das im Europäischen Gemeinschaftsrecht vorgegebene Regelungsmodell um.[535] Europäische Rechtsanwälte werden damit de facto so behandelt, als ob sie in zwei Staaten zugelassen sind. Dies geschieht unabhängig davon, ob sie in staatlichen Gerichtsverfahren, in Schiedsverfahren oder außerforensisch tätig sind. Diese „doppelten Berufspflichten" werden im Schrifttum teilweise kritisiert, da die europäischen Berufsrechte kaum harmonisiert sind und den europäischen Rechtsanwalt mitunter vor unauflösbare Konflikte stellen.[536] Beispielhaft sei hier der Fall genannt, dass ein französischer Rechtsanwalt, der in Deutschland einen deutschen Mandanten vertritt, von einem französischen Kollegen, der die Gegenseite vertritt, einen Brief bekommt, der mit „Vertraulich" gekennzeichnet ist. Nach französischem Berufsrecht darf der Rechtsanwalt den Brief nicht seinem Mandanten zeigen. Nach deutschem Recht darf er ihn nicht vor ihm verheimlichen.[537]

Kollisionen müssen zunächst vom jeweiligen Rechtsanwalt gelöst werden. Es gilt, dass ein ausländischer Erlaubnistatbestand den Rechtsanwalt im Inland nicht von einem berufsrechtlichen Verstoß freizeichnet und ein ausländisches Verbot ihn im Inland nicht in seinem Verhalten beschränkt.[538] Vergleichbare Konstellationen finden sich auch etwa bei US-amerikanischen Rechtsanwälten, die in mehreren Bundesstaaten gleichzeitig zugelassen sind.[539]

---

desselben Verstoßes gesprochen wird; abgedruckt bei *Eichele*, in: Gaier/Wolf/Göcken (Hrsg.), Anwaltliches Berufsrecht, § 1 EuRAG, Rn. 7.

534 *H. Lörcher*, in: Hartung/Römermann (Hrsg.), BerufsO, Art. 1.5 CCBE Rn. 6; *Weth*, in: Musielak (Hrsg.), ZPO, § 78 Rn. 29.

535 *Merle*, Freizügigkeit für Rechtsanwälte in der Europäischen Union, S. 158 f.; Siehe auch Art. 4 Abs. 2 der Richtlinie zur Erleichterung der tatsächlichen Ausübung des freien Dienstleistungsverkehrs der Rechtsanwälte vom 22. März 1977, Amtsblatt Nr. L 078 vom 26/03/1977 S. 0017–0018.

536 Siehe etwa *Hellwig*, Penn State International Law Review 27 (2008–2009), 395 (397 f.).

537 Beispiel angelehnt an: *Hellwig*, Penn State International Law Review 27 (2008–2009), 395 (398).

538 *Zuck*, NJW 1987, 3033 (3035).

539 Siehe nur *Goebel*, in: Daly/Goebel (Hrsg.), Rights. Liability and Ethics in international legal practice, S. 15.

2. *CCBE-Berufsregeln*

a) *Hintergrund*

Der CCBE[540] ist eine Organisation, die ca. eine Million Anwälte in Anwaltskammern und -verbänden aus 32 Voll-Mitgliedstaaten und weiteren elf assoziierten und beobachtenden Staaten vertritt. Die Vollmitgliedsstaaten sind die 27 Mitgliedsstaaten der EU sowie die drei weiteren Mitgliedsstaaten des europäischen Wirtschaftsraums (Island, Norwegen und Liechtenstein) sowie die Schweiz. Assoziierte Mitglieder sind Montenegro und die Türkei und beobachtende Mitglieder sind Albanien, Andorra, Armenien, Bosnien und Herzegowina, Mazedonien, Georgien, Moldawien, Russland[541], Serbien und die Ukraine.[542] Er ist als europäische Vertretung aller Anwaltsorganisationen von den europäischen und nationalen Behörden anerkannt. Rechtlich handelt es sich beim CCBE um einen Verein nach belgischem Recht mit Sitz in Brüssel.

Der CCBE hat eigene Berufsregeln entworfen, die eine grenzüberschreitende anwaltliche Tätigkeit innerhalb der EU regeln und erleichtern sollen, indem sie das anwaltliche Berufsrecht harmonisieren und vorhersehbarer machen. Die Verhinderung doppelter Berufspflichten ist dabei erklärtes Ziel.[543] Die CCBE-Berufsregeln wurden von allen Mitgliedern[544] entweder durch Verweis oder durch Übernahme in das Berufsrecht inkorporiert und gehen diesem im grenzüberschreitenden Rechtsverkehr innerhalb des räumlichen Anwendungsbereichs vor.[545]

b) *Regelungskonzept*

Die CCBE-Berufsregeln sind in ihrer Ausgestaltung sehr stark von den romanischen Ländern beeinflusst und weichen damit in Regelungstechnik und sprachlicher Ausgestaltung vom deutschen Berufsrecht ab.[546]

---

540 Die Abkürzung steht für die ursprüngliche englische Bezeichnung. Sie lautete: Consultative Committee of Bars and national associations of the six states of the EEC. Siehe *H. Lörcher*, in: Hartung/Römermann (Hrsg.), BerufsO, Einf. CCBE, Rn. 3.

541 Russland wurde erst mit Wirkung zum 13. November 2013 beobachtendes Mitglied des CCBE.

542 Quelle: www.ccbe.eu (letzter Abruf: 13.01.2014).

543 *H. Lörcher*, in: Hartung/Römermann (Hrsg.), BerufsO, Einf. CCBE Rn. 10; *Offermann-Burckart*, in: Henssler/Prütting (Hrsg.), BRAO, § 29 BORA Rn. 31.

544 Dies betrifft sowohl Vollmitglieder als auch assoziierte und beobachtende Mitglieder.

545 Siehe Statusreport des CCBE, Adoption of the CCBE Code of 2006 (CoC) at a national level vom 04.12.2013, Quelle: www.ccbe.eu (letzter Abruf: 09.01.2014).

546 *H. Lörcher*, in: Hartung/Römermann (Hrsg.), BerufsO, § 29 Rn. 86.

Die Regeln enthalten allgemeine Grundsätze als Bestimmungen mit normativem Charakter. Die normativen Bestimmunen beinhalten sowohl spezielle Bestimmungen für die grenzüberschreitende Tätigkeit als auch allgemeine Bestimmungen, die Grundlage einer jeden anwaltlichen Tätigkeit sind.[547]

c) Berufspflichten vor Schiedsgerichten

Auch die Schiedsgerichtsbarkeit wird in den CCBE-Berufsregeln explizit erwähnt (Art. 4.5). Anders als etwa die IBA Guidelines für Parteivertreter[548] enthalten die CCBE-Berufsregeln jedoch kein in sich geschlossenes Regelwerk für die Parteivertretung vor Schiedsgerichten. Es wird vielmehr nur angeordnet, dass vor Schiedsgerichten die dort geltenden Berufsregeln in gleicher Weise zu beachten sind, wie vor staatlichen Gerichten (für diese Art. 4.1). Weiterhin sind dort ebenso die Chancengleichheit der Parteien (Art. 4.2), die Achtung des Gerichts (Art. 4.3) und das Sachlichkeitsgebot (Art. 4.4.) maßgebend, wie vor dem staatlichen Gericht.

d) Regelungen für das Schiedsverfahren

Doch was genau sind die vor einem Schiedsgericht geltenden Berufsregeln? Hans *van Houtte* meint, dass dies schlicht alle Normen des Berufsrechts am Verfahrensort sind.[549] Er fordert, dass dies auch universell, d.h. auch außerhalb der EU, gelten sollte.[550] Rechtsanwälte sollen demnach immer dem Berufsrecht am Verfahrensort unterworfen sein.

Dem kann so nicht gefolgt werden. Für diejenigen europäischen Länder, in denen die CCBE-Berufsregeln vorbehaltslos umgesetzt wurden, ist dies evident. Das nationale Berufsrecht wird in diesem Fall schlicht verdrängt. Aber auch für Deutschland, wo die CCBE-Berufsregeln mit Vorbehalt umgesetzt wurden, kann *van Houttes* Befund nicht geteilt werden. Dies ergibt sich aus einem Blick auf Art. 4.1 CCBE-Berufsregeln.

Art. 4.1 CCBE-Berufsregeln sagt aus, dass der vor einem Gericht agierende Rechtsanwalt die *„vor diesem Gericht geltenden Berufsregeln zu beachten“* hat.[551] Die Rede ist ausdrücklich nicht von den Berufsregeln, die in dem Staat gelten, dem das Gericht angehört und damit in Deutschland der BRAO. Diese gilt

547 *H. Lörcher*, in: Hartung/Römermann (Hrsg.), BerufsO, § 29 Rn. 20 f.

548 Dazu sogleich unten Teil 3: B.

549 *van Houtte*, Arbitration International 19 (2003), 457 (462 f.).

550 *van Houtte*, Arbitration International 19 (2003), 457 (463).

551 CCBE-Erläuterungen 2006 zu 4.1.

bereits aufgrund des EuRAG. Es sind nur zusätzliche Berufsregeln gemeint, die nur deshalb gelten, weil man vor (diesem einen) Gericht verhandelt. Das einzige Beispiel, das in der deutschen Kommentarliteratur für eine entsprechende Berufspflicht nach Art. 4.1 CCBE-Berufsregeln genannt wird, ist damit auch die Pflicht, (soweit dies üblich ist) eine Robe zu tragen.[552] Nach § 20 S. 1 BORA besteht diese nur dann, soweit dies beim jeweiligen Gericht üblich ist. Amtsgerichte in Zivilsachen sind nach § 20 S. 2 BORA ausdrücklich ausgenommen. Die Handhabung der Robenpflicht weicht in Deutschland von Bundesland zu Bundesland ab.

Wenn also Art. 4.1 CCBE-Berufsregeln nur solche Berufspflichten adressiert, die vor einem Gericht – über das sonst anwendbare Berufsrecht hinaus – üblich sind, dann kann auch Art. 4.5 CCBE-Berufsregeln nur solche Berufspflichten meinen. Letztlich gewährt Art. 4.5 CCBE-Berufsregeln den Schiedsparteien und dem Schiedsgericht damit die Möglichkeit, für Rechtsanwälte, die nach Art. 1.4 CCBE-Berufsregeln dem persönlichen Anwendungsbereich der Regeln unterfallen, ergänzende Berufspflichten festzusetzen. Im Hinblick auf deutsche Rechtsanwälte dürfen diese aufgrund von § 29 Abs. 1 BORA jedoch nicht gegen höherrangiges deutsches Recht, also insbesondere das Grundgesetz oder die BRAO, verstoßen. Festgesetz werden können diese Berufspflichten nach § 1042 Abs. 3, 4 ZPO und damit entweder durch Parteivereinbarungen der Schiedsparteien oder durch subsidiäre schiedsrichterliche Ermessensausübung. Denkbar wäre etwa eine Anwendung der IBA Guidelines für Parteivertreter. Sofern Schiedsinstitutionen eigene Regelwerke entwerfen würden diese gegebenenfalls durch Parteivereinbarung anwendbar werden, da die Parteien das entsprechende Regelwerk in ihrer Schiedsvereinbarung letztlich mitvereinbaren würden. Halten sich Rechtsanwälte an derlei Regeln nicht, so würden sie gegen geltendes Berufsrecht verstoßen und könnten von ihrer Berufsaufsicht am Zulassungsort dafür disziplinarisch belangt werden. Weiterhin müssten sie gegebenenfalls gegenüber ihren Mandanten für eine Pflichtverletzung aus dem Mandatsverhältnis haften. Art. 4.5 CCBE-Berufsregeln kann damit das Bindeglied zwischen etwaigen vom Schiedsgericht gesetzten Verhaltensstandards für Parteivertreter und einer Kontrolle und Sanktionierung durch die nationalen Berufsaufsichten sein.

---

552 *Offermann-Burckart*, in: Henssler/Prütting (Hrsg.), BRAO, 4.1 CCBE Rn. 4.

e) Exkurs: Anwendbarkeit auf deutsche Rechtsanwälte

In Deutschland erfolgte die Anordnung der Verbindlichkeit der Regeln für deutsche Rechtsanwälte bis zum 15. April 2013 durch § 29 Abs. 1 BORA a.F.[553] Dieser stellte die CCBE-Berufsregeln jedoch unter den Vorbehalt des europäischen Gemeinschaftsrechts sowie des deutschen Verfassungs-, Gesetzes-, und Verordnungsrechts, weshalb die CCBE-Berufsregeln zwar die BORA jedoch nicht etwa die Regeln der höherrangigen BRAO substituieren.[554] Dies war dem Umstand geschuldet, dass die deutsche Anwaltschaft grundsätzlich keine eigene Gesetzgebungskompetenz im Anwaltsrecht hat, sondern durch § 59 b BRAO nur eine Ermächtigungsgrundlage zur näheren Regelung einzelner Tatbestände der BRAO.[555] Die Ermächtigung ist jedoch auf Regelungen im Rahmen der Vorschriften der BRAO beschränkt. Gem. § 59 b Abs. 2 Nr. 9 BRAO umfasst dies auch die nähere Reglung grenzüberschreitender Tätigkeiten. Zumindest in Bezug auf das deutsche Recht kam den CCBE-Berufsregeln damit von jeher nur eine begrenzte Aussagekraft zu.[556] Sofern sie – wie etwa Art. 5.3 CCBE-Berufsregeln[557] – dem deutschen Gesetzes- und Verordnungsrecht widersprachen, fanden sie keine Anwendung.[558]

Mit der 4. Sitzung der 5. Satzungsversammlung bei der Bundesrechtsanwaltskammer vom 15. April 2013 wurde § 29 Abs. 1 BORA a.F. gestrichen.[559] Die CCBE-Berufsregeln traten damit für deutsche Rechtsanwälte faktisch außer Kraft. Man war bei der BRAK nunmehr der Ansicht, dass die Berufsregeln mittlerweile strenger seien als die zwischenzeitlich deregulierten nationalen

553 Für Deutschland galt bis zuletzt gem. § 29 BORA noch die Fassung der CCBE Regeln aus 1998. Die Änderungen aus dem Jahr 2006 hätten zu ihrer Geltung in Bezug auf deutsche Rechtsanwälte noch der Verabschiedung in der Satzungsversammlung bei der Bundesrechtsanwaltskammer bedurft. Siehe *H. Lörcher*, in: Hartung/Römermann (Hrsg.), BerufsO, § 29 Rn. 6. Dazu kam es jedoch nicht mehr.

554 *H. Lörcher*, in: Hartung/Römermann (Hrsg.), BerufsO, § 29 Rn. 85.

555 Siehe dazu auch die sog. Bastille-Entscheidungen des Bundesverfassungsgerichts: BVerfGE 76, 171 und BVerfGE 76, 196.

556 So auch: *H. Lörcher*, in: Büchting/Heussen (Hrsg.), Rechtsanwaltshandbuch, § 57 Rn. 50; *dies.*, in Hartung/Römermann (Hrsg.), BerufsO, § 29 Rn. 85.

557 Art. 5.3 CCBE-Berufsregeln verpflichtet Rechtsanwälte, die Briefe von anderen Rechtsanwälten gegenüber der Mandantschaft vertraulich zu behandeln, wenn diese Briefe entsprechend bezeichnet sind. Aufgrund von § 666 BGB sind Rechtsanwälte in Deutschland jedoch verpflichtet, entsprechende Informationen gegenüber dem Mandanten offen zu legen.

558 *H. Lörcher*, in: Hartung/Römermann (Hrsg.), BerufsO, § 29 Rn. 86.

559 BRAK-Mitt. 2013, S. 173.

Berufsrechte. Damit seien sie überholt.[560] Dass dem nicht so ist, zeigt schon die Tatsache, dass die CCBE-Berufsregeln, beispielsweise in Art. 4.1 und 4.5, auch zu einer Maßgeblichkeit ausländischen Rechts führen können. Derartige Vorschriften finden sich in der BORA und in der BRAO nicht. Nicht nachvollziehbar ist bei Zugrundelegung dieses Befundes im Übrigen auch der deklaratorische Beschluss der Satzungsversammlung, dass sich die in den Regeln behandelten Themenfelder im deutschen Berufsrecht wiederfinden würden.[561] Die CCBE-Berufsregeln können kaum zugleich strikter als das deutsche Berufsrecht und zugleich zu ihm deckungsgleich sein.

Die einzig verbliebenen Reglungen für grenzüberschreitende Tätigkeiten finden sich damit in §§ 29 a, b BORA. § 29 a BORA regelt z.B., dass sich ein deutscher Rechtsanwalt mit einem ausländischen Rechtsanwalt darauf verständigen kann, Korrespondenz von seinem Mandanten fernzuhalten, sofern der Mandant zuvor zugestimmt hat. Dies trägt dem Umstand Rechnung, dass französische Rechtsanwälte derartige Rechte per se innehaben und das Anwaltsgeheimnis nicht zur Disposition des Mandanten steht.[562] Faktisch trägt die Regelung insoweit dem oben beschriebenen Dilemma von Art. 5.3 CCBE-Berufsregeln Rechnung und verbessert insoweit auch die Reaktionsmöglichkeiten des deutschen Rechtsanwalts.

Keinen Ersatz sieht die BRAO jedoch für den Wegfall der kollisionsrechtlichen Regelungen in den CCBE-Berufsregeln sowie den Verweis auf vor dem Schiedsgericht geltenden Berufspflichten in Art. 4.5 CCBE-Berufsregeln vor. Die Aufhebung von § 29 Abs. 1 BORA a.F. kann insoweit als Rückschritt gesehen werden.

f) Maßgeblichkeit für deutsche Schiedsverfahren

Trotz der für deutsche Rechtsanwälte nicht mehr gegebenen Relevanz leisten die CCBE-Regeln für deutsche Schiedsverfahren einen erheblichen Rechtsvereinheitlichungsbeitrag. Die ausländischen Berufsrechte von Europäischen Rechtsanwälten, die im deutschen Schiedsverfahren als Bevollmächtigte

560 Briefkopf und grenzüberschreitende Tätigkeit – Bericht aus der Satzungsversammlung, abrufbar unter: http://www.brak.de/die-brak/satzungsversammlung/amtszeit-der-5-satzungsversammlung/aktuelles/ (letzter Abruf: 03.02.2014).

561 Briefkopf und grenzüberschreitende Tätigkeit – Bericht aus der Satzungsversammlung, abrufbar unter: http://www.brak.de/die-brak/satzungsversammlung/amtszeit-der-5-satzungsversammlung/aktuelles/ (letzter Abruf: 03.02.2014).

562 Siehe zu dieser Problematik nur: *Magnus*, Das Anwaltsprivileg und sein zivilprozessualer Schutz, S. 273 ff.

auftreten,[563] werden durch die CCBE-Berufsregeln verdrängt und sind damit im Schiedsverfahren nicht zu berücksichtigen.[564] Europäische Rechtsanwälte unterfallen damit nur noch den CCBE-Berufsregeln und der BRAO. Für Syndikusanwälte bedeutet dies gem. Art. 2.5.2 CCBE-Berufsregeln i.V.m. Art. 1.6 CCBE-Berufsregeln sowie § 46 BRAO, dass sie ihre Arbeitgeber nicht vor Gerichten und Schiedsgerichten anwaltlich vertreten dürfen. Es bleibt ihnen jedoch die Möglichkeit, als einfacher Bevollmächtigter der Partei aufzutreten. Deutsche Rechtsanwälte unterfallen bei einer Tätigkeit in einem deutschen Schiedsverfahren grundsätzlich nur der BRAO, da sie nicht grenzüberschreitend tätig sind. Lediglich wenn sie Handlungen gegenüber anderen Rechtsanwälten aus ausländischen Staaten, die dem CCBE-Regime unterfallen, vornehmen, müssen sie ihr Verhalten aufgrund von Art. 1.5 CCBE-Berufsregeln an diesen messen.

Ebenso werden abweichende Berufsrechte der assoziierten und beobachtenden CCBE-Mitgliedsstaaten verdrängt.[565] Eine Geltung der BRAO kommt für diese Rechtsanwälte nicht in Betracht. Faktisch wird damit der Bestand an Normen, die potentiell miteinander in Konflikt geraten können, erheblich reduziert.

III. Internationale Rechtsanwälte

1. Allgemein

Ausländische Rechtsanwälte, die nicht aus einem der 42 Staaten stammen, deren Anwaltsrecht von den CCBE-Berufsregeln substituiert wird,[566] unterliegen grundsätzlich dem Berufsrecht an ihrem Zulassungsort. Dies gilt natürlich nur, sofern dieses Berufsrecht ihr Verhalten in einem ausländischen Schiedsverfahren überhaupt erfassen will.

2. US-amerikanische Rechtsanwälte

Einen Sonderfall stellen insoweit die Vereinigten Staaten von Amerika („**USA**") dar. Nach der Modelregel 8.5 der American Bar Association („**ABA**"), unterliegt

---

563 Sagt etwa ein ansonsten nicht bevollmächtigter Rechtsanwalt nur als Zeuge aus, gilt dies natürlich nicht, da seine Aussage nicht den sachlichen Anwendungsbereich von Art. 1.5 CCBE-Berufsregeln berührt.

564 Etwaige Vorbehalte des jeweiligen nationalen Gesetzgebers können im Einzelfall zu anderen Ergebnissen führen. Im Rahmen dieser Arbeit wird jedoch nicht analysiert, inwieweit solche Vorbehalte bestehen und wann sie greifen.

565 Auch hier können eventuell Vorbehalte greifen.

566 Siehe dazu oben II. 2. a.

die Tätigkeit US-amerikanischer Anwälte im Ausland vor Gerichten und Schiedsgerichten grundsätzlich dem Berufsrecht des Forums.[567] Ausnahmen bestehen lediglich dort, wo die Regeln des Gerichts oder Schiedsgerichts etwas anderes festlegen.

a) ABA-Modellregel 8.5

ABA-Modelregel 8.5. Buchstabe b Ziffer 1 lautet:

> *„for conduct in connection with a matter pending before a tribunal, the rules of the jurisdiction in which the tribunal sits, unless the rules of the tribunal provide otherwise.“*

Die Diziplinargewalt verbleibt gem. ABA-Modellregel 8.5 Buchstabe a jedoch am Zulassungsort.[568] Faktisch kann ein US-amerikanischer Rechtsanwalt, der in einem deutschen Schiedsverfahren etwa gegen Vorschriften der BRAO verstößt, somit in den USA für diesen Verstoß sanktioniert werden.

Ziel der Modellregel ist es, „doppelte Berufspflichten“ zu vermeiden und es für den Rechtsanwalt vorhersehbarer zu machen, welches Berufsrecht auf sein Verhalten Anwendung finden wird.[569]

Wie Art. 4.5 CCBE-Berufsregeln verpflichtet auch ABA-Modellregel 8.5. den Rechtsanwalt dazu, Berufsregeln zu befolgen, die vor dem Schiedsgericht gelten („*unless the rules of the tribunal provide otherwise*“). Der Anwalt soll nicht an ein Heimat-Berufsrecht gebunden sein, dessen Befolgung im Ausland in der konkreten Situation unangemessen wäre.[570] Faktisch können also auch hier die IBA Guidelines für Parteivertreter verbindlich werden, sofern sie von den Parteien vereinbart oder vom Schiedsgericht im Rahmen seines Verfahrensermessens für anwendbar erklärt worden sind.[571] Das Gleiche gilt, sofern das Schiedsgericht Art. 4 Nr. 3 der IBA Rules on the Taking of Evidence in International Arbitration

---

567 *Rogers*, University of Pennsylvania Journal of International Law 30 (2008–2009), 1035 (1038); *dies.*, Ethics in International Arbitration, S. 271; *Moses*, Loyola University Chicago International Law Review 10 (2012), 73 (75); *Weisenberger*, Wisconsin International Law Journal 25 (2008), 89 (108 f.).

568 Siehe auch: *Rotunda/Dzienkowski*, Legal Ethics 2010–2011, S. 1265 mwN.

569 *Fountaine*, Washington University Law Quaterly, 81 (2003), 737 (738); *Rogers*, University of Pennsylvania Journal of International Law 30 (2008–2009), 1035 (1038). Zur Entstehungsgeschichte siehe weiterhin: *Terry*, Washington University Global Studies Law Review 4 (2005), 463 (496).

570 *Weisenberger*, Wisconsin International Law Journal 25 (2008), 89 (109) mwN.

571 So auch *Moses*, Loyola University Chicago International Law Review 10 (2012), 73 (76).

vom 29. Mai 2010 („**IBA Beweisregeln**")[572] für anwendbar erklärt hat, der eine Zeugenvorbereitung durch Anwälte gestattet und damit letztlich auch eine berufsrechtliche Norm ist. Es wird also der Berufsaufsicht in den USA die Möglichkeit eröffnet, einen Rechtsanwalt mit Disziplinarmaßnahmen zu belegen, sofern er die vorgenannten Regeln nicht beachtet.

Für Syndikusanwälte, die dem Anwendungsbereich eines Berufsrechts unterfallen, das ABA-Modellregel 8.5 umgesetzt hat, gilt damit grundsätzlich auch § 46 BRAO und damit das Verbot, den eigenen Arbeitgeber vor einem Schiedsgericht anwaltlich zu vertreten.

b) Umsetzung in den Bundesstaaten

Die Modellregel wurde von den für das Berufsrecht zuständigen Obersten Gerichten in 24 US-Bundestaaten ohne Änderung in Kraft gesetzt. In weiteren 21 Bundesstaaten wurden ähnliche Regelungen eingeführt.[573]

Exemplarisch sei hier auf die Umsetzung im Bundesstaat New York eingegangen. Die Umsetzung in New York ist für die vorliegende Untersuchung deshalb von besonderem Interesse, da ein Großteil der US-amerikanischen Rechtsanwälte, die in internationalen Schiedsverfahren involviert sind, von dort aus agieren. Dies hängt nicht zuletzt auch damit zusammen, dass New York City der wohl größte Austragungsort internationaler Schiedsverfahren innerhalb der USA und der Sitz des International Center for Dispute Resolution („**ICDR**") der American Arbitration Association („**AAA**") ist.

New York gehört zu den Bundesstaaten der USA in denen ABA-Modellregel 8.5 nicht direkt übernommen wurde. Es wurde im Jahr 2009 nur eine Regel ähnlichen Inhalts aufgenommen.

Regel 8.5 Buchstabe b Ziffer 1 der New York Rules of Professional Conduct lautet:

> *„For conduct in connection with a proceeding in a court before which a lawyer has been admitted to practice (either generally or for the purposes of that proceeding), the rules to be applied shall be the rules of the jurisdiction in which the court sits, unless the rules of the court provide otherwise"*

---

572 Eine Geltung dieser Regeln wird zwar zwischen den Parteien kaum vereinbart, jedoch strahlen die dort enthaltenen Regelungen über das schiedsrichterliche Ermessen auf das internationale Schiedsverfahren aus: *Lachmann*, Handbuch für die Schiedsgerichtspraxis, Rn. 1484.

573 Die vorstehenden Zahlen wurden einer entsprechenden Tabelle der ABA zur Implementierung von Rule 8.5. entnommen (Stand July 2013). Sie ist unter www.americanbar.org abrufbar (letzter Besuch: 13.01.2014).

Die im Hinblick auf den Untersuchungsgegenstand wesentlichste Abweichung zu den ABA-Modellregeln stellt die Verwendung des Begriffs „*Court*" und damit Gericht gegenüber dem Begriff „*Tribunal*" dar. Die Verfasser der New Yorker Regeln haben diesen Begriff wohl bewusst verwandt, denn auch die New Yorker Regeln enthalten eine Legaldefinition des Begriffs „Tribunal", die sowohl Gerichte als auch Schiedsgerichte umfasst (Regel 1.0 Buchstabe w). Sie haben den Anwendungsbereich damit bewusst auf gerichtliche Verfahren verengt.[574] Obwohl es im Jahr 2010 Vorschläge gab, die Anwendung auch auf Schiedsgerichte zu erstrecken, wurde die Regel bei der letzten Überarbeitung im Jahr 2011 so beibehalten.[575]

Auch ansonsten gelangen die New Yorker Regeln nicht zur Anwendung ausländischen Berufsrechts bei einer Tätigkeit in einem ausländischen Schiedsverfahren. Zwar enthalten sie wie die ABA-Modellregeln eine allgemeine Verweisungsregel für nichtforensische Tätigkeiten (Regel 8.5 Buchstabe b Ziffer 2), jedoch verweist diese nur dann in das Recht einer anderen Jurisdiktion, wenn der Anwalt in dieser auch zugelassen ist. Anwälte, die nur im Bundesstaat New York zugelassen sind, unterliegen bei einer Tätigkeit in ausländischen Schiedsverfahren also immer dem Berufsrecht des Bundesstaats New York (Regel 8.5 Buchstabe b Ziffer 2 (i)).

C. Umgang mit unterschiedlichen Standards

Unterliegen nicht alle am Verfahren beteiligten Rechtsanwälte dem gleichen Berufsrecht, kann dies im laufenden Schiedsverfahren zu Problemen führen. Im Folgenden soll dargestellt werden, wie die Schiedsparteien oder das Schiedsgericht solchen Situationen begegnen können. Die Darstellung fokussiert sich dabei auf die Problembereiche, die in der schiedsrechtlichen Literatur am Häufigsten angeführt werden. Dies sind: Die Vorbereitung von Zeugen (**I.**), das Verbot der Vertretung widerstreitender Interessen (**II.**), das Verbot, wissentlich falsch vorzutragen (**III.**), die Kommunikation zwischen Rechtsanwalt und Schiedsgericht (**IV.**) und das Anwaltsgeheimnis (**V.**).

---

574 *Eng*, in: New York County Lawyers (Hrsg.), The New York Rules of Professional Conduct, S. 780.

575 Siehe den Reformvorschlag des Committee on Professional Responsibility der Association of the Bar of the City of New York vom März 2010, abrufbar unter: http://conferences.law.stanford.edu/ilec4/wp-content/uploads/sites/17/2010/07/Panel-4b-Part-2.pdf (letzter Abruf: 15.01.2014).

I. Zeugenvorbereitung

1. (Vermeintliche) Problematik

Anders als im kontinentaleuropäisch geprägten Rechtskreis des *Civil Law*[576] ist es etwa in den USA üblich, Zeugen auf ihre Aussage vor Gericht intensiv vorzubereiten.[577] Die Vernehmung von Zeugen erfolgt im Rahmen eines Kreuzverhörs, in dem jede Partei die Möglichkeit erhält, die Aussage der von der Gegenseite benannten Zeugen und deren Glaubwürdigkeit durch exzessive und teilweise auch aggressive Befragungen in Zweifel zu ziehen.[578] Der Richter stellt hingegen keine Fragen. Vielmehr würden die Parteien eine aktive Rolle in der Zeugenvernehmung als Anzeichen für seine Befangenheit werten.[579] Für US-amerikanische Rechtsanwälte kann es daher als eine Verletzung ihrer Berufspflichten angesehen werden, wenn sie einen Zeugen darauf nicht vorbereiten würden.[580]

Auch in internationalen Schiedsverfahren ist es mittlerweile üblich, dass die Zeugenbefragung primär in den Händen der Parteivertreter liegt und als Kreuzverhör ausgestaltet ist.[581] Es gibt dabei auch keine begriffliche Unterscheidung zwischen Zeugen und Parteien.[582] Gängig ist es weiterhin, Zeugenaussagen zunächst schriftlich als sogenanntes „*Witness Statement*" einzureichen, um dem Schiedsgericht und der Gegenseite einen Vorgeschmack auf das zu geben, was

---

576 Der Terminus *Civil Law* beschreibt die Rechtssysteme Kontinentaleuropas sowie der Länder, deren Systeme in dieser Tradition stehen. Dazu gehören die Länder Lateinamerikas sowie Japan. Auch das Zivilrecht und Zivilprozessrechts Chinas bauen darauf auf.

577 Zu den Einflussmöglichkeiten ausführlich: *Timmerbeil*, Witness Coaching und Adversary System, S. 21 ff.

578 Einen guten Überblick über das entsprechende zivilprozessuale Verfahren in den USA gibt *Timmerbeil*, Witness Coaching und Adversary System, S. 3 ff.

579 *Cooper*, Georgetown Journal of Legal Ethics 22 (2009), 779 (786); *Wydick*, Cardozo Law Review 17 (1995–1996), 1 (12).

580 Siehe etwa: Stratosphere Corp. Sec. Litig., 182 F.R.D. 614 (D. Nev. 1998); Hall v. Clifton Precision, 150 F.R.D. 525, 528 (E.D. Pa. 1993).

581 *Böckstiegel*, in: FS Schlosser, 2005, S. 49 (56); *Kreindler/Schäfer/Wolff*, Schiedsgerichtsbarkeit, Rn. 850; *van Houtte*, Arbitration International 19 (2003), 457 (459); *Lachmann*, Handbuch für die Schiedsgerichtspraxis, Rn. 1498; *Lionnet/Lionnet*, Handbuch der internationalen und nationalen Schiedsgerichtsbarkeit, S. 364.

582 Siehe Art. 4 Nr. 2 der IBA Beweisregeln sowie *Lachmann*, Handbuch für die Schiedsgerichtspraxis, Rn. 1511; *Waincymer*, Procedure and Evidence in International Arbitration, S. 895 f. mwN.

der Zeuge zur Sachverhaltsaufklärung voraussichtlich beitragen kann.[583] Dies ist auch eine Entscheidungshilfe für die Frage, ob man ihn tatsächlich zu einer Aussage vor dem Schiedsgericht bittet.[584] In der Praxis werden diese Aussagen regelmäßig mit der Unterstützung von Rechtsanwälten abgefasst.[585] Insgesamt ist es in der Folge der obigen Entwicklungen in internationalen Schiedsverfahren üblich geworden, Zeugen auf ihre Aussagen vorzubereiten.[586]

Insbesondere im US-amerikanischen Schrifttum wird vielfach die Besorgnis geäußert, dass sich amerikanische Anwälte in ausländischen Schiedsverfahren aufgrund von ABA-Modellregel 8.5 berufsrechtswidrig verhalten könnten, wenn sie Zeugen vorbereiten.[587] Damit einher geht die Besorgnis, dass es schlicht ungerecht sei, wenn die Anwälte der einen Schiedspartei ihre Zeugen vorbereiten dürften, wenn es die andere Seite nicht darf.[588]

2. *Rechtslage in Deutschland*

Im deutschen Anwaltlichen Berufsrecht ist die Vorbereitung von Zeugen durch Rechtsanwälte überhaupt nicht geregelt. Historisch gab es zwar Regelungen in

---

583 Siehe dazu ausdrücklich Art. 4 Nr. 5 der IBA Beweisregeln sowie Art. 27 Nr. 2 der UNCITRAL Schiedsregeln 2010. Sie weiterhin: *Blackaby/Partasides/Redfern/Hunter*, Redfern and Hunter on International Arbitration, Rn. 6.138; *Kreindler/Schäfer/Wolff*, Schiedsgerichtsbarkeit, Rn. 834; *Lew/Mistelis/Kröll*, Comparative International Arbitration, Rn. 22–63, 22–66; *Lachmann*, Handbuch für die Schiedsgerichtspraxis, Rn. 1498; *Lionnet/Lionnet*, Handbuch der internationalen und nationalen Schiedsgerichtsbarkeit, S. 363; *Waincymer*, Procedure and Evidence in International Arbitration, S. 897.

584 *Blackaby/Partasides/Redfern/Hunter*, Redfern and Hunter on International Arbitration, Rn. 6.138.

585 *Blackaby/Partasides/Redfern/Hunter*, Redfern and Hunter on International Arbitration, Rn. 6.140; *Kreindler/Schäfer/Wolff*, Schiedsgerichtsbarkeit, Rn. 835; *Schlosser*, SchiedsVZ 2004, 225 (229).

586 Siehe ausdrücklich Art. 4 Nr. 3 IBA Beweisregeln. Siehe weiterhin: *Blackaby/Partasides/Redfern/Hunter*, Redfern and Hunter on International Arbitration, Rn. 6.140; *Waincymer*, Procedure and Evidence in International Arbitration, S. 905 ff.

587 So explizit: *Rogers*, University of Pennsylvania Journal of International Law 30 (2008–2009), 1035 (1038) siehe weiterhin *Cooper*, The Georgetown Journal of international Legal Ethics 22 (2009), 779 (781).

588 *Moses*, Loyola University Chicago International Law Review 73 (2012); *Cooper*, Georgetown Journal of Legal Ethics 22 (2009), 779 (779 ff.); *Rogers*, Michigan Journal of International Law 23 (2001–2002), 341 (359); *dies.*, in: Bishop/Kehoe (Hrsg.), The Art of Advocacy in International Arbitration, 49 (52); *Vagts*, Georgetown Journal of Legal Ethics, 13 (1999–2000), 677 (688).

den anwaltlichen Standesrichtlinien.[589] Seit deren endgültiger Aufhebung durch das Bundesverfassungsgericht im Jahr 1987,[590] wurden jedoch keine neuen Regelungen mehr in die BRAO oder BORA eingeführt. Auch die CCBE-Berufsregeln adressieren das Problem nicht. In der Folge markiert einzig und allein § 263 Abs. 1 StGB die zulässige Grenze der Zeugenvorbereitung im Schiedsverfahren, die den Prozessbetrug bzw. über die §§ 25 ff. StGB namentlich die Mittäterschaft oder Beteiligung daran unter Strafe stellt. Unterhalb dieser Schwelle gilt der in diesem Zusammenhang geschriebene Satz von Peter *Schlosser*, wonach *„was nicht verboten ist, erlaubt ist"*.[591] Zu bemerken ist, dass auch die bis 1987 geltende Regelung in § 6 Abs. 1 der Standesrichtlinien die vorherige Befragung eines Zeugen durch einen Rechtsanwalt nicht verbot.[592] Dies hält jedoch einige ausländische Autoren nicht davon ab, zu behaupten, dass Zeugenvorbereitung in Deutschland verboten sei.[593]

3. *Konsequenz*

In der Konsequenz bereitet die Vorbereitung von Zeugen vor deutschen Schiedsgerichten in der Praxis keine nennenswerten Probleme. Insbesondere müssen ausländische Rechtsanwälte nicht befürchten, sich durch sie berufsrechtswidrig zu verhalten. Auch werden sie sich bei einer redlichen Vorbereitung kaum in den Bereich einer Strafbarkeit gem. § 263 Abs. StGB begeben.

Schließlich erscheint es auch wenig wahrscheinlich, dass einzelnen Schiedsparteien aus der Zulässigkeit der Zeugenvorbereitung prozessuale Probleme erwachsen können. Zunächst steht es jeder Partei frei, sich einen Rechtsanwalt auszuwählen, dem die Vorbereitung nicht verboten ist. Weiterhin haben seit mehr als zehn Jahren etwa Belgien, Frankreich, Italien und die Schweiz ihre anwaltlichen Berufsrechte dahingehend ergänzt, dass eine Zeugenvorbereitung im Schiedsverfahren nunmehr nicht mehr verboten ist.[594] Selbst wenn

---

589 Zur Entwicklung: *Timmerbeil*, Witness Coaching und Adversary System, S. 120 ff.

590 Siehe dazu die sogenannten Bastille-Entscheidungen des Bundesverfassungsgerichts: BVerfGE 76, 171 und BVerfGE 76, 196.

591 *Schlosser*, SchiedsVZ 2004, 225 (228); ebenso: *Bertke/Schroeder*, SchiedsVZ 2014, 80 (85).

592 So auch: *Schlosser*, SchiedsVZ 2004, 225 (228); *Timmerbeil*, Witness Coaching und Adversary System, S. 123.

593 So etwa: *Cooper*, Georgetown Journal of Legal Ethics 22 (2009), 779 (785 ff.); *Rogers*, Michigan Journal of International Law 23 (2001–2002), 341 (359); *Weisenberger*, Wisconsin International Law Journal 25 (2008), 89 (90).

594 *van Houtte*, Arbitration International 19 (2003), 457 (461) mwN.

sich international noch Jurisdiktionen finden sollten, in denen ein Verbot noch pauschal ausgestaltet ist, ist zudem fraglich, ob dies nicht zumindest dann teleologisch reduziert werden muss, wenn der Rechtsanwalt in einem ausländischen Schiedsverfahren auftritt, in dem die Vorbereitung ausdrücklich gestattet ist. Dem jeweiligen Gesetzgeber wird schließlich kaum die Intention unterstellt werden können, einseitige prozessuale Nachteile schaffen zu wollen.[595]

Um letzte Zweifel auszuschließen, sollte ein Schiedsgericht von der Empfehlung in Art. 2 Nr. 2 Buchstabe a der IBA Beweisregeln Gebrauch machen, wo empfohlen wird, die Frage bereits ganz zu Beginn des Verfahrens mit beiden Parteien und ihren Bevollmächtigten zu besprechen.

II. Verbot der Vertretung widerstreitender Interessen

Die Verpflichtung zur Vermeidung von Interessenskollisionen ist für jeden Bereich der anwaltlichen Tätigkeit immanent. Sie sind folglich auch im Schiedsverfahren zu beachten. Wie bereits oben dargestellt, können sich in- wie ausländische Rechtsanwälte in Deutschland wegen Parteiverrats nach § 356 StGB strafbar machen, wenn sie eine Schiedspartei trotz eines bekannten Interessenskonflikts mit der Gegenseite vertreten.[596] Das deutsche Strafrecht markiert damit einen (allgemein verbindlichen) Mindeststandard in diesem Bereich.

Weiterhin haben Rechtsanwälte auch die Standards des Berufsrechts einzuhalten, das auf sie anwendbar ist. Wie oben dargestellt wurde, kann dieses Berufsrecht auch einen Verweis auf die Regeln am Sitz des Schiedsgerichts enthalten. In Deutschland finden sich entsprechende Regelungen in § 43 a Abs. 4 BRAO sowie § 3 BORA. Die CCBE-Berufsregeln adressieren das Problem in 3.2.

Wie oben jedoch auch festgestellt wurde, haben deutsche Schiedsgerichte keine Kompetenz dazu, Rechtsanwälte selbst aus einem Schiedsverfahren aufgrund eines Interessenskonflikts auszuschließen.[597] Dies deckt sich mit der Rechtslage in anderen Staaten. So ist auch in den USA ein Ausschluss durch das Schiedsgericht selbst nicht möglich, da die Frage als solche nicht schiedsfähig ist. Möglich ist allenfalls eine Befassung der nationalen Gerichte.[598] Ein deutsches Schiedsgericht ist aufgrund von § 1042 Abs. 2 ZPO auch nicht befugt, eine rechtskräftige

595 So zu Recht: *Weisenberger*, Wisconsin International Law Journal 25 (2008), 89 (123 f.).

596 Siehe oben A. IV. 2.

597 Siehe oben Teil 1: D. III.

598 Siehe dazu: *Jacobus/Rohner*, Mealey's International Arbitration Report 20 Nr. 8 (2005) 1 (1 ff.) mwN. aus der Rechtsprechung.

Entscheidung eines staatlichen Gerichts selbst durch einen Ausschluss zu vollstrecken. Der Rechtsanwalt muss vielmehr selbst das Mandat niederlegen, um etwaigen Zwangsmitteln oder weiteren Repressionen der staatlichen Gerichte zu entgehen.

III. Verbot, wissentlich falsch vorzutragen

Obwohl unterstellt werden darf, dass es Anwälten überall auf der Welt grundsätzlich verboten sein wird, vor Gerichten wissentlich falsch vorzutragen, werden die Grenzen und Ausnahmen zu dieser Grundregel von Jurisdiktion zu Jurisdiktion divergieren. Auch wird man nicht davon ausgehen können, dass falscher Vortrag vor Schiedsgerichten immer einem falschen Vortrag vor staatlichen Gerichten gleichgestellt sein wird.

In der Praxis deutscher Schiedsverfahren werden derartige Fragen jedoch keine große Rolle spielen, da das Schiedsgericht zumindest die Einhaltung des durch § 263 Abs. 1 StGB festgesetzten Mindeststandards voraussetzen und gegebenenfalls über eine Mitteilung an die deutschen Strafverfolgungsbehörden sanktionieren kann. Auch hier ist es sicherlich anzuraten, dass das Schiedsgericht die Frage mit den Parteien und ihren Bevollmächtigten offen bespricht und auf § 263 Abs. 1 StGB hinweist.

IV. Kommunikation zwischen Schiedsrichtern und Parteivertretern

Ein in Internationalen Schiedsverfahren besonders sensibles Thema ist die Frage, wann eine Kommunikation zwischen Schiedsrichtern und Parteivertretern unter Ausschluss der Gegenseite (Ex-Parte) möglich ist. Auch hier hat es das Schiedsgericht jedoch letztlich in der Hand, die Regeln für eine derartige Kommunikation am Anfang eines Verfahrens mit den Parteien zu erörtern und gegebenenfalls in einer Verfahrensanordnung festzulegen. Es kann dann bei Kontaktaufnahmen entsprechend verfahren und Fehlverhalten dadurch sanktionieren, dass es Versuche einer unzulässigen Kontaktaufnahme gegenüber der Gegenseite offenlegt. Insbesondere hat es das Schiedsgericht selbst in der Hand, entsprechende Kommunikation zu unterbinden, indem es sich an ihr schlicht nicht beteiligt.

V. Anwaltsgeheimnis

Hinsichtlich des Umgangs mit nationalen Anwaltsgeheimnissen stehen internationale Schiedsgerichte vor einem doppelten Problem: Zum einen sind die nationalen Regelungen zu deren Umfang international unterschiedlich ausgestaltet.[599] Zum anderen haben Schiedsgerichte anders als staatliche Gerichte keine festen Regeln hinsichtlich des zivilprozessualen Schutzes des Anwaltsgeheimnisses. Ob und in welchem Umfang ein Anwaltsgeheimnis im Schiedsverfahren zu berücksichtigen ist, steht in Ermangelung einer spezifischen Parteivereinbarung also im alleinigen Ermessen des Schiedsgerichts (§ 1042 Abs. 4 ZPO).[600]

Im Folgenden soll dargestellt werden, wie diese Ermessensausübung in der Praxis erfolgen kann. Dazu sind zunächst zum Verständnis der Grundproblematik beispielhaft die wesentlichen Unterschiede zwischen deutschem und US-amerikanischem Anwaltsgeheimnis darzustellen (**1.**). Sodann wird auf Situationen eingegangen, in denen Rechtsanwälte als Zeugen aussagen (**2.**). Schließlich wird sich dem praktisch komplizierten Problem der Vorlage von Beweisdokumenten zugewandt (**3.**).

1. Unterschiede am Beispiel Deutschlands und der USA

a) Anwaltsgeheimnis in Deutschland

aa) Pflicht zur Verschwiegenheit

Die berufsrechtliche Pflicht zur Verschwiegenheit ergibt sich in Deutschland aus § 43 a Abs. 2 BRAO, der in § 2 BORA konkretisiert wird. Die Pflicht ist weit gefasst und umfasst alles, was dem Rechtsanwalt in Ausübung des Berufs bekannt geworden ist. Was nur anlässlich der Berufsausübung und damit zufällig erlangt wurde ist hingegen ebenso wenig geschützt, wie die private Kenntnisnahme. Der Mandant kann als „Herr des Geheimnisses“[601] über den Schutzbereich des Anwaltsgeheimnisses disponieren und dem Rechtsanwalt die Weitergabe von Informationen gestatten.[602] Weiterhin kann der Rechtsanwalt auch dann nach § 2 Abs. 3 BORA Geheimnisse offenbaren, wenn die „*Berufsordnung oder andere*

599 Siehe rechtsvergleichend nur: Greenwald/Russenberger (Hrsg.), Privilege and Confidentiality: An International Handbook; *Magnus*, Das Anwaltsprivileg und sein zivilprozessualer Schutz. Auf eine eigene rechtsvergleichende Darstellung wird verzichtet, da sie den Rahmen sprengen würde.

600 *Berger*, Arbitration International 22 (2006), 501; *Magnus*, Das Anwaltsprivileg und sein zivilprozessualer Schutz, S. 4; *Meyer-Hauser*, Anwaltsgeheimnis und Schiedsgericht, S. 79; *Sheppard/v. Schlabrendorff*, in: Greenwald/Russenberger (Hrsg.), Privilege and Confidentiality: An International Handbook, S. 377 (378 ff.);

601 Begriff entnommen bei *Henssler*, in: Henssler/Prütting (Hrsg.), BRAO, § 43a Rn. 62.

602 Zu den genauen Voraussetzungen siehe *Henssler*, in: Henssler/Prütting (Hrsg.), BRAO, § 43a Rn. 66 ff.

Rechtsvorschriften Ausnahmen zulassen oder die Durchsetzung oder Abwehr von Ansprüchen aus dem Mandatsverhältnis oder die Verteidigung des Rechtsanwalts in eigener Sache die Offenbarung erfordern."

Pflichtwidrig ist sowohl die vorsätzliche oder auch die fahrlässige Weitergabe geschützter Informationen. Dies unterscheidet die berufsrechtliche Pflicht von dem Delikt des § 203 Abs. 1 Nr. 3 StGB, wo nur eine vorsätzliche Weitergabe unter Strafe gestellt wird.[603] Beiden Vorschriften ist gemein, dass nur deutsche Rechtsanwälte sowie niedergelassene und dienstleistende Europäische Rechtsanwälte erfasst werden.[604] Syndikusanwälte, die für ihren Arbeitgeber tätig werden, fallen damit aus dem persönlichen Anwendungsbereich heraus.

bb) Recht zur Verschwiegenheit

Abgesichert wird die Pflicht zur Verschwiegenheit durch ein Recht zur Verschwiegenheit, das dem Rechtsanwalt in den einzelnen Prozess- und Verfahrensordnungen gewährt wird.

(1) Zeugnisverweigerung

Im staatlichen Zivilprozess ergibt sich ein Recht zur Verschwiegenheit zunächst aus den §§ 383 Abs. 1 Nr. 6, 385 Abs. 2 ZPO. § 383 Abs. 1 Nr. 6 ZPO gewährt „*Personen, denen kraft ihres Amtes, Standes oder Gewerbes Tatsachen anvertraut sind, deren Geheimhaltung durch ihre Natur oder durch gesetzliche Vorschrift geboten ist, in Betreff der Tatsachen, auf welche die Verpflichtung zur Verschwiegenheit sich bezieht*" ein eigenes Zeugnisverweigerungsrecht. Sie müssen vor Gericht nicht aussagen. Gem. § 383 Abs. 3 ZPO sind sie zu Tatsachen, die von ihrem Recht zur Verschwiegenheit umfasst sind, auch nicht zu vernehmen.

§ 383 Abs. 1 Nr. 6 ZPO nennt den Rechtsanwalt nicht explizit und definiert damit – anders als § 53 StPO – den geschützten Personenkreis nicht mithilfe der BRAO. Sie ist textlich offener. Jedoch setzt auch die ZPO eine gesetzliche Vorschrift oder eine besondere Vertrauensstellung voraus, aufgrund derer die Verschwiegenheitspflicht besteht.[605] Für den deutschen Rechtsanwalt sind dies § 43a Abs. 2 BRAO und § 2 BORA.[606] Insofern bestimmt sich im Ergebnis auch hier der Umfang zunächst nach der BRAO.

---

603 So auch: *Wolf/Hasenstab*, BRAK-Mitt. 2010, 150 (152).

604 Zu den Einzelheiten siehe: *Wolf/Hasenstab*, BRAK-Mitt. 2010, 150 (150 f.).

605 *Chr. Berger*, in: Stein/Jonas, ZPO, § 383 Rn. 29.

606 BGH NJW 2005, 1949; *Hartmann*, in: Baumbach/Lauterbach/Albers/Hartmann, ZPO, § 383 Rn. 12.

(2) Verweigerung der Herausgabe von Urkunden

Die Zivilprozessordnung schützt das Anwaltsgeheimnis auch in Grenzen hinsichtlich der Herausgabe von Dokumenten. Zunächst gibt es in Deutschland nur eingeschränkte Möglichkeiten, den Prozessgegner oder Dritte im Zivilprozess überhaupt zu einer Herausgabe von Urkunden anzuhalten. Nach § 422 ZPO kann ein Beweisführer vom Gegner die Vorlage einer Urkunde verlangen, wenn darauf ein Anspruch nach bürgerlichem Recht besteht. Nach § 423 ZPO kann eine Vorlage verlangt werden, wenn der Gegner sich auf die Urkunde selbst bezogen hat. Gem. § 427 ZPO führt eine unentschuldigte Nichtvorlage der Urkunde dazu, dass die Behauptungen des Beweisführers zur Beschaffenheit und zum Inhalt der Urkunde als richtig zu unterstellen sind. In all diesen Konstellationen sind besondere Verweigerungsrechte aufgrund eines Anwaltsgeheimnisses nicht geregelt.

Die Möglichkeiten, eine Vorlage von Dokumenten anzuordnen, wurden mit dem ZPO-Reformgesetz vom 27. Juli 2001,[607] das zum 1. Januar 2002 in Kraft trat, erheblich erweitert. Nach dem nunmehr deutlich weiteren § 142 ZPO kann ein staatliches Gericht anordnen, dass eine Partei oder ein Dritter Urkunden vorlegen muss, auf die sich (irgend-) eine Partei im Prozess bezogen hat und die für den Ausgang des Verfahrens relevant sind. Ein Herausgabeanspruch der Partei, die sich auf die Urkunde bezogen hat, ist nicht nötig. Das Gericht hat hinsichtlich der Anordnung eigenes Ermessen.[608] Die Vorschrift dient in Grenzen der Bereitstellung von Beweismitteln,[609] darf aber nicht vom Gericht dazu verwandt werden, der Ausforschung der Gegenseite oder eines Dritten Vorschub zu leisten.[610] Wird die Vorlage verweigert, ist dies vom Gericht frei zu würdigen.[611]

Da es sich bei § 142 ZPO um eine Vorschrift der materiellen Prozessleitung handelt, ist die Regelung insoweit nicht mit der US-amerikanischen *Pre-Trial-Discovery of Documents* vergleichbar,[612] auf die unten bei der Darstellung des Anwaltsgeheimnisses der USA einzugehen ist.

---

607 BGBl. I 2001, S. 1887.

608 *Rühl*, ZZP 125 (2012), 25 (34 ff.); *Stadler*, in: Musielak (Hrsg.), ZPO, § 142 Rn. 1; *Wöstmann*, in: Saenger (Hrsg.), ZPO, § 142 Rn. 1.

609 BGH NJW 2007, 155 (155); *Saenger*, ZZP 121 (2008), 139 (151); *Schlosser*, JZ 2003, 427 (428); *von Selle*, in: Vorwerk/Wolf (Hrsg.), BeckOK ZPO, § 142 Rn. 1.

610 BGH NJW 1393 (1394); *v. Selle*, in: Vorwerk/Wolf (Hrsg.), BeckOK ZPO, § 142 Rn. 1.

611 *Wöstmann*, in: Saenger (Hrsg.), ZPO, § 142 Rn. 7.

612 BGH NJW 2007, 155 (155 ff.); OLG Frankfurt am Main, Beschluss vom 16. Mai 2013 – Az. 20 VA 4/13, Rn. 31; *Greger*, in: Zöller, ZPO, § 142 Rn. 1.

Eine explizite Absicherung des Anwaltsgeheimnisses findet sich nur in § 142 Abs. 2 ZPO, wo geregelt wird, dass Dritte zur Vorlage nicht verpflichtet sind, wenn ihnen diese nicht zumutbar ist oder sie über ein Zeugnisverweigerungsrecht nach den §§ 383 bis 385 ZPO verfügen. Befinden sich also Schriftstücke des Rechtsanwalts beim Mandanten bzw. Abschriften der Schriftstücke an den Rechtsanwalt beim Mandanten oder Dritten, können diese zur Herausgabe verpflichtet werden.[613] § 142 Abs. 2 ZPO ist nach der h.M. auch nicht analog auf diese Fälle anwendbar, da eine Vergleichbarkeit zu §§ 383 ff. ZPO nicht bestehe.[614] Diese restriktive Regelung des Anwaltsgeheimnisses ist teilweise auf Kritik gestoßen.[615] Tatsächlich sind etwa das englische, französische und US-amerikanische Recht weniger streng und räumen dem Schutz der Kommunikation zwischen Rechtsanwalt und Mandant damit einen größeren Raum ein.[616] Allerdings hat das Gericht bei einer Anordnung nach § 142 ZPO sein Ermessen dergestalt auszuüben, dass der mögliche Erkenntniswert der Urkunde ins Verhältnis zu gegenläufigen Interessen des Urkundenbesitzers gesetzt werden muss,[617] wobei auch dessen Grundrechte zu beachten sind.[618] Die Maßgeblichkeit des Anwaltsgeheimnisses steht damit im Ermessen des Gerichts, wenn die Vorlage nicht direkt vom Anwalt begehrt wird.

b) Anwaltsgeheimnis in den USA

aa) Hintergrund: Beweisaufnahme

Anders als im deutschen Zivilprozess geschieht die Beweisaufnahme in den USA nicht durch den Richter, sondern durch die Rechtsanwälte der Parteien im Rahmen einer vorprozessualen *Pre-Trial Discovery*. Der Begriff bezeichnet eine Mehrzahl an Möglichkeiten, mit denen einer Prozesspartei Beweismaterial zugänglich gemacht werden kann, das sich im Besitz einer anderen Partei oder eines Dritten befindet. Umfasst werden das Auffinden und Auswerten von Dokumenten, die Vorlage schriftlicher Fragen mit der Aufforderung zur

---

613 Zu den Einzelheiten siehe nur: *Magnus*, Das Anwaltsgeheimnis und sein zivilprozessualer Schutz, S. 69 ff.

614 *Konrad*, NJW 2004, 710 (711); *Stadler*, in: Musielak (Hrsg.), ZPO, § 142 Rn. 7; *Zekoll/Bolt*, NJW 2002, 3129 (3130 f.);

615 *Magnus*, Das Anwaltsgeheimnis und sein zivilprozessualer Schutz, S. 271.

616 *Magnus*, Das Anwaltsgeheimnis und sein zivilprozessualer Schutz, S. 271.

617 BGHZ 173, 23 (31) = NJW 2007, 2989 (2992).

618 Zum Schutz vor Selbstbezichtigung: *Wagner*, JZ 2007, 706 (716); zum Schutz der anwaltlichen Vertrauensbeziehung: *Becker*, MDR 2008, 1309 (1313 ff.); *Konrad*, NJW 2004, 710 (711 ff.); *Rühl*, ZZP 125 (2012), 25 (38 ff.).

Beantwortung, die außergerichtliche Partei- und Zeugenvernehmung sowie der Beweis durch Augenschein. Die in weitem Umfang zu gewährende vorprozessuale Beweisbeschaffung ist in den USA ein wesentlicher Bestanteil des Zivilprozesses, da die Hauptverhandlung in einem Stück abgehalten werden muss und neue Beweisbeschaffungen in diesem Stadium nicht mehr vorgesehen sind.[619] Diese umfassende Offenlegungspflicht der Parteien steht im Kontrast zum Leitbild des deutschen Zivilprozess, in dem jede Partei zunächst ihre eigenen Beweise beschaffen muss und auf die Kooperation der Gegenseite grundsätzlich nicht vertrauen kann.

bb) Attorney-Client Privilege

Die umfassenden Kooperationspflichten der Parteien werden durch Privilegien der Parteien begrenzt, die anordnen, dass bestimmte Informationen nicht zu offenbaren sind. Alle Privilegien stehen den Parteien zu, die einem Berufsträger ggf. verbieten können, Informationen offen zu legen.[620] Das wohl wichtigste dieser Privilegien ist das *Attorney-Client-Privilege*, welches das US-amerikanische Gegenstück zum deutschen Anwaltsgeheimnis ist, jedoch auch Unternehmensjuristen schützt. Daran angelehnt gibt es noch die *Work Product Doctrine*, die eine Kommunikation mit Dritten zur Prozessvorbereitung umfasst. Diese ist insoweit von Bedeutung, als dass amerikanische Gerichte die Weiterleitung von Informationen, die vom *Attorney-Client-Privilege* umfasst sind, an Dritte als Verzicht auf das Anwaltsgeheimnis auffassen. Weiterhin werden Schreiben des Rechtsanwalts an seinen Mandanten oft nur insoweit vom *Attorney-Client-Privilege* geschützt, als dass sie Rückschlüsse auf die vorherigen Angaben des Mandanten gegenüber seinem Rechtsanwalt zulassen. Auch hier erfolgt ein Schutz dann über die *Work Product Doctrine*. Während beim *Opinion Work Product* Unterlagen, die Bewertungen und Schlussfolgerungen eines Anwalts enthalten, nur unter außergewöhnlichen Umständen vorzulegen sind, schützt das *Ordinary Work Product* nur dann vor einer Vrlage, wenn das Material für den Prozess nicht von großer Bedeutung ist und die Beschaffung vergleichbarer Unterlagen für die andere Partei eine unbillige Härte darstellen würde.[621]

---

619 Einführend dazu: *Hay*, US-Amerikanisches Recht, S. 69 ff.

620 *Meyer-Hauser*, Anwaltsgeheimnis und Schiedsgericht, S. 31.

621 Die Ausführungen basieren auf *Magnus*, Das Anwaltsgeheimnis und sein zivilprozessualer Schutz, S. 244 ff. und *Meyer-Hauser*, Anwaltsgeheimnis und Schiedsgericht, S. 27 ff. (jeweils mwN).

Fälle des *Ordinary Work Product* unterscheiden sich insoweit also nicht grundlegend von den Anforderungen des § 142 ZPO bei einer Vorlage durch die Partei. Das US-amerikanische Recht ist damit deutlich weniger protektionistisch, als es etwa das *litigation privilege* im englischen Recht ist, welches alle Dokumente vor Vorlage schützt, die zu dem vorherrschenden Zweck eines anhängigen oder zu erwartenden Verfahrens erstellt worden sind.[622]

2. *Rechtsanwalt als Zeuge*

Das Schiedsverfahrensrecht im 10. Buch der ZPO kennt keine Zeugnisverweigerungsrechte und damit auch anders als das staatliche Verfahren mit §§ 383 Abs. 1 Nr. 6, 385 Abs. 2 ZPO auch kein Zeugnisverweigerungsrecht für Rechtsanwälte.

Eine Orientierungshilfe für Schiedsrichter findet sich somit zunächst nur in Art. 3 Nr. 10 IBA Beweisregeln. Danach darf eine Partei, die vom Schiedsgericht dazu aufgefordert wird, dafür Sorge zu tragen, dass ein bestimmter Zeuge aussagt oder zumindest darauf hinzuwirken, dies unter Berufung auf ein Anwaltsgeheimnis im Sinne von Art. 9 Nr. 2 IBA Beweisregeln verneinen.

Eine Regelung darüber, ob und wann sich ein Zeuge selbst auf ein Anwaltsgeheimnis berufen kann, enthalten auch die IBA Beweisregeln nicht. Dies ist insoweit konsequent, als es wie oben festgestellt, im Schiedsverfahren keine Zeugenpflicht (§ 390 ZPO) und damit auch keine Pflicht zur Aussage gibt.[623] Vielmehr steht es jedem Zeugen grundsätzlich frei, ob und in welchem Umfang er vor einem Schiedsgericht überhaupt aussagen will. Ein gesondertes Zeugnisverweigerungsrecht braucht er als Entschuldigung für ein Absehen von einer Aussage nicht. Sagt ein Zeuge nicht oder zumindest nicht im Hinblick auf eine beweiserhebliche Tatsache aus, ist dies allein das Problem der beweisbelasteten Partei. Das Schiedsgericht braucht insoweit nicht zu prüfen, ob ein Anwaltsgeheimnis einschlägig ist und muss den Zeugen auch nicht auf gegebenenfalls bestehende Aussageverweigerungsrechte hinweisen. Es reicht vielmehr der pauschale Hinweis, dass keine Aussagepflicht vor einem Schiedsgericht besteht.[624]

---

622 Zum englischen *litigation privilege* siehe *Magnus*, Das Anwaltsgeheimnis und sein zivilprozessualer Schutz, S. 216 ff. und *Meyer-Hauser*, Anwaltsgeheimnis und Schiedsgericht, S. 25 (jeweils mwN).

623 Siehe dazu auch *Lachmann*, Handbuch für die Schiedsgerichtspraxis, Rn. 1493.

624 So auch: *Schütze*, Schiedsgericht und Schiedsverfahren, Rn. 183; relativierend *Lachmann*, Handbuch für die Schiedsgerichtspraxis, Rn. 1494, der dem Schiedsgericht empfiehlt, über die Aussageverweigerungsrechte im Aushilfeverfahren zu belehren, damit der Zeuge nicht dem Irrtum unterliegt, dort trotz Zeugnisverweigerungsrechts aussagen zu müssen.

Der beweisbelasteten Partei steht es insoweit jedoch frei, ein staatliches Gericht um die Vernehmung des Zeugen zu ersuchen. In Deutschland ergeben sich die Voraussetzungen sowie das entsprechende Verfahren dazu aus § 1050 ZPO. Für die Vernehmung von Rechtsanwälten gilt damit wiederum das Zeugnisverweigerungsrecht aus den §§ 383 Abs. 1 Nr. 6, 385 Abs. 2 ZPO.[625] § 383 Abs. 1 Nr. 6 ZPO grenzt den zur Verweigerung berechtigten Personenkreis jedoch auf Zeugen ein, „*denen kraft ihres Amtes, Standes oder Gewerbes Tatsachen anvertraut sind, deren Geheimhaltung durch ihre Natur oder durch gesetzliche Vorschrift geboten ist*". Faktisch sind damit zunächst vor allem die Personen zur Verweigerung berechtigt, die in § 203 StGB adressiert sind.[626] Wie oben festgestellt, sind ausländische Rechtsanwälte jedoch nicht in Deutschland mit Strafe bedroht, wenn sie ein Mandatsgeheimnis offenbaren.[627] Richtiger Weise wird man jedoch auch ausländischen Rechtsanwälten zugestehen müssen, von einer Aussage dann absehen zu können, wenn ihre Berufspflichten sie zum Schweigen verpflichten.[628] Würde man diese Berufspflichten schlicht ignorieren, käme dies schließlich einer Missachtung ihres Berufsbilds und damit ihrer Funktion für den (ausländischen wie inländischen) Rechtsstaat gleich. Ein Mandant, der sich einem Rechtsanwalt anvertraut, muss generell davon ausgehen können, dass dieser das Gesagte vertraulich behandelt. Kann er das nicht, wird er mit seinem Rechtsanwalt nicht mehr kommunizieren, was dazu führt, dass der Rechtsanwalt seiner Aufgabe einer interessensgerechten Vertretung nicht mehr nachkommen kann. Weiterhin können deutsche Gerichte nur durch die Anerkennung ausländischer Berufsgeheimnisse darauf hinwirken, dass im Ausland dem deutschen Berufsgeheimnis Rechnung getragen wird.

3. Vorlage von Beweisdokumenten

Die Anwendung ausländischer Anwaltsgeheimnisse kann weiterhin dann eine Rolle spielen, wenn von einer Schiedspartei Urkunden oder andere

---

625 *Lachmann*, Handbuch für die Schiedsgerichtspraxis, Rn. 1495; *Voit*, in: Musielak (Hrsg.), ZPO, § 1050 Rn. 7; *Wilske/Markert*, in: Vorwerk/Wolf (Hrsg.), BeckOK ZPO, § 1050 Rn. 15.

626 *Damrau*, in: Münchener Kommentar ZPO, § 383 Rn. 37; *M. Huber*, in: Musielak (Hrsg.), ZPO, § 383 Rn. 6.

627 Siehe oben A. VI. 2.

628 So auch *Wolf/Hasenstab*, BRAK-Mitt. 2010, 150 (155 ff.); wohl auch: *Chr. Berger*, in: Stein/Jonas, ZPO, § 383 Rn. 60; *Kulischer*, JW 1931, 122 (122 ff.); a.A. *Schütze*, Deutsches Internationales Zivilprozessrecht, Rn. 229; *Nagel/Gottwald*, Internationales Zivilprozessrecht, § 9 Rn. 92.

Dokumente[629] vorzulegen sind. Zum besseren Verständnis der berufsrechtlichen Ausführungen soll zunächst kurz skizziert werden, nach welchen Regelungen sich eine derartige Vorlage richten kann (**a.**). Sodann sollen zwei mögliche Konstellationen analysiert werden, in denen ein Schiedsgericht darüber entscheiden muss, ob eine Partei aufgrund eines Anwaltsgeheimnisses von der Vorlagepflicht befreit werden kann: Der Fall, bei dem die Parteien die Maßgeblichkeit eines bestimmten Anwaltsgeheimnisses vereinbart haben (**b.**) sowie der Fall, bei dem das Schiedsgericht aus eigenem Ermessen heraus tätig wird (**c.**).

a) Gesetzliche Regelungen über die Vorlage von Urkunden

aa) Regelungen in der ZPO

Da ein internationales Schiedsgericht nach § 1042 ZPO in seiner Beweisaufnahme nicht an die Regelungen des 1. und 2. Buchs der ZPO gebunden ist, sind auch § 142 ZPO (Anordnung der Urkundenvorlegung) sowie §§ 421 ff. ZPO (Vorlegung durch den Gegner) auf das Schiedsverfahren nicht anwendbar.

Die oben genannten Vorschriften können jedoch dann relevant werden, wenn das Schiedsgericht nach § 1050 ZPO ein staatliches Gericht um Unterstützung bittet. Dies bietet sich insbesondere bei einer Vorlageanordnung gegenüber Dritten nach § 142 ZPO an, da das Schiedsgericht hier keine Kompetenz hat.[630] § 142 Abs. 2 S. 1 ZPO erkennt ein Zeugnisverweigerungsrecht des Dritten als Grund für die Nichtherausgabe ausdrücklich an. Im Einklang mit dem oben zu § 383 Abs. 1 Nr. 6 ZPO Gesagten, sollte diese Regelung auch ausländische Zeugnisverweigerungsrechte mit einbeziehen.

Im Schiedsverfahren selbst sind die Parteien nach § 1042 Abs. 3 ZPO frei, auch diese Frage selbst zu regeln. Nur subsidiär kann das Schiedsgericht nach § 1042 Abs. 4 ZPO frei entscheiden, ob und in welchem Umfang es eine Vorlage von Urkunden durch den Gegner zulassen will. Eine explizite Rechtsgrundlage dafür, einer Partei die Vorlage von Dokumenten aufzuerlegen, ergibt sich aus § 1048 Abs. 3 ZPO.[631] Aus dieser Norm ergibt sich auch, dass der Eintritt der Säumnis insoweit die einzige mögliche Rechtsfolge für die Partei ist, die einer solchen Aufforderung nicht nachkommt. Das Schiedsgericht kann im Fall der Säumnis

---

629 Erfasst sind neben Urkunden klassischer Prägung auch deren virtuelle Gegenstücke wie elektronische Surrogate (Augenscheinsobjekte, Tonträger, Datenaufzeichnungen, etc.) siehe: *Münch*, in: Münchener Kommentar ZPO, § 1048 Rn. 32.

630 *Lachmann*, Handbuch für die Schiedsgerichtspraxis, Rn. 1569.

631 *Lachmann*, Handbuch für die Schiedsgerichtspraxis, Rn. 1564; *Saenger*, in Saenger (Hrsg.), ZPO, § 1048 Rn. 4; *Voit*, in: Musielak (Hrsg.), ZPO, § 1048 Rn. 6.

den Schiedsspruch auf der Grundlage der bereits vorliegenden Erkenntnisse erlassen oder auch eine Nichtvorlage frei und zu Ungunsten der nicht vorlegenden Partei würdigen.[632] Nach § 1048 Abs. 4 ZPO kann eine Säumnis jedoch auch aufgrund einer genügenden Entschuldigung vom Schiedsgericht außer Betracht gelassen werden. Die Möglichkeit kann von den Parteien im Vorfeld aufgrund von § 1048 Abs. 4 S. 2 ZPO nicht abbedungen werden.[633]

bb) Regelungen in den IBA Beweisregeln

Die IBA Beweisregeln regeln die Dokumentenvorlage im Schiedsverfahren im Ergebnis ähnlich wie § 142 ZPO für das staatliche Gerichtsverfahren. Zunächst stellt Art. 3 Nr. 1 IBA Beweisregeln klar, dass ein Schiedsgericht die Vorlage von Beweisdokumenten unter Fristsetzung anordnen kann. Die Vorlage soll grundsätzlich an das Schiedsgericht und die anderen Parteien erfolgen.[634]

Art. 3 Nr. 2, 3 IBA Beweisregeln spezifiziert die Anforderungen an den Vorlageantrag und versucht, Ausforschungen dadurch auszuschließen, dass das Dokument im Vorlageantrag konkret bezeichnet werden muss (Art. 3 Nr. 3 Buchstabe a) und die Relevanz der Vorlage für den Rechtsstreit darzustellen ist (Art. 3 Nr. 3 Buchstabe b). Weiterhin ist darzulegen, dass die beantragende Partei das Dokument nicht selbst im Besitz hat bzw. herstellen kann (Art. 3 Nr. 3 Buchstabe c).

Art. 3 Nr. 4 IBA Beweisregeln gibt der Partei, von der eine Vorlage verlangt wird, die Möglichkeit, der Anordnung zu widersprechen. Der Widerspruch ist nach Art. 3 Nr. 5 IBA Beweisregeln zu begründen. Die möglichen Gründe ergeben sich aus Art. 9 Nr. 2 IBA Beweisregeln. Gem. Art. 9 Nr. 2 Buchstabe b IBA Beweisregeln begründet ein Anwaltsgeheimnis, das das Dokument erfasst und vom Schiedsgericht für anwendbar gehalten wird, einen Ausschlussgrund. Hier unterscheiden sich die IBA Beweisregeln von § 142 ZPO, der ein Anwaltsgeheimnis nur bei einer Vorlageanordnung gegenüber Dritten berücksichtigt. Die anderen Ausschlussgründe sind jedoch vergleichbar. Nach Art. 3 Nr. 6 IBA Beweisregeln hat das Schiedsgericht hinsichtlich der Anordnung der Vorlage Ermessen, sofern nicht ein Ausschlussgrund i.S.v. Art. 9 Nr. 2 IBA Beweisregeln greift. Dies ist ein zentraler Unterschied zur kontinentaleuropäischen Rechtstradition, die auch in § 142 ZPO zum Ausdruck kommt.[635] Wie oben dargestellt, wird der mögliche

---

632 *Münch*, in: Münchener Kommentar ZPO, § 1048 Rn. 35 f.; *Wilske/Markert*, in: Vorwerk/Wolf (Hrsg.), BeckOK ZPO, § 1048 Rn. 10.

633 *Wilske/Markert*, in: Vorwerk/Wolf (Hrsg.), BeckOK ZPO, § 1048 Rn. 11.

634 Kritisch und für das deutsche Recht insoweit einschränkend: *Münch*, in: Münchener Kommentar ZPO, § 1049 Rn. 68.

635 *Münch*, in: Münchener Kommentar ZPO, § 1049 Rn. 68.

Erkenntniswert der Urkunde ins Verhältnis zu gegenläufigen Interessen des Urkundenbesitzers gesetzt. Ein Anwaltsgeheimnis schützt also nur dann vor einer Vorlage, wenn das Interesse an dessen Einhaltung den Erkenntniswert der Urkunde überwiegt. Dem Anwaltsgeheimnis wird von den IBA Beweisregeln folglich ein deutlich höherer Schutz zugestanden als von der ZPO.

Ist sich das Schiedsgericht nicht sicher, ob das Dokument tatsächlich von einem für anwendbar gehaltenen Anwaltsgeheimnis oder anderen Geheimhaltungsinteressen umfasst wird, kann es nach Art. 3 Nr. 8 IBA Beweisregeln einen unabhängigen und zur Verschwiegenheit (auch gegenüber Schiedsgericht und Parteien) verpflichteten Sachverständigen um eine Begutachtung dieser Frage ersuchen.

b) Dispositionsfreiheit der Parteien

Sofern sich die Parteien in ihrer Schiedsvereinbarung oder zu Anfang des Verfahrens auf ein zu berücksichtigendes Anwaltsgeheimnis einigen, hat es das Schiedsgericht leicht: Es setzt einfach die Vereinbarung der Parteien um, die dem schiedsrichterlichen Ermessen in jedem Fall vorgeht (§ 1042 Abs. 3, 4 ZPO). Da Parteien regelmäßig[636] „Herren des Geheimnisses“ sind und ihren Rechtsanwalt von der berufsrechtlich und ggf. auch strafrechtlich normierten Pflicht zur Verschwiegenheit entbinden können, ist dies selbst dann nicht problematisch, wenn ein Rechtsanwalt selbst Dokumente herausgibt, die sich in seinem Besitz befinden.

c) Anordnungskompetenz des Schiedsgerichts

Wenn die Parteien ein prozessual zu beachtendes Anwaltsgeheimnis nicht vereinbaren, ist es am Schiedsgericht, nach freiem Ermessen gem. § 1042 Abs. 4 ZPO darüber zu entscheiden, wann ein Anwaltsgeheimnis die Vorlage von Beweisdokumenten hindern kann. Da sich Parteien regelmäßig nicht auf ein anwendbares Anwaltsgeheimnis verständigen werden, dürfte dies der Normalfall sein. Im Folgenden sollen zunächst Vorschläge präsentiert werden, wie ein Schiedsgericht über die Relevanz eines Anwaltsgeheimnisses entscheiden kann. Eingegangen wird dabei auf die IBA Beweisregeln (**aa.**) sowie auf Vorschläge aus der Literatur (**bb.**). Schließlich soll abschließend zu den Vorschlägen Stellung genommen werden (**cc.**)

---

636 Anders z. B. in Frankreich, siehe nur: *Magnus*, Das Anwaltsgeheimnis und sein zivilprozessualer Schutz, S. 132 ff.

aa) Regelung der IBA Beweisregeln

Art. 9 Nr. 3 der IBA Beweisregeln statuiert Vorschläge, nach welchen Kriterien ein Schiedsgericht entscheiden kann, wann ein Anwaltsgeheimnis i.S.v. Art. 9 Nr. 2 Buchstabe b IBA Beweisregeln beachtlich ist.[637] Diese Vorschläge werden ausdrücklich unter den Vorbehalt zwingender nationaler gesetzlicher Regelungen gestellt. Ein Schiedsgericht soll zunächst bedenken, inwieweit ein Schutz des Dokumentes überhaupt nötig ist (Buchstaben a und b). Weiterhin soll es bedenken, welche Erwartungen die Parteien und ihre Rechtsberater im Hinblick auf den Schutz durch ein Anwaltsgeheimnis hatten, als sie das Dokument erstellten (Buchstabe c). Außerdem soll berücksichtigt werden, ob die Partei explizit oder konkludent auf den Schutz durch das Anwaltsgeheimnis verzichtet hat, indem sie das Dokument etwa an Dritte weitergegeben oder den Inhalt gegenüber Dritten verwandt hat (Buchstabe d.). Diese Erwägungen tragen insoweit den Standards des US-amerikanischen Rechts Rechnung. Schließlich soll das Schiedsgericht darauf achten, dass die Parteien fair behandelt werden, wenn auf sie unterschiedliche Standards angewandt werden (Buchstabe e).

Auch wenn der Katalog in Art. 9 Nr. 3 IBA Beweisregeln für Schiedsgerichte durchaus eine Orientierung bei der Entscheidungsfindung darstellen kann, weil es zumindest angehalten wird, die richtigen Fragen zu stellen,[638] ist eine konkrete Entscheidungshilfe kaum zu erwarten.

bb) Vorschläge aus der Literatur

Konkretere Vorschläge finden sich hingegen in der schiedsgerichtlichen Literatur.

(1) Anwaltsgeheimnis am Ort der materiellen Rechtswahl

Teilweise wird in der Literatur vertreten, dass ein Schiedsgericht eine materielle Rechtswahl der Parteien als konkludente Vereinbarung des dazugehörigen Anwaltsgeheimnisses ansehen soll. In der Folge wäre für beide Parteien das Anwaltsgeheimnis maßgeblich, das in dem Staat gilt, dessen Recht als auf den Vertrag anwendbares Recht gewählt wurde.[639]

---

637 Eine Diskussion der einzelnen Vorschläge findet sich bei *Berger*, International Arbitration Law Review 2010, 171 (171 ff.).

638 *Webster*, Handbook of UNCITRAL Arbitration, Rn. 27–23; *Berger*, International Arbitration Law Review 2010, 171 (176).

639 *Alvarez*, in: van den Berg (Hrsg.), Arbitration 2006: Back to Basics, ICCA Congress Series Bd. 13, 663 (684).

Diesem Ansatz wird zu Recht entgegengehalten, dass die Parteien bei einer materiellen Rechtswahl kaum an das anwendbare Anwaltsgeheimnis denken werden.[640] Zudem ist die Beachtlichkeit des Anwaltsgeheimnisses eine primär schiedsverfahrensrechtliche und keine materielle Frage.

(2) Anwaltsgeheimnis am Schiedsverfahrensort

In eine ähnliche Richtung argumentieren diejenigen Stimmen, die das Anwaltsgeheimnis am Schiedsverfahrensort für maßgeblich erklären wollen.[641] Auch der Schiedsort wird grundsätzlich von den Parteien durch Vereinbarung bestimmt.

Auch diesem Ansatz lässt sich entgegnen, dass er in die Vereinbarung der Parteien etwas hineinlesen will, ohne dass die Parteien bei Abschluss der Vereinbarung daran gedacht haben werden.[642] Zudem erklärt er letztlich das für das staatliche Gerichtsverfahren geschriebene Beweisrecht am Schiedsort auch für Schiedsgerichte für maßgeblich. Eben dies soll durch die Eigenständigkeit schiedsrechtliche Verfahrensgesetze jedoch vermieden werden.

(3) Anwendung des stärksten Schutzes

Andere Vertreter schlagen die Anwendung einer „*Most Favoured Nation Rule*" vor, nach der zunächst gefragt werden soll, welches in Frage kommende Anwaltsgeheimnis den Parteien den größtmöglichen Schutz bietet. Dieses soll dann auf alle angewandt werden, sofern sie ihre Verweigerung in gutem Glauben begründen.[643]

Dieser Ansatz hat den Vorteil, dass er die Parteien formal gleich behandelt und grundsätzlich keiner Partei mehr Schutz als der anderen bietet. Der Nachteil dieser Regel ist jedoch, dass er dem Verfahren tendenziell mehr Beweismittel entzieht. Sofern eine Partei bei Anfertigung eines Dokumentes nicht darauf vertraut hat, dass dies durch ein Anwaltsgeheimnis im Hinblick auf eine spätere Vorlagepflicht geschützt wird, ist es unbillig, ihr diesen Schutz im Nachhinein zuzuerkennen und ihrem Prozessgegner den Zugang zum Beweismittel zu

---

640 *Berger*, Arbitration International 22 (2006), 501 (506); *v. Schlabrendorff/Sheppard*, in: Liber Amicorum Robert Briner, 743 (769).

641 *Webster*, Handbook of UNCITRAL Arbitration, Rn. 27–12, der zwar Unzulänglichkeiten des Ansatzes einräumt, ihn aber für sehr praktikabel hält.

642 *Reiser*, Cardozo Journal of Conflict Resolution 13 (2012), 653 (669) mwN.

643 *Berger*, Arbitration International 22 (2006), 501 (518); *ders.*, International Arbitration Law Review 2010, 171 (176); *Meyer-Hauser*, Anwaltsgeheimnis und Schiedsgericht, S. 62; *Rubinstein/Guerrina*, Journal of International Arbitration, 18 (2001), 587 (597);

verwehren.[644] Begrenzt man dies wiederum zu stark über das Erfordernis einer gutgläubigen Ausübung entsprechender Zurückbehaltungsrechte, erreicht man hingegen wieder den Ausgangspunkt, wonach jede Partei das Anwaltsgeheimnis erhält, auf das sie vertraut hat.

(4) Recht des Belegenheits- oder Erstellungsortes

Fabian *von Schlabrendroff* und Audley *Sheppard* schlagen vor, entweder das Recht des Staates anzuwenden, in dem das Dokument erstellt wurde oder sich das Dokument befindet.[645] Beide räumen jedoch insoweit ein, dass der Belegenheitsort aufgrund der Vorzüge moderner Technik mitunter wenig aussagekräftig ist, da sich das Dokument beispielsweise auf einem Server oder Laptop befinden kann. Allerdings könnte man insoweit argumentieren, dass die Partei selbst dafür Sorge tragen muss, ihre vertraulichen Daten zu schützen, wenn sie diese unter den Schutz eines Anwaltsgeheimnisses stellen will, auf das sie vertraut. Zumindest das Recht an dem Ort, an dem das Dokument erstellt wurde, kann durchaus einen Hinweis darauf geben, auf welches Recht die Partei bei der Erstellung vertraute. *Von Schlabrendorff* und *Sheppard* ist weiterhin in ihrem Befund zuzustimmen, wonach der Erstellungsort letztlich auch immer der chronologische Ausgangspunkt des Vertrauensschutzes ist.

(5) Zulassungsort des Rechtsanwalts

Gary B. *Born* hält es für vorzugswürdig, das Anwaltsgeheimnis am Zulassungsort des Rechtsanwalts anzuwenden, mit dem die Kommunikation erfolgte. Dies sei sowohl vorhersehbar als auch gerecht, da die Parteien regelmäßig auf dieses Anwaltsgeheimnis vertraut haben werden. Zudem kann der Anwalt, der ebenfalls von der Anwendbarkeit seines Berufsrechts ausgehen wird, sicherstellen, dass er dessen Voraussetzungen im Einzelfall auch erfüllt und die Parteien entsprechend anweisen oder beraten. Sofern ein Team aus internationalen Anwälten in die Beratung involviert ist, soll immer das Recht desjenigen externen Anwalts angewandt werden, der im Mandat hauptverantwortlich ist (Senior Lawyer).[646] In Großkanzleien wird dies regelmäßig der Partner sein, der für den Vorgang als Supervisor zuständig ist und den Mandantenkontakt hält.

---

644 *Shaughnessy*, in: Stockholm Institute for Scandinavian Law (Hrsg.), Scandinavian Studies in Law, Bd. 51 (2007), 451 (467).

645 *v. Schlabrendorff/Sheppard*, in: Liber Amicorum Robert Briner, 743 (770).

646 *Born*, International Commercial Arbitration, S. 1913 f.

cc) Stellungnahme

Insgesamt sprechen die besseren Argumente dafür, nur das Anwaltsgeheimnis anzuwenden, auf das eine Partei bei Abfassung des streitgegenständlichen Beweisdokuments vertraut hat. Dies wird regelmäßig das Recht am Zulassungsort des Rechtsanwalts sein. *Born* ist insoweit auch zuzustimmen, dass der Rechtsanwalt selbst von der Maßgeblichkeit des eigenen Berufsrechts ausgehen und die Kommunikation mit seinem Mandanten entsprechend führen wird. Sollte die Partei ausnahmsweise auf ein anderes Recht vertraut haben, ist es an ihr, den Vertrauenstatbestand gegenüber dem Schiedsgericht darzulegen.[647] Sind diese Gründe für das Schiedsgericht nachvollziehbar spricht nichts dagegen, dieses Anwaltsgeheimnis auch zuzuerkennen. Nicht überzeugen kann dagegen eine Meistbegünstigung der Parteien, da diese letztlich dazu führt, dass im Nachhinein ein Schutz gewährt wird, auf den nie vertraut wurde. Dies kann auch keine Gleichbehandlung der Parteien herbeiführen, da die Partei, die nicht vertraut hat, letztlich ohne Grund geschützt wird. Weiterhin steht es jeder Partei frei, zu Anfang eines Mandats oder vor einem Kommunikationsaustausch sicherzustellen, dass die Kommunikation hinreichend geschützt ist. Handelt die Partei hier nachlässig, ist es nicht am Schiedsgericht, dieses später auszugleichen.

D. Ergebnisse Teil 2

Im Hinblick auf den von Rechtsanwälten bei einer Vertretung vor deutschen Schiedsgerichten zu beachtenden Normentatbestand ergeben sich damit folgende Ergebnisse:

- Deutsche Rechtsanwälte haben ihr Verhalten zunächst an den Normen des Strafrechts zu messen. Sie können sich im Schiedsverfahren insbesondere wegen Prozessbetrugs (§ 263 StGB), Parteiverrats (§ 356 StGB), Schiedsrichterbestechung (§ 333 Abs. 2) und wegen des Bruchs der Verschwiegenheit (§ 203 StGB) strafbar machen. Berufsrechtlich unterliegen sie dem deutschen Berufsrecht und damit insbesondere der BRAO und der BORA. Verstöße gegen Verhaltensstandards, die von den Schiedsparteien oder vom Schiedsgericht gem. § 1042 Abs. 2, 3 ZPO aufgestellt werden, können von den Anwaltskammern oder der Anwaltsgerichtsbarkeit mangels gesetzlicher Grundlage nicht sanktioniert werden.

647 *Shaughnessy*, in: Stockholm Institute for Scandinavian Law (Hrsg.), Scandinavian Studies in Law, Bd. 51 (2007), 451 (467).

- Europäische Rechtsanwälte unterliegen denselben Vorschriften wie deutsche Rechtsanwälte. Die BORA gilt für sie jedoch nicht, da sie im Sinne von Art. 1.5 CCBE-Berufsregeln grenzüberschreitend tätig werden. Insgesamt haben sie bei ihrer Tätigkeit auch die CCBE-Berufsregeln zu beachten. Weiterhin haben sie aufgrund von Art. 4.5 CCBE-Berufsregeln auch die Berufspflichten zu beachten, die vor dem Schiedsgericht gelten. Beachten sie diese nicht, können sie dafür am Zulassungsort von der Berufsaufsicht sanktioniert werden. Vorbehaltlich abweichender nationaler Regelungen in ihrem Heimatrecht ist das Berufsrecht am Zulassungsort unbeachtlich. Es wird durch die CCBE-Berufsregeln verdrängt.
- Ausländische Rechtsanwälte, die aus einem Staat kommen, deren Anwaltskammer beim CCBE assoziiertes oder beobachtendes Mitglied ist, haben bei ihrer Tätigkeit die genannten Normen des deutschen Strafrechts zu beachten, wobei § 203 StGB auf sie nicht anwendbar ist. Ihre Tätigkeit unterliegt den CCBE-Berufsregeln sowie dem Berufsrecht, das vor dem Schiedsgericht – sei es aufgrund der Schiedsordnung oder aufgrund sonstiger Parteivereinbarung bzw. schiedsrichterlicher Festsetzung gilt (Art. 4.5 CCBE-Berufsregeln). Vorbehaltlich abweichender nationaler Regelungen in ihrem Heimatrecht ist das Berufsrecht am Zulassungsort unbeachtlich, da es durch die CCBE-Berufsregeln verdrängt wird.
- Rechtsanwälte aus den USA müssen sich bei ihrer Tätigkeit ebenfalls an die genannten Normen des deutschen Strafrechts mit Ausnahme von § 203 StGB halten. Ist in ihrem Heimatbundesstaat ABA-Modelregel 8.5 umgesetzt oder eine vergleichbare Regelung in Kraft, unterliegt ihr Verhalten dem deutschen Berufsrecht, sofern vor dem Schiedsgericht nicht abweichende Regelungen gelten. Die Diziplinargewalt bindet sich weiterhin am Ort der Zulassung, sanktioniert aber das Recht am Schiedsverfahrensort bzw. die Regeln des Schiedsgerichts. Rechtsanwälte, die aus anderen Bundesstaaten kommen unterliegen ihrem Heimatrecht.
- Rechtsanwälte, die aus keinem der vorgenannten Staaten kommen (etwa aus Asien, Australien oder dem mittleren Osten) müssen ihr Heimatrecht beachten, sofern dies keine abweichende Regelung vorsieht. Beachtlich sind weiterhin die vorgenannten Normen des Strafrechts mit Ausnahme des § 203 StGB. Die §§ 263 Abs. 1, 356, 333 Abs. 2 StGB markieren somit den allgemeinverbindlichen Mindestverhaltensstandard für alle in- und ausländischen Rechtsanwälte. Verstöße können notfalls durch die deutschen Strafverfolgungsbehörden verfolgt werden. Wird ein Schiedsspruch etwa durch

Prozessbetrug erwirkt, kann er zudem aufgrund von § 1059 Abs. 2 Nr. 2 Buchstabe b ZPO vom zuständigen Oberlandesgericht aufgehoben werden.

- Soweit erkennbar, ergeben sich in der schiedsgerichtlichen Praxis relevante berufsrechtliche Kollisionen nur im Bereich des Anwaltsgeheimnisses und dort auch nur dann, wenn es um die Vorlage von Urkunden durch den Gegner geht und das maßgebliche Anwaltsgeheimnis nicht zwischen den Parteien vereinbart wurde. Das Schiedsgericht ist in diesen Situationen nach § 1042 Abs. 4 ZPO grundsätzlich frei, die Maßgeblichkeit eines Anwaltsgeheimnisses selbstständig zu verneinen oder zu bejahen, sofern es dabei nicht die Parteien ungleich behandelt (§ 1042 Abs. 1 ZPO). Es erscheint jedoch ratsam, immer nur dann ein Anwaltsgeheimnis als Entschuldigungsgrund anzuerkennen, wenn auf dieses bei Erstellung der Urkunde vernünftigerweise vertraut wurde und seine Anwendung im Ergebnis tatsächlich zur Verweigerung der Vorlage führt. Darzulegen ist dies von der Partei, die sich auf das Anwaltsgeheimnis beruft.

3. Teil: Regulierung anwaltlichen Verhaltens durch Soft-Law

In jüngerer Zeit gab es für die Schaffung von Verhaltensstandards für Parteivertreter von mehreren Seiten Vorschläge. Zunächst legte die Wissenschaftlerin Catherine A. *Roberts* eine methodische Grundlage für die Schaffung und Durchsetzung derartiger Regeln vor (**A.**). Im Mai 2013 wurden dann die IBA Guidelines für Parteivertreter vorgelegt (**B.**). Im Februar 2014 folgte ein Entwurf von Guidelines, die die neuen Verfahrensregeln des LCIA ergänzen sollen (**C.**). Alle drei Ansätze werden nach ihrer inhaltlichen Besprechung – als Ergebnis dieses Teils – auf ihre Geeignetheit für deutsche Schiedsverfahren untersucht (**D.**).

A. Ansatz Catherine A. *Rogers*

Die Idee, berufsethische Regeln von den Schiedsinstitutionen aufstellen und von den Schiedsgerichten und Schiedsinstitutionen durchsetzen zu lassen wurde erstmals im Jahr 2002 von der US-Amerikanerin Catherine A. *Rogers* in zwei umfangreichen und aufeinander aufbauenden Aufsätzen vorgebracht. Unter dem Titel „*Fit and Function in Legal Ethics: Developing a Code of Conduct for International Arbitration*" entwickelte *Rogers* eine Methode zur Ermittlung des Inhalts von Berufsregeln für internationale Schiedsverfahren.[648] Unter dem Titel „*Context and Institutional Structure in Attorney Regulation: Constructing an Enforcement Regime for International Arbitration*" legte sie dann den Entwurf eines Modells zur Ausarbeitung und Durchsetzung dieser Regeln vor.[649] Das Modell von *Rogers* knüpft daran an, dass nationales Berufsrecht ungeeignet sei, in einem internationalen Schiedsverfahren zu sachgerechten Lösungen zu gelangen (**I.**). Ausgehend von dieser These sollten die Schiedsinstitutionen laut *Rogers* eigene Berufsregeln erstellen, die dem Charakter des internationalen Schiedsverfahrens sowie der Rolle von Parteivertretern innerhalb dieses Systems Rechnung tragen (**II.**). In der täglichen Praxis sollen die Verhaltensregeln dann durch

648 *Rogers*, Michigan Journal of International Law 23 (2001–2002), 341 (341 ff.); siehe weiterhin auch *Menkel-Meadow*, University of Miami Law Review 56 (2001) 949 (949) (die jedoch nur Probleme und institutionelle Lösungsversuche aufgezeigt hat); *Whelan*, Vanderbild Journal of Transnational Law 34 (2001), 931 (931 ff.) (für eine generelle Regulierung der grenzüberschreitenden Tätigkeit).

649 *Rogers*, Stanford Journal of International Law 39 (2003), 1 (1 ff.).

die Schiedsgerichte durchgesetzt werden, die ihre Kompetenz dazu durch eine Unterwerfungsvereinbarung mit den Parteivertretern erhalten (**III.**). Schließlich sollen die Entscheidungen des Schiedsgerichts aufgrund der Sensibilität des Themas durch nationale Gerichte überprüfbar sein (**IV.**).

I. Grundthese

Rogers ging bei der Schaffung ihres Modells im Grundsatz davon aus, dass sich Berufsregeln aus dem Rollenbild entwickeln, das Anwälten innerhalb des Rechtssystems zukommt, in dem sie zugelassen sind.[650] Obwohl alle Rechtssysteme für Anwälte identische Grundwerte wie Wahrhaftigkeit, Fairness, Unabhängigkeit, Loyalität gegenüber dem Mandanten und Verschwiegenheit festschreiben, würden sich nach *Rogers* die einzelnen nationalen Berufsregeln unterscheiden, da sie diese Grundwerte nicht nur ausformulieren, sondern bei Zielkonflikten auch gegeneinander abwägen würden.[651]

In einem internationalen Schiedsverfahren, in dem Anwälte aus mehreren Rechtssystemen für Parteien auftreten, führe dies entweder dazu, dass sich kein Staat für deren Regulierung interessieren würde oder dazu, dass die einzelnen Heimatreglungen der Anwälte nicht aufeinander abgestimmt seien. Ethische Normen könnten aber schlecht in Einzelfällen miteinander gemixt werden, um zu sachgerechten Lösungen zu kommen.[652] Internationale Schiedsgerichte müssten vielmehr auf einheitliche und einfach handhabbare Regeln zurückgreifen können, da eine Selbstkontrolle der an Schiedsverfahren beteiligten Personen heutzutage nicht mehr funktionieren würde.[653] Dazu sei die Zahl der in Schiedsverfahren insgesamt involvierten Praktiker und Nationen mittlerweile zu groß. Weiterhin hätten Neuerrungen wie etwa die Einführung der IBA Beweisregeln zu einer „*Judicialization of Arbitration*" geführt, die das konsens- und effizienzorientierte Schiedsverfahren vergangener Tage in eine Art internationale Handelsgerichtsbarkeit verwandelt hätten, die den Parteien gleiche Rechtsschutz- und Verteidigungsmöglichkeiten gewähren würde (Stichworte: Dokumentenvorlage

650 *Rogers*, Michigan Journal of International Law 23 (2001–2002), 341 (344); kritsch: *Weisenberger*, Wisconsin International Law Journal 25 (2008), 89 (100 ff.), die zu Recht bezweifelt, dass unterschiedliche prozessrechtliche Traditionen zwingend auf ein unterschiedliches Berufsbild zurückzuführen sind.

651 *Rogers*, Michigan Journal of International Law 23 (2001–2002), 341 (357 ff.).

652 *Rogers*, Michigan Journal of International Law 23 (2001–2002), 341 (347, 354).

653 *Rogers*, Michigan Journal of International Law 23 (2001–2002), 341 (355) mwN.

und Zeugenvorbereitung).[654] In einem derartigen Kontext müsse auch das anwaltliche Berufsrecht für alle gleich verbindlich sein.[655]

Rogers folgert daraus, dass eine kollisionsrechtliche Anknüpfung nationaler Berufsrechte im Schiedsverfahren nicht zu befriedigenden Ergebnissen führen könne.[656] Dass diese Grundthese *Rogers* für das deutsche Schiedsverfahren ebenso wenig zutrifft, wie ihre zweite und im Übrigen dazu widersprüchliche[657] These, wonach die internationale Schiedsgerichtsbarkeit ein berufsrechtlich nicht regulierter Bereich sei, wurde bereits umfangreich in Teil 2 dargelegt. Letztlich gibt es in Deutschland über § 263 Abs. 1 StGB einen allgemeinverbindlichen Mindeststandard im Bereich von Aufrichtigkeit und Fairness, der für alle Verfahrensbeteiligten gilt. Probleme bei der Zeugenvorbereitung gibt es mangels eines entsprechenden nationalen Verbots nicht und Kommunikation mit Schiedsrichtern kann notfalls durch das Schiedsgericht unterbunden werden. Auch der Umgang mit Interessenskonflikten ist insoweit geregelt, als dass kein Rechtsanwalt deswegen aus einem Schiedsverfahren ausgeschlossen, wohl aber sonst zur Mandatsniederlegung gezwungen werden kann. Lediglich im Bereich der anwaltlichen Verschwiegenheit besteht eine Divergenz, die jedoch vor dem Hintergrund des notwendigen Vertrauensschutzes in die Privatheit einer Kommunikation zwischen Anwalt und Mandant auch nicht isoliert für das Schiedsverfahren vereinheitlicht werden sollte.

Rogers ist weiterhin der Ansicht, dass sich nationale Berufsaufsichten selbst schlicht für unzuständig hielten, das Verhalten von Parteivertretern im Schiedsverfahren zu regeln.[658] Insgesamt würden sich die Staaten aus der Schiedsgerichtsbarkeit heraushalten und ihre Einmischung auf eine Unterstützerrolle beschränken.[659] Belege dafür liefert sie nicht. Es ist im Übrigen fraglich, ob dies tatsächlich so ist. In Deutschland etwa adressieren § 3 Abs. 2, 3 BRAO sowie § 46 Abs. 1 BRAO explizit die Vertretung vor Schiedsgerichten. Auch die Tatsache, dass es keine besonderen Verhaltensregeln für Schiedsverfahren gibt, kann kaum als Beleg dafür herangezogen werden, dass der deutsche Gesetzgeber keine Regelungen treffen will. Dieser geht wohl vielmehr davon aus, dass sich auch die

654 *Rogers*, Michigan Journal of International Law 23 (2001–2002), 341 (350 ff.).

655 *Rogers*, Michigan Journal of International Law 23 (2001–2002), 341 (373): "*Knowing the divergences between national ethical obligations, sketched in Section B, it is easy to understand that they cannot peacefully co-exist in a single arbitral proceeding.*"

656 *Rogers*, Michigan Journal of International Law 23 (2001–2002), 341 (402 ff.)

657 So auch *Weisenberger*, Wisconsin International Law Journal 25 (2008), 89 (91).

658 *Rogers*, Stanford Journal of International Law 39 (2003), 1 (3 f., 25).

659 *Rogers*, Stanford Journal of International Law 39 (2003), 1 (15).

Vertretung vor Schiedsgerichten an den allgemeinen Regeln zu messen hat, da die BRAO auch ansonsten keine gesonderten Verhaltensregelungen für einzelne Verfahrensarten kennt. Nichts anderes gilt für die Satzungsversammlung bei der BRAK, die über den Inhalt der BORA zu entscheiden hat. Auch die Annahme, dass sich der Staat im Hinblick auf Schiedsverfahren auf eine reine Unterstützerrolle beschränke, kann in dieser Pauschalität nicht geteilt werden. Staaten kontrollieren zwar aufgrund des NYÜ regelmäßig nicht den materiellen Inhalt von Schiedssprüchen, wohl aber, ob das Verfahren ordnungsgemäß abgehalten wurde.

Rogers lehnt jedoch nicht nur eine kollisionsrechtliche Anknüpfung sondern auch eine Rechtsangleichung auf der Ebene der Rechtsanwaltskammern nach dem Vorbild der CCBE-Berufsregeln ab. Derlei Kompromisse seien langwierig und im Ergebnis auch zu allgemein, um den Anforderungen von Schiedsverfahren Rechnung zu tragen.[660] *Rogers* reiht sich damit in die Reihe derjenigen ein, die Schiedsverfahrensrecht für derart speziell und bedeutend halten, dass man seine rechtliche Regulierung nur ausgewiesenen Schiedsverfahrensexperten und nicht etwa ordinären Gesetzgebern oder Organen der gemeinen Anwaltschaft überlassen könne.

Rogers ist auch der Meinung, dass Rechtsanwälte, die in einem internationalen Schiedsverfahren auftreten, schon deshalb nicht vom nationalen Gesetzgeber reguliert werden sollten, da die üblichen Regelungszwecke des Anwaltsrechts im Schiedsverfahren nicht greifen würden. Im internationalen Schiedsverfahren, in dem es in der Regel um hohe Streitwerte ginge, seien die Mandanten in der Regel Unternehmen, die vom Staat nicht beschützt werden bräuchten, da sie selbst genug Kenntnisse und monetäre Mittel hätten, um sich vor ihren Anwälten zu schützen.[661] Weiterhin seien auch die Interessen Dritter, d.h. am Verfahren nicht Beteiligter, nicht zu wahren, da das Schiedsverfahren grundsätzlich auf die Parteien der Schiedsvereinbarung beschränkt sei.[662] Insofern müsse man nur den Prozessgegner und dessen Bevollmächtigten vor den Handlungen des Rechtsanwalts schützen.[663] Es kann bezweifelt werden, dass der Schutz der eigenen Partei im Schiedsverfahren wirklich einen derart niedrigen Stellenwert genießen kann. Da die Schiedsgerichtsbarkeit mittlerweile weit verbreitet ist, sind auch kleinere und mittelständische Unternehmen an internationalen Schiedsverfahren beteiligt, die nicht über Armeen von Juristen verfügen, die sich gegenseitig

---

660 *Rogers*, Michigan Journal of International Law 23 (2001–2002), 341 (395).
661 *Rogers*, Stanford Journal of International Law 39 (2003), 1 (21).
662 *Rogers*, Stanford Journal of International Law 39 (2003), 1 (21 f.).
663 *Rogers*, Stanford Journal of International Law 39 (2003), 1 (31).

kontrollieren. Weiterhin ist insbesondere im Nachgang der globalen Finanzkrise 2009 offenbar geworden, dass sich auch große Unternehmen, die von internationalen Großkanzleien vertreten werden, sich im Nachhinein nicht immer richtig beraten fühlen. In den Annahmen *Rogers* wird zudem ein anders Problem offenbar: Schiedsinstitutionen und Schiedspraktiker, die vornehmlich als Schiedsrichter agieren, werden immer eine Tendenz haben, eine zu energische Prozessführung und Interessenwahrnehmung zugunsten der Effektivität des Schiedsverfahrens zu beschränken.[664]

II. Aufstellung von Regeln durch Schiedsinstitutionen

Die Formulierung dieser Verhaltensregeln will *Rogers* den nationalen Gesetzgebern sowie den Anwaltschaften entziehen und stattdessen den jeweiligen Schiedsinstitutionen überlassen.

Schiedsinstitutionen sind nach *Rogers* auch deshalb die besten Regulierer, da sie letztlich eine kostenpflichtige Dienstleistung für die Parteien anbieten würden und daher, um niemanden zu verschrecken, nur das Nötigste regulieren werden, um die Integrität des Verfahrens herzustellen. Auf der anderen Seite würden Schiedsinstitutionen aber auch nicht weniger als nötig regeln, da sie ein Interesse daran haben, dass ihre Schiedsverfahren effizient verlaufen.[665] Einen universellen Verhaltenskodex, der für alle Schiedsinstitutionen gelten soll, lehnt *Rogers* jedoch ab, da er nicht flexibel genug sei.[666] Die Einbindung in die Verfahrensordnungen habe weiterhin den Vorteil, dass die Parteien über ihre Schiedsvereinbarung daran gebunden seien, jedoch über ihre Dispositionsfreiheit an nicht zwingenden Regelungen Änderungen vornehmen könnten.[667]

Konkret schlägt sie vor, dass sich auch Berufsregeln für Parteivertreter in der internationalen Schiedsgerichtsbarkeit am Berufsbild und deren Funktion für die Rechtsfindung orientieren müssten. Das Schiedsverfahren sei von den Prinzipien der Neutralität, der Effektivität und der Parteiautonomie bestimmt.[668] Ausformuliert werden diese Prinzipien durch das, was von Schiedsgerichten regelmäßig angewandt werde, also sogenannten Best Practice Regeln. *Rogers* möchte also im Ergebnis Berufsregeln für das Verfahren vor (Handels-)Schiedsgerichten entwickeln, die auf die Verfahrensregeln

664 Siehe dazu auch *Wolf/Hasenstab*, RIW 2011, 612 (615 f.).

665 *Rogers*, Stanford Journal of International Law 39 (2003), 1 (26).

666 *Rogers*, Stanford Journal of International Law 39 (2003), 1 (26).

667 *Rogers*, Stanford Journal of International Law 39 (2003), 1 (29).

668 *Rogers*, Michigan Journal of International Law 23 (2001–2002), 341 (408).

der Institutionen und ergänzende Regelwerke wie die IBA Beweisregeln abgestimmt sind.[669]

III. Durchsetzung durch die Schiedsgerichte

Die konkrete Durchsetzung der Verhaltensstandards (und damit die eigentliche Berufsaufsicht) soll nach dem Modell von *Rogers* den Schiedsgerichten obliegen, vor denen die Parteivertreter auftreten. Diese müssen sich zuvor der Berufsaufsicht durch das Schiedsgericht vertraglich unterwerfen.[670] Das Modell ähnelt insoweit stark dem, was zum Vorschlag des LCIA bisher bekannt ist. Tritt der Verdacht eines Fehlverhaltens auf, soll das Schiedsgericht gegebenenfalls den Sachverhalt ermitteln und dem wegen Fehlverhaltens beschuldigten Rechtsanwalt rechtliches Gehör gewähren. Wenn das Schiedsgericht daraufhin zu der Überzeugung gelangt, dass der sich der Parteivertreter tatsächlich nicht normgemäß verhalten hat, soll das Schiedsgericht einen Disziplinarschiedsspruch („*Sanction Award*") erlassen, der auch publiziert werden kann, wenn die jeweiligen Verfahrensregeln des Schiedsgerichts dies vorsehen.

Die Frage, ob der Name des Parteivertreters dabei genannt wird oder nicht, ist durch die Schiedsinstitution zu regeln. Wenn das Schiedsgericht es für richtig hält, kann es weiterhin die Anwaltskammer oder sonstige Berufsaufsicht am Zulassungsort des anwaltlichen Parteivertreters informieren, damit diese weitere Maßnahmen, wie etwa den Ausschluss aus der Anwaltschaft einleiten kann. Den Widerspruch dieser Forderung zu der Grundthese, dass nationale Berufsaufsichten kein Interesse an der Regulierung von Schiedsverfahren hätten, löst *Rogers* mit dem Hinweis auf, dass eine Unterstützung von Schiedsgerichten bei der Durchsetzung ethischer Sanktionen etwas anderes sei, als eigeninitiativ tätig zu werden.[671]

Es ist im Übrigen jedoch durchaus fraglich, ob Schiedsgerichte (ohne dafür gesondert vergütet zu werden) selbst eigeninitiativ anstelle der nationalen Berufsaufsicht tatsächlich tätig werden und Sachverhalte eigenständig ausermitteln oder aufwändige Disziplinarschiedssprüche schreiben werden. Letztlich sind auch sie primär private Dienstleister, die gegen Entgelt für Parteien tätig werden.

---

669 *Rogers*, Michigan Journal of International Law 23 (2001–2002), 341 (414); *dies.*, Stanford Journal of International Law 39 (2003), 1 (26).

670 *Rogers*, Stanford Journal of International Law 39 (2003), 1 (39); *dies.*, Ethics in International Arbitration, S. 271 f.

671 *Rogers*, Stanford Journal of International Law 39 (2003), 1 (35 f.).

Das unterscheidet sie von staatlichen Richtern und Anwaltskammern, die als Amtsträger im klassischen Sinn tätig sind.

Weiterhin besteht auch hier die Gefahr, dass das Schiedsgericht mit Anträgen der jeweiligen Gegenseite lahmgelegt wird, die ein vermeintliches Fehlverhalten von Parteivertretern rügen.

IV. Rechtsschutz vor nationalen Gerichten

Obwohl *Rogers* eine staatliche Einmischung in die berufsrechtliche Regulierung von Rechtsanwälten im Schiedsverfahren zunächst ablehnt und auch einer Maßgeblichkeit des Rechts am Schiedsverfahrenssitz kritisch gegenübersteht, will sie Disziplinarschiedssprüche vollumfänglich der Überprüfung durch staatliche Gerichte unterwerfen. Dies soll nicht zuletzt auch dem Schutz der Parteivertreter vor sachlich falschen Entscheidungen dienen.[672]

Letztlich wird damit jedoch das Problem der berufsrechtlichen Regulierung wieder auf die nationale Ebene des Sitzstaates zurückgeführt. Dieser ist für die Regulierung und Sanktionierung ausländischer Rechtsanwälte aber nur dann zuständig, wenn diese gegen Strafnormen verstoßen oder Ordnungswidrigkeiten begehen. Die berufsrechtliche Regulierung obliegt hingegen dem Rechtssystem, in dem der ausländische Rechtsanwalt zugelassen ist und nicht dem Rechtssystem am Sitz des Schiedsgerichts. Fraglich ist weiterhin, woraus die Kompetenz der staatlichen Gerichte zur Kontrolle folgen soll, wenn nicht alle Staaten zunächst eine entsprechende Überprüfungsmöglichkeit in ihre Verfahrensordnungen aufnehmen. Allenfalls könnte der Parteivertreter das Schiedsgericht auf Rücknahme der Entscheidung verklagen. Überhaupt zeigt diese letzte Instanz innerhalb des Modells von *Rogers*, dass Schiedsgerichte eben nicht im anationalen Raum operieren.

Da dies auch jedem Schiedsrichter klar sein wird, ist es mehr als fraglich, ob sich ein Schiedsgericht bereitwillig zum Hüter berufsrechtlicher Verhaltensstandards aufschwingen und Sanktionsschiedssprüche schreiben wird. Letztlich erfordert dies nämlich nicht zuletzt einen großen Arbeitseinsatz des Schiedsgerichts, wenn es sicher gehen will, dass ein derartiger Schiedsspruch das Problem tatsächlich löst und nicht vielmehr Anlass neuer Streitigkeiten vor staatlichen Gerichten ist, die schließlich auch auf den Hauptschiedsspruch durchschlagen und dessen Wirksamkeit beseitigen können.

---

672 *Rogers*, Stanford Journal of International Law 39 (2003), 1 (38).

B. IBA Guidelines für Parteivertreter

Die Idee, einheitliche Verhaltensregeln für Parteivertreter in einem internationalen Schiedsverfahren aufzustellen, kommt ursprünglich aus dem Schrifttum. Erstmals formuliert wurde eine entsprechende Forderung von W. Michael *Reisman* in den 1970er Jahren.[673] Intensiviert hatte sich die Debatte im Schrifttum darum spätestens seit den 1990er Jahren.[674] Die IBA hat diese Debatte im Jahr 2008 aufgegriffen. Das IBA Arbitration Committee hat dazu eine *Task Force* mit Schiedsgerichtsbarkeitsexperten aus Ländern des *Common Law*[675] und des *Civil Law* gebildet, um zu analysieren, ob die Praxis hier auch tatsächlich ein Regelungsproblem sieht. Soweit erforderlich, sollte die *Task Force* sodann konkrete Maßnahmen vorschlagen, mit denen dem eventuell festzustellenden Problem begegnet werden könne.

Die IBA Guidelines für Parteivertreter sind das Ergebnis dieser Arbeiten.[676] Wie auch Catherine A. *Rogers*, die im übrigen Mitglied der Task Force war,[677] gehen auch die IBA Guidelines für Parteivertreter in ihrer Präambel davon aus, dass das internationale Schiedsverfahren entweder gar keine Verhaltensregeln kenne oder deren Anwendung zumindest zu Rechtsunsicherheiten führen würde.

Weiterhin wird auch die These *Rogers* geteilt, dass sich die Verhaltensregeln für Parteivertreter an dem gängigen Verfahrensrecht im Schiedsverfahren orientieren müssten.[678] Inhaltlich sind die IBA Guidelines für Parteivertreter daher auch eng an die IBA Beweisregeln angelehnt. Beide Regelwerke haben weiterhin gemein, dass sie den Anspruch haben, sogenannte *Best Practice Standards* zu kodifizieren und Elemente des *Common Law* mit Elementen des *Civil Law*

---

673 *Reisman*, Nullity and Revision, S. 116 f.

674 Siehe etwa: *Smit*, Columbia Journal for Transnational Law 25 (1986–1987), 9 (29); *Toulmin*, Fordham International Law 15 (1992), 673 (685); *Vagts*, American Journal of International Law 90 (1996), 250 (250 ff.).

675 Der Terminus beschreibt die Rechtssysteme der angloamerikanischen Rechtstradition. Diese herrscht in den meisten englischsprachigen Ländern vor.

676 Siehe dazu auch *Lörcher/Lissner*, BRJ Sonderausgabe 1/2013, 25 (27 f.) sowie die Präambel der Guidelines; sehr kritisch im Hinblick auf die Frage, ob tatsächlich ein Problem besteht: *M. E. Schneider*, ASA Bulletin 31 (2013), 496 (496) „*what in reality appears only as a marginal problem*".

677 Die Mitglieder sind in der Druckversion der Guidelines aufgeführt.

678 Siehe dazu auch die Präambel der Guidelines sowie die offiziellen Anmerkungen zu Guidelines Nrn. 1–3.

zu vereinen.[679] Einen einheitlichen Standard für ein Anwaltsgeheimnis enthalten sie nicht.

Eingegangen wird im Folgenden auf den Anwendungsbereich (**I.**), die einzelnen Verhaltensregeln (**II.**) sowie auf die Sanktionsmöglichkeiten des Schiedsgerichts (**III.**).

I. Anwendungsbereich

1. Parteivereinbarung oder schiedsrichterliches Ermessen

Die IBA Guidelines für Parteivertreter binden die Bevollmächtigten der Parteien nicht direkt. Da Schiedsgerichte originär nicht für die Aufstellung und Durchsetzung von Berufsregeln zuständig sind und Bevollmächtigte auch nicht der direkten Gewalt des Schiedsgerichts unterliegen, bedienen sich die Guidelines hier eines Kunstgriffs: Wie auch bei anderen Regelwerken der IBA zum Schiedsverfahrensrecht, können die Parteien die Anwendbarkeit entweder direkt durch Vereinbarung regeln (vgl. § 1042 Abs. 3 ZPO) oder dem Schiedsgericht die Entscheidung über die Anwendbarkeit überlassen (vgl. § 1042 Abs. 4 ZPO). § 1042 Abs. 4 ZPO, der eine wörtliche Übernahme von Art. 19 Abs. 2 UMG ist, gibt dem Schiedsgericht die Kompetenz, die Verfahrensregeln nach freiem Ermessen zu bestimmen. Unter dem Begriff Verfahrensregeln wird man dabei richtiger Weise alle Fragen hinsichtlich des Ablaufs und der Formen des Verfahrens unter Einschluss des Beweisrechts subsumieren müssen.[680] Eine generelle Kompetenz, berufs- und standesrechtliche Regelungen für Parteivertreter aufzustellen und durchzusetzen, kommt dem Schiedsgericht somit nicht zu.

Die in den IBA Guidelines für Parteivertreter enthaltenen Kommentare zu den Guidelines 1 bis 3 stellen auch klar, dass die Regeln eine generelle Kompetenz des Schiedsgerichts, über Fragen der Parteivertretung entscheiden zu können, nicht voraussetzen. Vielmehr müsse das Schiedsgericht im Einzelfall eine derartige Kompetenz positiv feststellen. Aus § 1042 Abs. 4 ZPO wird man folgern können, dass das Schiedsgericht den Parteien so lange vorschreiben kann, was deren Parteivertreter zu machen haben, wie derartige Regelungen direkt das schiedsrichterliche Verfahren tangieren. Dies wird, da sich die IBA Guidelines für Parteivertreter im Wesentlichen mit Fragen der Beweisaufnahme beschäftigen, grundsätzlich der Fall sein.

---

679 *Lörcher/Lissner*, BRJ Sonderausgabe 1/2013, 25 (28).
680 *Münch*, in: Münchener Kommentar ZPO, § 1042 Rn. 96.

Damit kann ein Schiedsgericht Verstöße gegen die Guidelines auch im Rahmen seiner Verfahrensentscheidungen berücksichtigen bzw. gegenüber der Partei sanktionieren.

2. *Bindung der Schiedsparteien*

a) *Parteien haften für ihre Vertreter*

Aus der Anwendung über § 1042 ZPO folgt damit, dass das Schiedsgericht nur die Parteien und nicht ihre Parteivertreter direkt an die IBA Guidelines für Parteivertreter binden kann. Der Parteivertreter wird insoweit der Partei zugerechnet, als dass dessen Prozesshandlungen die Partei in gleicher Weise verpflichten, wie eigene Prozesshandlungen. Die Partei muss damit auch unmittelbar für das Fehlverhalten ihres Prozessbevollmächtigten einstehen.[681]

Die Schiedspartei kann ihren Parteivertreter jedoch gegebenenfalls für ihr dadurch entstehende Schäden in Regress nehmen. Diese Regelung ist dem deutschen Recht per se nicht fremd, da § 85 ZPO für den deutschen Zivilprozess im Kern nichts anderes vorschreibt. Was jedoch fremd ist, ist die Erstreckung dieses verfahrensrechtlichen Sanktionen-Systems auf das anwaltliche Berufsrecht. Das Verfahrensrecht adressiert direkt nur die Parteien und legt ihnen Pflichten auf. Diese erfüllen die Parteien durch ihre Bevollmächtigten, weshalb sie für deren Verhalten haften. Bei den IBA Guidelines für Parteivertreter werden aber nicht die Parteien sondern die Parteivertreter mit Handlungspflichten belegt, die von der Partei selbst nicht erbracht werden können. Die Haftung der Partei folgt also nicht dem Modell einer Haftung für Erfüllungsgehilfen in Anlehnung an § 278 BGB. Es trifft sie nicht einmal in Anlehnung an § 831 BGB der Vorwurf, dass sie ihren Vertreter nicht richtig ausgewählt oder überwacht hat. Sie haftet im Prinzip, ohne dass ihr überhaupt ein Vorwurf gemacht wird, der als Grundlage für eine Zurechnung fremden Handelns dienen könnte. Es entsteht der Eindruck, dass die IBA Guidelines für Parteivertreter die Haftung der Partei lediglich als Umweg für eine Haftung des Parteivertreters einsetzen, um das Problem einer Bindung des Parteivertreters an die Guidelines zu umgehen. Faktisch soll also der Parteivertreter im Ergebnis für eigenes Verschulden haften. Dogmatisch ist der Weg, der zu dieser Haftung führen soll, jedoch mehr als fragwürdig.

681 Siehe auch die offiziellen Anmerkungen der IBA zu den Guidelines 1 bis 3.

b) Beschränkungen der Haftung

Letztlich ist die Haftung der Partei für das Fehlverhalten ihrer Bevollmächtigten jedoch nicht unbeschränkt.

aa) Nur Prozesshandlungen

Zunächst haftet die Partei nur für Prozesshandlungen des Parteivertreters. Sonstiges Verhalten bleibt von Vornherein außer Betracht und ist – sofern es berufs- oder standeswidrig bzw. sogar strafbewährt ist – aufgrund der Beschränkung von § 1042 Abs. 4 ZPO nicht vom Schiedsgericht, sondern von den dafür zuständigen Stellen zu verfolgen.

bb) Beschränkungen der Prozessvollmacht

Weiterhin begrenzt sich die Haftung nur auf Prozesshandlungen, die im Rahmen der Prozessvollmacht abgegeben wurden. Wie in Teil 1 bereits festgestellt wurde, sind auf den Umfang der Prozessvollmacht die § 80 ff. ZPO entsprechend anwendbar.[682] Hat die Partei die Vollmacht also etwa nach § 82 ZPO analog beschränkt, muss sie auch nicht haften.

3. Alle Arten von Parteivertretern

Der Anwendungsbereich der IBA Guidelines für Parteivertreter ist nicht auf Rechtsanwälte beschränkt. Vielmehr sollen alle Vertreter einer Partei und damit auch deren Mitarbeiter ihr Verhalten nach den Guidelines ausrichten müssen.[683]

Wie in Teil 1 bereits herausgearbeitet wurde, sind Personen, die keine Rechtsanwälte sind, nach dem RDG nicht dazu berechtigt, Schiedsparteien vor einem Schiedsgericht gegen Gewährung einer Vergütung zu vertreten.[684] Entsprechend ist eine erteilte Prozessvollmacht aufgrund von § 134 BGB nach § 80 ZPO analog nichtig. Die Schiedsparteien können aber Mitarbeiter als Vertreter im Schiedsverfahren bevollmächtigen, weshalb auch Unternehmensjuristen im Schiedsverfahren für eine Partei auftreten dürfen. Sofern Unternehmensjuristen, wie etwa in Deutschland, zu einer anwaltlichen Vertretung ihres Arbeitgebers vor einem Schiedsgericht nicht berechtigt sind (§ 46 Abs. 1 BRAO), unterfällt diese Tätigkeit nicht dem anwaltlichen Berufsrecht.

---

682 Siehe oben Teil 1: C. IV. 2.

683 Siehe auch die den IBA Guidelines für Parteivertreter vorangestellte Definition des Begriffs „*Party Representative*“.

684 Siehe oben Teil 1: C. IV. 2.

Die IBA Guidelines für Parteivertreter, die auch auf Mitarbeiter der Schiedsparteien Anwendung finden sollen, schließen diese Lücke.[685] Die Partei selbst wird jedoch vom Begriff des Parteivertreters nicht adressiert. Richtiger Weise wird man bei juristischen Personen damit auch deren Vertretungsorgane wie etwa den Vorstand oder den Geschäftsführer aus dem Anwendungsbereich ausnehmen müssen.

4. Verhältnis zu nationalem Berufsrecht

Die IBA Guidelines für Parteivertreter erheben ausdrücklich nicht den Anspruch, zwingende gesetzliche Regelungen des anwaltlichen Berufsrechts zu verdrängen. Dies schließt ausweislich von Guideline Nr. 3 sowohl Verhaltensregeln als auch Regeln zu der Sanktionierung von Verstößen ein. Letztlich wird durch die IBA Guidelines also eine zusätzliche Regulierung des Verhaltens von Parteivertretern geschaffen. Der vermeintlichen Problematik, dass das internationale Schiedsverfahren ein Raum ohne entsprechende Verhaltensregeln sei, wird somit aktiv begegnet. Hinsichtlich der zweiten vermeintlichen Problematik, nach der im Schiedsverfahren berufsrechtliche Regelungen miteinander in Kollision stünden, können die IBA Guidelines für Parteivertreter hingegen keine Lösung anbieten. Aus diesem Grund finden sich in ihnen wohl auch keine Regelungen, die den Umfang eines Anwaltsgeheimnisses determinieren. Die Existenz nationaler Anwaltsgeheimnisse wird von den Guidelines vielmehr vorausgesetzt.[686]

Auch entgegenstehende Verfahrensregeln von Schiedsinstitutionen sollen nach Guideline Nr. 3 nicht verdrängt werden. Dies ist insoweit folgerichtig, als dass es der Ansatz der IBA Guidelines für Parteivertreter ist, Verhaltensregeln aus dem Verfahrensrecht heraus zu entwickeln und nicht das Verfahrensrecht durch Verhaltensregeln zu beschränken. Weiterhin wird eine Kollision mit etwaigen neu zu schaffenden Verhaltensregeln der Schiedsinstitutionen vermieden, was die Akzeptanz der IBA Guidelines für Parteivertreter erhöhen dürfte.

Auf der anderen Seite lassen die IBA Guidelines für Parteivertreter aber auch Raum für eine ergänzende Sanktionierung von Fehlverhalten unter den Guidelines in Bezug auf staatliche Stellen. Wie in Teil 2 dargestellt wurde, kann auch der Parteivertreter direkt für Fehlverhalten von der zuständigen Berufsaufsicht seines Heimatlandes sanktioniert werden, wenn er gegen die anwendbaren Vorschriften der IBA Guidelines für Parteivertreter verstoßen hat und das auf ihn

---

685 *Waincymer*, IBA Guidelines On Party Representation In International Arbitration, in: www.kluwverarbitrationblog.com (letzter Abruf: 13.01.2014).

686 Siehe etwa Guideline Nr. 10.

anwendbare Berufsrecht Verhaltensregeln, die vor bestimmten Schiedsgerichten gelten, insoweit für maßgeblich erklärt hat. Entsprechende Vorschriften finden sich z.B. in ABA-Modellregel 8.5[687] und in Art. 4.5 der CCBE-Berufsregeln.[688]

II. Verhaltenspflichten

Die IBA Guidelines für Parteivertreter enthalten unter den Nrn. 4 bis 25 explizite Verhaltenspflichten der Parteivertreter gegenüber den eigenen Mandanten, dem Schiedsgericht, den Prozessgegnern sowie auch gegenüber Zeugen und Sachverständigen.

1. Legitimierung gegenüber dem Schiedsgericht

Die Guidelines Nrn. 4 bis 6 statuieren die Pflicht, sich gegenüber dem Schiedsgericht und den gegnerischen Parteien bei erster Gelegenheit zu legitimieren (Nr. 4). Sobald ein Schiedsgericht konstituiert ist, soll ein Parteivertreter die Vertretung einer Schiedspartei nur noch annehmen, wenn seine Involvierung auf Seiten der Schiedsrichter nicht zu einer Interessenskollision führt oder wenn beide Parteien, nachdem die mögliche Kollision offen gelegt wurde, der Involvierung des Parteivertreters zustimmen (Guideline Nr. 5). Sofern ein Parteivertreter gegen Guideline Nr. 5 verstößt, soll das Schiedsgericht berechtigt sein, ihn zum Schutz der Integrität des Schiedsverfahrens als Bevollmächtigten zurückzuweisen (Guideline Nr. 6). Die IBA Guidelines für Parteivertreter gehen dabei davon aus, dass die Frage, ob eine Interessenkollision bestehen könnte oder nicht, nach den IBA Guidelines für Schiedsrichter zu entscheiden sei.[689]

Die entsprechenden Vorschriften behandeln klar erkennbar die Situation aus dem ICSID-Verfahren *Hrvatska Elektroprivreda dd v. Republic of Slovenia,*[690] dessen Hintergründe bereits in Teil 1 beschrieben wurden. Wie in Teil 1 daraufhin herausgearbeitet wurde, ist ein deutsches Schiedsgericht aufgrund von § 1042 Abs. 2 ZPO auch in derartigen Konstellationen nicht berechtigt, einen in- oder ausländischen Rechtsanwalt aus dem Verfahren auszuschließen.[691] Ein Anwendungsbereich für Guideline Nr. 6 verbleibt in Deutschland somit nur für

---

687 Eine Darstellung findet sich oben in Teil 2: B. III. 2. a.

688 Eine Darstellung findet sich oben in Teil 2: B. II. 2.

689 Offizielle Anmerkung zu Guidelines Nrn. 4–6.

690 *Hrvatska Elektroprivreda d.d. v. Republic of Slovenia*, ICSID Case No. ARB/05/24 v. 05.05.2008.

691 Siehe Teil 1 D. III. 1.; wohl auch: *Lörcher/Lissner*, BRJ Sonderausgabe 1/2013, 25 (28 f.); a.A. *Wilske/Markert*, in: Wolf/Vorwerk (Hrsg.), BeckOK ZPO, § 1042 Rn. 16.

sonstige Bevollmächtigte, die nicht bereits aufgrund des RDG zurückzuweisen sind.

Interessant an Guideline Nr. 6 ist jedoch, dass dem Schiedsgericht in den offiziellen Anmerkungen der IBA aufgegeben wird, die betroffenen Parteivertreter vor einem Ausschluss anzuhören. Das rechtliche Gehör wird hierbei nicht nur auf die tatsächlichen Umstände, die zu einem Interessenkonflikt führen könnten, beschränkt. Vielmehr soll explizit auch zu der Frage angehört werden, ob dem Schiedsgericht eine derartige Kompetenz zum Ausschluss überhaupt zukommt und welche weiteren Konsequenzen der Ausschluss für das Schiedsverfahren und den Schiedsspruch nach sich ziehen könnte.[692] Die IBA Guidelines für Parteivertreter stützen damit die These dieser Arbeit, wonach im Schiedsverfahren rechtliches Gehör auch zu Rechtsfragen zu gewähren ist.[693]

2. *Kommunikation mit Schiedsrichtern*

Guideline Nr. 7 adressiert die Kommunikation zwischen einem Parteivertreter und einem Schiedsrichter ohne Beisein der Gegenseite (*Ex Parte*). Es wird klargestellt, dass ein Parteivertreter generell keine derartige Kommunikation herstellen oder unterhalten darf.

Ausnahmen zu diesem Prinzip finden sich in Guideline Nr. 8, wo geregelt ist, in welchem Umfang ein Parteivertreter mit möglichen Schiedsrichtern Kontakte pflegen darf, um zu ermitteln, ob diese fachlich oder sonst als Schiedsrichter in Frage kommen. Über die Frage, wie ein Schiedsrichter Rechtsfragen des konkreten Falls einschätzt, darf dabei selbstverständlich nicht gesprochen werden. Weiterhin wird klargestellt, dass das Verbot einer Kommunikation ohne Beisein der Gegenseite nicht gilt, wenn eine Partei bei der mündlichen Verhandlung säumig ist.[694]

Kommunikationen zwischen Schiedsrichtern und nur einem Parteivertreter sind generell problematisch und gelten in vielen Ländern als unakzeptabel und mit dem Gebot der Unparteilichkeit als unvereinbar. In Deutschland ist es hingegen auch nach Eröffnung des Verfahrens nicht unüblich, den Vorsitzenden anzurufen, um rein organisatorische Fragen zu erörtern.[695] Eine zu strikte Anwendung der Guidelines Nrn. 7 und 8 in Verfahren, in denen nur Parteien

692 Offizielle Anmerkungen zu Guidelines Nrn. 4–6.

693 Siehe oben Teil 1 D. II. 2. A. bb. (2).

694 Offizielle Anmerkungen zu Guidelines Nrn. 7–8.

695 *Lachmann*, Handbuch für die Schiedsgerichtspraxis, Rn. 4530; *Lörcher/Lissner*, BRJ Sonderausgabe 1/2013, 25 (29).

aus Rechtstraditionen beteiligt sind, die der deutschen ähneln, ist folglich kaum zielführend. Wie bereits in Teil 2 angeregt, sollte das Schiedsgericht, um Missverständnisse zu vermeiden, in einer frühen Phase des Schiedsverfahrens einen Standard offen mit beiden Parteien erörtern und gemeinsam festlegen.[696]

3. *Erklärungen und Prozesshandlungen*

Die Guidelines Nrn. 9 bis 11 normieren die Pflicht des Parteivertreters, nicht wissentlich unwahr vorzutragen. Der Parteivertreter muss selbst falsche Angaben über Fakten unterlassen (Guideline Nr. 9) und vorherige Angaben, von deren Unrichtigkeit er nunmehr Kenntnis hat, korrigieren (Guideline Nr. 10). Weiterhin darf ein Parteivertreter keine Aussagen von Zeugen oder Sachverständigen einführen, wenn er deren Unrichtigkeit kennt und darf auch nicht auf Zeugen und Sachverständige dahingehend einwirken, dass sie falsche Angaben machen (Guideline Nr. 11).

Guideline Nr. 11 ist sehr von dem US-amerikanischen Leitbild einer Beweisaufnahme geprägt. So wird die Vorlegung falscher Urkunden nicht thematisiert.

a) *Falsche Behauptungen des Parteivertreters*

Wie bereits in Teil 2 festgestellt, ist es den Verfahrensbeteiligten eines deutschen Schiedsverfahrens über § 263 Abs. 1 StGB generell verboten, wissentlich falsche Angaben zu machen, um damit für sich oder einen Dritten ein günstiges Urteil herbeizuführen.[697] Parteivertreter müssen in derartigen Fällen also mit einer entsprechenden Anklage rechnen. Wie bereits oben dargestellt, droht dem durch Prozessbetrug erstrittenen Schiedsspruch weiterhin die Aufhebung nach § 1059 Abs. 2 Nr. 2 Buchstabe b ZPO (Ordre Public Vorbehalt). Die Klarstellung dieser Selbstverständlichkeit in den IBA Guidelines für Parteivertreter kann insofern nicht schaden.

Berufsrechtlich werden Rechtsanwälte zudem an ihrem Zulassungsort mit einer Sanktionierung rechnen müssen, da bewusst falsches Vortragen wohl global als Verletzung einer Berufspflicht einzustufen ist.[698] In Deutschland ergibt sich dies aus § 43 a Abs. 3 BRAO.

---

696 Siehe oben Teil 2: C. IV.

697 Siehe oben Teil 2 A. III.

698 So auch *Lörcher/Lissner*, BRJ Sonderausgabe 1/2013, 25 (30).

b) Korrektur falscher Behauptungen

In Teil 2 wurde im Hinblick auf § 263 Abs. 1 StGB weiterhin festgestellt, dass es im Schiedsverfahren keinen Prozessbetrug durch Unterlassen geben kann. Die Nichtkorrektur einer Behauptung, die sich im Nachhinein als falsch herausstellt, ist damit grundsätzlich nicht strafbewehrt. Begründet wurde dies durch das Fehlen einer prozessualen Wahrheitspflicht im Schiedsverfahren.[699]

Eben diese Wahrheitspflicht wird jedoch über Guideline Nr. 10 für das Schiedsverfahren eingeführt. Die Guidelines haben insoweit also nicht nur eine deklaratorische sondern auch eine konstitutive Wirkung im Hinblick auf das Vergehen des Prozessbetrugs. Weiterhin macht es die Korrektur falschen Vortrags im Schiedsverfahren zu einer Berufspflicht, die – z.B. über ABA-Modellregel 8.5 oder Art. 4.5 CCBE-Berufsregeln – auch als Grundlage einer Sanktionierung durch die zuständige Berufsaufsicht dienen kann.

Guideline Nr. 10 enthält eine Einschränkung der Verpflichtung zur Korrektur falschen Vortrags, sofern der Parteivertreter mit der Korrektur gegen seine Verschwiegenheitspflicht verstoßen würde. In der Literatur wird gefordert, diese Einschränkung restriktiv auszulegen.[700]

Guideline Nr. 10 enthält jedoch keine Pflicht des Parteivertreters, falschen Vortrag des eigenen Mandanten zu korrigieren. Eine solche Pflicht wäre auch für deutsche Rechtsanwälte mit § 43 a Abs. 3 BRAO nicht vereinbar. Dieser verbietet es dem Rechtsanwalt nur, aktiv die Unwahrheit zu verbreiten. In der Folge darf der Rechtsanwalt falschen Vortrag seines Mandanten nicht korrigieren. Er muss aber das Mandat niederlegen, wenn er sich durch die Aufrechterhaltung eines entsprechenden Irrtums einer Beihilfe zum Prozessbetrug strafbar machen oder diese Straftat zumindest begünstigen würde.[701]

Das Schiedsgericht sollte zudem darauf hinwirken, dass die Parteien eine Verfahrensvereinbarung darüber treffen, wie mit verspätetem Vorbringen umzugehen ist. Weder die IBA Beweisregeln noch die meisten nationalen Berufsrechte kennen ein Gebot, vollständig vorzutragen. Auch aus dem Sachlichkeitsgebot von § 43a Abs. 3 BRAO ist ein derartiges Gebot nicht zu entnehmen.[702] Gegebenenfalls kann es eine derartige Regelung auch selbst im Rahmen einer

699 Siehe oben Teil 2: III. 3. b. aa. (2) (cc).

700 *Waincymer*, IBA Guidelines On Party Representation In International Arbitration, in: www.kluwverarbitrationblog.com (letzter Abruf: 13.01.2014).

701 *Henssler*, in: Henssler/Prütting (Hrsg.), BRAO, § 43a Rn. 143; *Zuck*, in: Gaier/Wolf/Göcken (Hrsg.), Anwaltliches Berufsrecht, § 43a BRAO Rn. 72.

702 *Schlosser*, SchiedsVZ 2004, 225 (229).

Verfahrensanordnung treffen. So kann es sicherstellen, dass die Parteien Teile ihres Vortrags nicht bewusst zurückhalten, um Beweisanträge möglichst spät stellen zu können oder den Gegner zu einem späten Zeitpunkt damit zu überraschen.[703]

c) *Falscher Vortrag zu Rechtsfragen*

Obgleich der Wortlaut von Guideline Nr. 10 nur falschen Vortrag zu Fakten erfasst und alle Rechtsausführungen erfasst sein sollen, die der Rechtsanwalt für irgendwie vertretbar hält,[704] bedeutet dies nicht, dass Vortrag zu Rechtsfragen generell ausgenommen ist.[705] So ist auch die Existenz oder Nichtexistenz einer Norm oder bestimmten Rechtsprechung ein Fakt, da er dem Beweis zugänglich ist. Insofern besteht auch hier ein Gleichlauf zu § 263 Abs. 1 StGB, der einen falschen Vortrag hinsichtlich der Existenz günstiger Rechtsprechung im Schiedsverfahren ebenfalls erfasst.[706]

d) *Umgang mit Zeugen oder Sachverständigen*

Guideline Nr. 11 überträgt die Grundsätze aus den Guidelines Nrn. 9 und 10 auf den Zeugen- und Sachverständigenbeweis. Adressiert werden dabei jeweils die Zeugen und Sachverständigen, die von seiner Partei benannt werden. Guideline Nr. 11 statuiert dabei die Pflicht des Parteivertreters, falschen Aussagen entgegenzuwirken, indem er den Zeugen beispielsweise auffordert, die Wahrheit zu sagen oder ihn daran hindert, auszusagen. Weitere Möglichkeiten der Verhinderung sollen auch die Korrektur der Aussage durch den Parteivertreter oder die Niederlegung des Mandates sein. Die Guidelines sind an dieser Stelle bewusst offen formuliert, da der Anwalt zunächst ermitteln muss, inwieweit er nach seinem eigenen Berufsrecht oder dem Anwaltsvertrag intervenieren darf.[707] Letztlich gilt aber auch hier, dass ein Parteivertreter im Zweifel sein Mandat niederzulegen hat, bevor er sich der Beihilfe oder Begünstigung eines Prozessbetrugs strafbar macht.

---

703 Zu derartigen Taktiken siehe: *Horvath/Wilske/Nettlau/Leinwather*, in: Wilske/Horvath (Hrgs.), Guerilla Tactics in International Arbitration, S.14.

704 Offizielle Anmerkungen zu Guidelines Nrn. 9–11.

705 *Waincymer*, IBA Guidelines On Party Representation In International Arbitration, in: www.kluwverarbitrationblog.com (letzter Abruf: 13.01.2014).

706 Siehe dazu oben Teil 2: III. 3. b. bb. (2).

707 Offizielle Anmerkungen zu Guidelines Nrn. 9–11.

4. *Dokumentenvorlage*

Kernstück der IBA Guidelines für Parteivertreter sind die Guidelines Nrn. 12 bis 17, in denen sich die Pflichten der Parteivertreter im Zusammenhang mit der Vorlage von Dokumenten finden. Die Guidelines stehen hier im Kontext zu Art. 3 IBA Beweisregeln, der sich ebenfalls mit der Vorlage von Dokumenten beschäftigt.

a) Sicherung von Beweisdokumenten

Guideline Nr. 12 verpflichtet den Parteivertreter, seine Partei darauf hinzuweisen, dass sie verpflichtet ist, Beweisdokumente im Hinblick auf eine eventuelle Vorlagepflicht zu sichern. Damit soll ausdrücklich der automatischen Löschung bzw. Vernichtung von Unterlagen im regulären Geschäftsablauf vorgebeugt werden. Die Pflicht besteht nur, sofern die Möglichkeit einer Dokumentenvorlage im Schiedsverfahren wahrscheinlich und die Aufbewahrung der Partei konkret zumutbar ist.

Die Pflicht des Parteivertreters geht jedoch über den bloßen Hinweis hinaus. Konkret soll er die Partei dahingehend beraten, ein System zur Identifizierung und Aufbewahrung potentiell beweisrelevanter Unterlagen zu implementieren.[708]

Diese Passage in den IBA Guidelines für Parteivertreter wurde in der Literatur bereits als zu amerikanisch kritisiert.[709] Sie geht bewusst über den Standard von Art. 3 IBA Beweisregeln hinaus, indem sie eine Pflicht der Parteien voraussetzt, auch potentiell belastendes Material zu sichern, um es dem Gegner später auf Antrag vorlegen zu können. Eine derart weitreichende Kooperationspflicht ist dem kontinentaleuropäischen Recht jedoch fremd. Auch § 142 ZPO kennt keine Pflicht, Unterlagen aufzubewahren, bevor überhaupt ein Antrag auf Vorlage gestellt wurde. Kritiker befürchten daher zu Recht, dass über die IBA Guidelines für Parteivertreter auf dem Rücken der Prozessbevollmächtigten eine zunehmende Amerikanisierung des Schiedsverfahrens erfolgt, die zu dessen Ineffizienz führt.

---

708 Offizielle Anmerkungen zu Guidelines Nrn. 12–17.

709 Zum Folgenden: *M. E. Schneider*, ASA Bulletin 31 (2013), 496 (497); *Honlet*, Journal of International Arbitration 30 (2013), 701 (706); relativierend: *Lörcher/Lissner*, BRJ Sonderausgabe 1/2013, 25 (31), die eine entsprechende Pflicht des Parteivertreters dann für sinnvoll halten, wenn die Parteien zuvor eine Pflicht zur Vorlage US-amerikanischen Umfangs vereinbart haben.

b) *Keine missbräuchlichen Anträge*

Guideline Nr. 13 verpflichtet Parteivertreter, keine missbräuchlichen Anträge auf Dokumentenvorlage zu stellen, um etwa das Verfahren zu verzögern. Die Guidelines dürften insoweit klarstellen, was prozessual ohnehin angezeigt sein dürfte.

c) *Hinweispflicht zu Folgen der Nichtvorlage*

Auch Guideline Nr. 14, die den Parteivertreter dazu anhält, seiner Partei die etwaigen Pflichten zur Vorlage und möglichen Folgen des Ausbleibens zu erläutern, ist wenig überraschend und dürfte sich bei Rechtsanwälten allgemein bereits aus den Aufklärungspflichten ergeben, die aus dem Mandatsverhältnis folgern.

d) *Pflicht zur gewissenhaften Suche*

Guideline Nr. 15 verpflichtet den Parteivertreter sicherzustellen, dass sein Mandant bei einer Vorlageanordnung gewissenhaft nach dem Dokument sucht und ihn dabei notfalls zu unterstützen.

Auch diese Pflicht dürfte einen kontinentaleuropäischen Rechtsanwalt überraschen, da er für das Verhalten seines Mandanten in der Regel nicht verantwortlich ist. Er kann ihn zwar beraten und auch darauf hinweisen, welche Folgen Falschangaben gegenüber einem Schiedsgericht haben könnten, jedoch ist er kaum in der Lage, seinem Mandanten etwas aufzugeben oder ihn gar zu überwachen. Wenn sein Mandant ihm mitteilt, nicht im Besitz eines Beweisdokuments zu sein, ist es, sofern es keine klaren Anzeichen für das Gegenteil gibt, kaum am Rechtsanwalt, dies zu hinterfragen oder gar zu überprüfen.

Demgegenüber dürfte der Inhalt von Guideline Nr. 16 selbstverständlich sein. Hiernach ist es einem Parteivertreter verboten, selbst an der Unterdrückung oder Vernichtung von Beweisdokumenten mitzuwirken. Gleichsam soll er die Partei nach Guideline Nr. 17 dazu anhalten, ein Dokument vorzulegen, wenn ihm bekannt ist, dass es sich im Besitz der Partei befindet. Kommt die Partei dem nicht nach, wird er das Dokument jedoch aufgrund seiner Loyalitätspflichten zumindest als deutscher Rechtsanwalt nicht vorlegen dürften, sondern muss gegebenenfalls wiederum sein Mandat niederlegen, um nicht wegen Anstiftung oder Begünstigung eines Prozessbetrugs strafbar zu werden.

5. *Umgang mit Zeugen und Sachverständigen*

Guidelines Nrn. 18 bis 25 regeln schließlich den Umgang mit Zeugen und Sachverständigen. Sie ergänzen dabei zunächst Art. 3 Nr. 3 der IBA Beweisregeln, die einen Kontakt zwischen Parteivertreter und (potentiellem) Zeugen generell für unbedenklich erklären, wenn dieser einer Besprechung einer späteren Aussage vor dem Schiedsgericht dient. Die Guidelines Nrn. 18 bis 25 definieren den zulässigen Rahmen derartiger Kontakte.

a) Umfang der Zeugenvorbereitung

Die Guidelines Nrn. 18 und 19 geben dem Parteivertreter zunächst formalistische Pflichten auf, die den Zeugen oder Sachverständigen vor unbedarften Äußerungen schützen sollen. Guideline 18 gibt dem Parteivertreter zunächst auf, sich gegenüber seinem Gesprächspartner unter Hinweis auf seine Rolle im Verfahren vorzustellen. Guideline Nr. 19 verpflichtet ihn zudem, einen (potentiellen) Zeugen darauf hinzuweisen, dass dieser das Recht hat, einen eigenen Rechtsberater beizuziehen und den Kontakt mit dem Parteivertreter jederzeit abzubrechen. Zumindest die letztgenannte Pflicht dürfte im kontinentaleuropäischen Rechtskreis ungewöhnlich erscheinen. Letzten Endes trägt sie aber bei einer Beteiligung von anglo-amerikanischen Parteien deren Erwartungshorizont Rechnung und fügt sich weiterhin in die in internationalen Schiedsverfahren übliche Art der Zeugenvernehmung mittels Kreuzverhör ein, bei dem die Parteivertreter und nicht die Schiedsrichter dem Zeugen auch innerhalb des Verfahrens die Fragen stellen.[710]

Zwar ist es einem Parteivertreter erlaubt, Zeugen und Sachverständige auf ihre Aussage vorzubereiten und sie auch bei ihren schriftlichen Erklärungen zu unterstützen (Guideline Nrn. 20 und 24) – er muss jedoch sicherstellen, dass die Erklärungen eines Zeugen nur dessen eigene Wahrnehmung hinsichtlich der streitgegenständlichen Fakten wiedergeben (Guideline Nr. 21) und die Erklärung eines Sachverständigen nur dessen eigene Wertungen und Schlussfolgerungen enthält (Guideline Nr. 22). Eine Beeinflussung von Zeugen oder Sachverständigen im Sinne eines Einflüsterns von für die Partei günstigen Umständen soll es nicht geben. Verboten ist selbstverständlich auch jegliche Beeinflussung mit dem Ziel, den Zeugen zu einer Falschaussage zu motivieren (Guideline Nr. 24).

Auch diese Regeln decken sich mit dem Befund aus Teil 2, in dem festgestellt wurde, dass es zwar keinerlei Bedenken gegen eine Vorbereitung von Zeugen und Sachverständigen gibt, die Grenzen des § 263 Abs. 1 StGB jedoch auch hier zu beachten sind.[711] Sowohl die IBA Guidelines für Parteivertreter als auch § 263 Abs. 1 StGB adressieren dabei sowohl Rechtsanwälte als auch sonstige Parteivertreter wie etwa Mitarbeiter der Partei.

---

710 *Lörcher/Lissner*, BRJ Sonderausgabe 1/2013, 25 (31 f.).

711 Siehe oben Teil 2: A. III. b. aa. (3).

b) Erstattung von Aufwendungen

Guideline 25 regelt die Frage der Erstattung von Aufwendungen und Auslagen des Zeugen durch die Partei. Diese Regelung ist insoweit begrüßenswert, als dass es hier bisher Rechtsunsicherheiten gegeben hat. Zwar ist durchaus anerkannt, dass parteiernannte Zeugen von der ernennenden Partei ihre Auslagen und Verdienstausfälle erstattet bekommen können,[712] die Grenze zwischen der Erstattung von Verdienstausfall und der Bestechung eines Zeugen sind jedoch fließend.

aa) Grundproblematik

Da Zeugen rechtlich nicht verpflichtet sind, in einem Schiedsverfahren auszusagen, werden Parteien in der Praxis nicht umhinkommen, den Zeugen für seine (entgangene Arbeits-)Zeit und seine Reisekosten zu entschädigen. Ist der Zeuge kein Mitarbeiter der Partei, hätte er sonst schlicht keine Veranlassung, diese im Verfahren zu unterstützen. Es ist in Deutschland gemeinhin anerkannt, dass eine angemessene Entschädigung des Zeugen ethisch unproblematisch ist. Angemessenheit ist gegeben, wenn der Zeuge im Ergebnis das erstattet bekommt, was seinem normalen Arbeitseinkommen pro Zeiteinheit entspricht.[713]

Was konkret angemessen ist, wird teilweise reine Ansichtssache sein. Internationale Schiedsverfahren erfordern vom Zeugen oft längere Reisen zu mitunter auch touristisch spannenden Zielen. Entsprechend schwierig ist es für die Partei, die Balance zwischen hinreichender Motivation zur Aussage und der Vermeidung des Eindrucks einer Korrumpierbarkeit des Zeugen zu finden. Konkret wird man etwa überlegen müssen, ob die Buchungsklasse im Flugzeug, die Art der Hotelunterbringung und die Dauer des Aufenthalts noch als angemessen gelten kann. Der Zeuge, der die Strapazen der Reise für eine Aussage oder eine Vorbereitung auf die Aussage auf sich nehmen soll, wird dazu regelmäßig eine andere Sichtweise vertreten, als die Gegenseite, zu deren Ungunsten der Zeuge schließlich aussagen soll.

Nichts anderes gilt auch bei der Vergütung von Zeithonoraren, wenn etwa der Zeuge als Freiberufler sonst keine festen Stunden- oder Tagessätze abrechnet,

---

712 *Lachmann*, Handbuch für die Schiedsgerichtspraxis, Rn. 1983 f.; *Lionnet/Lionnet*, Handbuch der internationalen und nationalen Schiedsgerichtspraxis, S. 363.

713 *Kreindler/Schäfer/Wolff*, Schiedsgerichtsbarkeit, Rn. 1221; *Lachmann*, Handbuch für die Schiedsgerichtspraxis, Rn. 1986; *Lionnet/Lionnet*, Handbuch der internationalen und nationalen Schiedsgerichtspraxis, S. 363; *Schlosser*, SchiedsVZ 2004, 225 (229); *ders.* RIW 2005, 81 (85).

sondern diese nach Bedarf festlegt. Auch die Frage, ob eine Vergütung für jede Stunde seiner Ortsabwesenheit von Zuhause oder nur für tatsächlich in Bezug auf das Schiedsverfahren geleistete Tätigkeiten gewährt wird, mag Konfliktpotential beinhalten.

bb) Lösung der Guidelines

Auch Guideline Nr. 25 trägt zur Frage der Angemessenheit einer Vergütung leider wenig Erhellendes bei. Die Angemessenheit wird hier schlicht als Tatbestandsmerkmal vorausgesetzt und nicht weiter definiert. Stattdessen wird nur klargestellt, dass eine Möglichkeit zum Ersatz von Auslagen und Verdienstausfall nicht nur auf die eigentliche Aussage beschränkt ist, sondern auch für die Vorbereitung der Aussage gewährt werden kann. Bei parteiernannten Sachverständigen (Privatgutachtern) kann per se ein angemessenes Honorar gezahlt werden.

Die IBA Guidelines für Parteivertreter treffen weiterhin auch keine Aussagen darüber, ob eine Bezahlung im Vorfeld oder im Nachhinein erfolgen sollte. Insgesamt wäre es aber vorzuziehen, jede Bezahlung im Vorfeld zu leisten, da dies den Eindruck vermeidet, das Ergebnis der Aussage vergüten zu wollen.[714]

Weiterhin gibt es auch keine Regeln darüber, inwieweit die Kosten der Zeugenentschädigung gegenüber dem Schiedsgericht und den anderen Schiedsparteien offen zu legen sind. Eine Offenlegungspflicht hätte den Vorteil, dass etwa ersichtlich wäre, wie lange ein Zeuge auf seine Aussage vorbereitet wurde. Auf der anderen Seite kann eine hohe Transparenz in derlei Fragen auch dazu führen, Diskussionen um die Angemessenheit von Entschädigungen zwischen den Verfahrensbeteiligten geradezu heraufzubeschwören. Denkbar wäre daher, seitens der Schiedsinstitutionen eine Richtlinie zur Frage der konkreten Höhe einer Zeugenentschädigung zu erstellen. Die Parteien könnten dann erklären, ob sie diese angewandt haben oder nicht.

Insgesamt steht es jeder Partei im Rahmen einer Zeugenbefragung natürlich frei, sich nach Art und Umfang einer Zeugenvorbereitung zu erkundigen und auch den Rahmen der Zeugenvergütung abzufragen.

III. Sanktionen

Sofern das Schiedsgericht einen Parteivertreter im Verdacht hat, sich fehlverhalten zu haben, soll es den Parteien nach Guideline Nr. 26 die Möglichkeit zur Stellungnahme einräumen. Der Parteivertreter selbst soll auch gehört werden.[715]

714 *Schlosser*, SchiedsVZ 2004, 225 (229).

715 Offizielle Anmerkungen zu Guidelines Nrn. 26–27.

1. *Begriff des Fehlverhaltens*

Ein Fehlverhalten im Sinne der IBA Guidelines für Parteivertreter ist nach der vorangestellten Legaldefinition sowohl ein Bruch der Guidelines oder auch jedes andere Verhalten, das vom Schiedsgericht als untunlich aufgefasst wird. Was also letztlich im Verfahren opportun oder erlaubt ist, entscheidet allein das Schiedsgericht. Dieser Ansatz geht deutlich zu weit. Allenfalls kann das Schiedsgericht über die Guidelines hinaus über die Einhaltung von Verfahrensvereinbarungen oder Verfahrensanordnungen wachen. Sofern jedoch die Erwartungshaltung des Schiedsgerichts nicht vor dem in Frage stehenden Verhalten des Parteivertreters an diesen oder die Parteien kommuniziert wurde, kann es auch keine Sanktionierung geben. Dies wäre schlicht Willkür.

2. *Arten der Sanktionierung*

Guideline Nr. 26 gibt auch einen nicht abgeschlossenen Katalog möglicher Sanktionen vor. Das Schiedsgericht kann den Parteivertreter ermahnen; es kann aus seinem Verhalten negative Schlüsse bei der Feststellung des Sachverhalts sowie der rechtlichen Würdigung ziehen; es kann das Verhalten bei der Kostenentscheidung berücksichtigen und dabei angeben, welche Kosten aufgrund des Fehlverhaltens auferlegt wurden; es kann jegliche andere Sanktion verhängen, die es für angemessen hält.

Wie bereits im Rahmen dieser Arbeit mehrfach herausgestellt, ist dem deutschen Recht eine berufsrechtliche Sanktionierung des Parteivertreters durch den Spruchkörper, vor dem dieser auftritt, fremd. Die IBA Guidelines für Parteivertreter versuchen eine derartige Sanktionierung auch nicht. Sie sanktionieren vielmehr die Partei.[716] Dies wird aber in der Erwartung getan, dass diese ihren Parteivertreter anschließend in Regress nimmt. Dies wird nicht zuletzt durch den Vorschlag deutlich, den Einfluss des Fehlverhaltens auf Kostenentscheidungen genau zu dokumentieren.

Anders als in den IBA Guidelines für Parteivertreter zunächst suggeriert, sind die Möglichkeiten zu einer Sanktionierung dabei sehr begrenzt. Wie bereits mehrfach dargestellt, kommt ein Ausschluss zumindest bei Rechtsanwälten aufgrund von § 1042 Abs. 2 ZPO grundsätzlich nicht in Betracht. Allenfalls bei einem Fehlverhalten, das für einen deutschen Rechtsanwalt den Ausschluss aus der Anwaltschaft zur Folge hätte, kann dies anders sein. Die negativen Auswirkungen auf Entscheidungen des Schiedsgerichts bei der Feststellung von

---

716 Siehe oben 1. 2. a.

Sachverhalt und rechtlicher Würdigung werden sich ebenfalls auf Fälle beschränken müssen, in denen sich das Fehlverhalten direkt auf das Ergebnis der Beweisaufnahme ausgewirkt hat.[717] Interessant ist dabei jedoch, dass auch die IBA Guidelines für Parteivertreter davon ausgehen, dass der Grundsatz *iura novit curia* im Schiedsverfahren nicht gilt, da eine Entscheidung zum Nachteil der Partei sonst in Rechtsfragen kaum vorstellbar wäre.[718]

Weiterhin ist auch Guideline Nr. 27 in diesem Kontext zu beachten. Diese legt dem Schiedsgericht nahe, die Intensität und die Auswirkungen des Fehlverhaltens bei der Sanktionierung mit in Rechnung zu stellen, weshalb negative Schlussfolgerungen in der Beweisaufnahme tatsächlich die Ausnahme und Verwarnungen und Kostenentscheidungen die Regel sein dürften.[719] Gegen eine Kostenauferlegung bei missbräuchlichen Anträgen ist dabei vor dem Hintergrund von § 1057 ZPO ebenso wenig etwas zu sagen, wie in Fällen, in denen der Anwalt durch sein Fehlverhalten eine Beweisaufnahme unbrauchbar macht.[720]

C. LCIA-Rules

Die im Annex der LCIA-Rules enthaltenen Guidelines für Parteivertreter sind zum 1. Oktober 2014 in Kraft getreten.[721] Der wesentliche Unterschied zwischen diesen Regeln und den IBA-Guidelines besteht darin, dass sich Anwälte, die in einem LCIA-verfahren auftreten wollen, diesen Regeln zunächst unterwerfen müssen.[722] Die Schiedsparteien sind insoweit verpflichtet, sicherzustellen, dass sich ihre Anwälte diesen Regeln unterwerfen. Die Guidelines finden Anwendung, ohne dass dies einer weiteren Vereinbarung durch die Parteien oder des Schiedsgerichts bedürfen würde.[723]

Art. 18 LCIA-Rules sieht vor, dass die Parteien vor Initiierung des Verfahrens anzeigen müssen, durch wen sie vertreten werden (Art. 18.2). Sobald das

717 *Lörcher/Lissner*, BRJ Sonderausgabe 1/2013, 25 (33).

718 Zur Nichtanwendbarkeit des Grundsatzes im Schiedsverfahren siehe auch Teil 1: D. II. 2. a. (aa) (aaa).

719 *Lörcher/Lissner*, BRJ Sonderausgabe 1/2013, 25 (33).

720 Zu einer derartigen Kostenauferlegung siehe auch: *Blackaby/Partasides/Redfern/Hunter*, in: Refern and Hunter on International Arbitration, Rn. 9.97; *Born*, International Commercial Arbitration, S. 2498 ff.; *Reed*, in: Wilske/Horvath (Hrgs.), Guerilla Tactics in International Arbitration, S. 100; *Wilske*, SchiedsVZ 2006, 188 (188 ff.).

721 Quelle: www.lcia.org/Dispute_Resolution_Services/lcia-arbitration-rules-2014.aspx (letzter Abruf: 31.05.2015).

722 *Meier/Gerhardt*, SchiedsVZ 2015, 10 (11).

723 *Meier/Gerhardt*, SchiedsVZ 2015, 10 (11).

Schiedsgericht konstituiert ist, hängt die Zulassung von Parteivertretern von der Zustimmung des Schiedsgerichts ab (Art. 18.3), das diese insbesondere dann verweigern kann, wenn eine Gefahr von Interessenskollisionen vorliegt kann, die der Finalität des Schiedsspruchs entgegenstehen könnten (Art. 18.4). Gemeint sind auch hier Situationen, in denen zwischen einem Schiedsrichter und einem Parteivertreter ein persönliches oder berufliches Näheverhältnis besteht, das i.S.d. der IBA Guidelines für Schiedsrichter relevant werden könnte. Auch die LCIA-Regeln lösen den Konflikt also zu Lasten des Parteivertreters auf. Art. 18.5 sieht dann die bereits erwähnte Verpflichtung der Parteien vor, sicherzustellen, dass deren Anwälte sich verpflichtet haben, die Guidelines des LCIA für Parteivertreter zu beachten. Diese Verpflichtung ist als Bedingung einer Vertretung ausformuliert. Die Verpflichtungserklärung des Anwalts ist gegenüber dem Schiedsgericht nachzuweisen. Art. 18.6 gibt dann dem Schiedsgericht die Kompetenz, Verstöße gegen die Guidelines durch Parteivertreter zu ahnden. Dabei kann eine Ahndung sowohl in einer Rüge, als auch in jeder anderen Maßnahme bestehen, die das Schiedsgericht für sinnvoll erachtet. Dies setzt im Wesentlichen das eingangs erwähnte Modell von Catherine A. *Rogers* um, dass diese bereits 2002 entwickelt hat und das in diesem Teil unter „A." näher vorgestellt wurde. Auch *Rogers* forderte, dass sich Parteivertreter vorab verpflichten müssten, von Schiedsinstitutionen entwickelte Verhaltensstandards einzuhalten. Auch *Rogers* sah eine Sanktionierung durch die Schiedsgerichte als ideale Lösung.

Weiterhin sind die Parteien verpflichtet, auf ihre Parteivertreter insoweit hinzuwirken, als dass diese die im Anhang der Regeln befindlichen „*General Guidelines for the Parties' Legal Representation*" befolgen (18.5). Auch der LCIA bürdet damit den Parteien faktisch eine Haftung für das Verhalten ihrer Parteivertreter auf und folgt damit dem Beispiel der IBA Guidelines für Parteivertreter.

Die Guidelines des LCIA, die sich im Annex zu den LCIA-Rules finden, ähneln im Prinzip denen der IBA, sind jedoch weniger detailliert und beschränken sich im Wesentlichen auf solche Regeln, die der Manipulation des Schiedsverfahrens insbesondere durch die Unterdrückung oder Fälschung von Beweismitteln vorbeugen sollen (Paragraph 1 bis 4). Hinsichtlich der Vorlage von Dokumenten wird in Paragraph 5 nur festgehalten, dass ein Parteivertreter Urkunden, deren Vorlage vom Schiedsgericht angeordnet wurde, nicht verbergen oder an einer entsprechenden Handlung seiner Partei mitwirken soll. Dies ist insoweit zurückhaltender als die Herangehensweise der IBA Guidelines für Parteivertreter.[724]

724 So auch: *Meier/Gerhardt*, SchiedsVZ 2015, 10 (14).

Würde ein Rechtsanwalt Urkunden, deren Vorlage im deutschen Gerichtsverfahren – etwa nach § 142 ZPO – angeordnet wird, dergestalt verbergen, dass er gegenüber dem Gericht bewusst unrichtig erklärt, dass seine Partei sie nicht in ihrem Besitz habe, würde dies regelmäßig auch eine Strafbarkeit nach § 263 Abs. 1 StGB und einen Verstoß gegen seine berufsrechtliche Wahrheitspflicht aus § 43a Abs. 3 BRAO begründen. Insgesamt dienen die LCIA Guidelines also eher der Wiederholung vorhandener Regeln als der Schaffung neuer Verhaltenspflichten. In Paragraph 6 werden die Regeln schließlich um ein Verbot einer Kommunikation zwischen Parteivertreter und Schiedsrichtern und Parteivertreter und LCIA ohne Beteiligung der Gegenseite ergänzt. Auch dieses Verbot einer unilateralen Kommunikation ist aus den IBA Guidelines für Parteivertreter bekannt. Paragraph 7 wiederholt letztlich die bereits in Art. 18.6 LCIA-Rules enthaltene Kompetenz des Schiedsgerichts, Verstöße zu ahnden.

Das Schiedsgericht hat, wenn ihm Beschwerden über das Verhalten von Parteivertretern zugetragen werden und es diese für begründet hält, die Möglichkeit, Rügen auszusprechen, das Verhalten der Berufsaufsicht des Parteivertreters anzuzeigen oder sonstige nicht näher definierte Maßnahmen zu treffen, um die Ordnung im Schiedsverfahren wieder herzustellen. Auch hier gibt es also eine Parallele zu den IBA Guidelines für Parteivertreter.

D. Ergebnisse Teil 3: Geeignetheit vor deutschen Schiedsgerichten

I. Verhaltensregeln von Schiedsinstitutionen

Aus den obigen Ausführungen ergibt sich, dass sich eine Aufstellung von Verhaltenspflichten durch die Schiedsinstitution, der sich ein Parteivertreter vor dem Verfahren unterwerfen muss, in Deutschland vor dem Hintergrund von § 1042 Abs. 2 ZPO als untauglich erweisen muss. Zumindest kann einem Rechtsanwalt, der sich nicht unterwirft, nicht der Zugang zum Verfahren verweigert werden.

II. IBA Guidelines für Parteivertreter

1. Generelle Geeignetheit von Soft-Law

Die IBA Guidelines für Parteivertreter stehen unter dem Vorbehalt zwingender Regelungen des anwendbaren Berufsrechts. Dies ist letztlich das (nicht lösbare) konstruktive Dilemma eines jeden Versuchs, über sogenanntes Soft-Law Pflichten für Parteivertreter zu statuieren. Letztlich können derartige Regelungen immer nur ein mehr, aber nie ein weniger an individueller Regulierung erreichen.

Um ein globales anwaltliches Berufsrecht für Schiedsverfahren zu erreichen, bedürfte es einer Einbeziehung der nationalen Regelungsorgane für diesen Bereich. Dies können, je nachdem, wer für die Aufstellung des anwaltlichen Berufsrechts in einem Staat zuständig ist, die Anwaltskammern oder der nationale Gesetzgeber sein. Nach den Ergebnissen von Teil 2 ist jedoch davon auszugehen, dass globales Berufsrecht für Parteivertreter in Schiedsverfahren (zumindest bezogen auf den Standort Deutschland) kaum einen derart großen praktischen Nutzen haben würde, als dass der dazu nötige Aufwand zu rechtfertigen wäre. Allenfalls möglich wäre es, dass nationale Berufsrechte einen Anwendungsvorbehalt zugunsten der Verhaltensregeln aufnehmen, die vor ausländischen Schiedsgerichten gelten. Ein solcher Vorbehalt findet sich bereits in ABA-Modellregel 8.5 und Art. 4.5 der CCBE-Berufsregeln. Nur so ist gewährleistet, dass Rechtsanwälte, die als Parteivertreter in Schiedsverfahren auftreten, auch berufsrechtlich von ihrer Berufsaufsicht für Fehlverhalten sanktioniert werden können.

2. Inhaltliche Geeignetheit der Guidelines

Auch wenn zu diesem Zeitpunkt noch nicht abgesehen werden kann, ob die IBA Guidelines für Parteivertreter in der Praxis ähnlich erfolgreich sein werden, wie etwa die IBA Guidelines für Schiedsrichter oder die IBA Beweisregeln, ist Skepsis angebracht.

Die IBA Beweisregeln und die IBA Guidelines für Schiedsrichter nutzen den Umstand, dass Schiedsverfahrensgesetze zu Fragen des Beweisverfahrens und der Unabhängigkeit von Schiedsrichtern relativ offene Regelungen aufweisen. Diese werden von den Kodifikationen der IBA mit Leben gefüllt, indem Best Practice Standards aus *Common Law* und *Civil Law* miteinander verbunden werden und so ein transnationales Verfahrensrecht entsteht. Auch die IBA Guidelines für Parteivertreter müssen daher als Teil eines solchen transnationalen Verfahrensrechts gesehen werden, da sie letztlich vornehmlich Regelungen enthalten, die inhaltlich auch in die IBA Beweisregeln gepasst hätten. Anstatt die Parteien jedoch direkt zur Einhaltung einer prozessualen Wahrheitspflicht anzuhalten (Guidelines Nr. 10) und sie direkt zu verpflichten, zum Beispiel Dokumente für eine spätere Vorlageanordnung aufzubewahren (Guidelines Nrn. 12 bis 17), wird dies über den Umweg einer Bindung des Parteivertreters und einer „Haftung" der Parteien gemacht. Es wäre in diesen Punkten aber wohl ehrlicher, den direkten Weg zu gehen. Die Parteien könnten dann auch besser vorab entscheiden, ob sie derlei Regelungen in ihrem Schiedsverfahren überhaupt anwendbar haben wollen. Bei der prozessualen Wahrheitspflicht dürfte dies regelmäßig kein Problem sein, bei dem erweiterten Pflichtenkatalog zur Dokumentenvorlage wird es schon eher Gesprächsbedarf geben. Folglich sollte ein Schiedsgericht die Guidelines in diesem Punkt auch nur anwenden, wenn es dies mit beiden Parteien zuvor offen diskutiert hat und beide Parteien Gelegenheit hatten, einer Anwendung zu widersprechen. Diejenigen Guidelines, die in einen Ausschluss eines Parteivertreters münden (insbesondere Guideline Nrn. 4 bis 6) sind in Deutschland aufgrund von § 1042 Abs. 2 ZPO von vornherein unanwendbar.

Unproblematisch anzuwenden sind, neben der prozessualen Wahrheitspflicht, nur Regeln, deren Aussagewert nicht über das hinausgeht, was unter Teil 2 dieser Arbeit als ohnehin verbindlich herausgearbeitet wurde (insbesondere § 263 Abs. 1 StGB). Letztlich kommt ihnen damit insbesondere eine klarstellende Funktion zu, die in einem internationalen Forum durchaus ein Mehrwert darstellen kann. Letztlich könnte ein Hinweis des Schiedsgerichts an die Parteien jedoch auch dies besser leisten, da er auf das jeweilige Forum besser abgestimmt wäre. Sofern das Schiedsgericht aus diesem Hinweis eine Verfahrensanordnung macht, könnte der rechtliche Rahmen in Deutschland über ABA-Modellregel 8.5, Art. 4.5 CCBE-Berufsregeln und vergleichbare Normen im Ausland auch als Basis einer berufsrechtlichen Sanktion dienen, was insbesondere bei Vorschriften, die sonst nur von den deutschen Strafverfolgungsbehörden geahndet werden können, Sinn machen würde. Der tatsächliche Mehrwert der IBA Guidelines für Parteivertreter erschöpft sich mithin in der Schaffung einer prozessualen Wahrheitspflicht. Diese hätte jedoch tatsächlich ebenso über die IBA Beweisregeln eingeführt werden können.

III. LCIA-Rules

Die in den LCIA-Rules enthaltenen Guidelines bringen insoweit ähnliche Probleme mit sich, wie die IBA Guidelines. In Deutschland würde eine Umsetzung dieser Standards zumindest in den Fällen scheitern, in denen das Schiedsgericht einem Rechtsanwalt den Zugang zum Verfahren verwehrt oder ihn vom Verfahren ausschließt.

Hinsichtlich der anderen Regeln gilt auch hier, dass sich keine Abweichungen zu der sonst in Deutschland geltenden Rechtslage für Parteivertreter ergeben. Der Mehrwert liegt also vornehmlich darin, dass die Rechtslage für den Nutzer durch Wiederholung transparenter wird. In internationalen Schiedsverfahren kann dies durchaus für alle Beteiligten sehr hilfreich sein. Es ist daher durchaus darüber nachzudenken, ob nicht Schiedsinstitutionen generell die am Verfahrenssitz geltenden Regeln für Parteivertreter an die Parteien und Schiedsrichter in einer komprimierten Darstellung – sei es in den Regeln oder im Zusammenhang mit den Unterlagen zur Verfahrenseröffnung – übermitteln sollten. Auch sollten sie darauf hinweisen, welche Sanktionsmöglichkeiten es innerhalb und außerhalb des Schiedsverfahrens gibt, um Verstöße zu ahnden.

Insgesamt dürfte einer Anwendung der LCIA-Regeln am Schiedsstandort Deutschland jedoch entgegenstehen, dass – wie oben dargestellt – die Globalgewähr in § 1042 Abs. 2 ZPO Beschränkungen bei der Auswahl von Rechtsanwälten generell verbietet. Folglich ist es auch nicht mit § 1042 Abs. 2 ZPO vereinbar, dass ein Rechtsanwalt nur dann vertreten darf, wenn er sich zuvor einer faktischen Berufsaufsicht durch das Schiedsgericht unterworfen hat. Daran ändert auch die Tatsache nichts, dass nicht der Parteivertreter direkt aus den Regeln verpflichtet wird, eine entsprechende Erklärung abzuheben, sondern die Partei verpflichtet wird, ihren Anwalt zu verpflichten. Letztlich bleibt es nach den LCIA-Regeln dabei, dass eine Partei nur solche Rechtsanwälte im Verfahren für die Partei auftreten dürfen, die eine solche Erklärung abgegeben haben. Dies ist mit § 1042 Abs. 2 ZPO unvereinbar.

Ergebnisse

Eingangs wurden zwei Fragen aufgeworfen, die diese Untersuchung beantworten sollte. Zunächst sollte ermittelt werden, welche rechtlichen Rahmenbedingungen es für in- und ausländische anwaltliche Parteivertreter gibt, die in Schiedsverfahren mit Verfahrenssitz in Deutschland auftreten. Dabei kam die Untersuchung zu folgenden Ergebnissen:

- § 1042 Abs. 2 ZPO enthält eine umfassende Garantie der Tätigkeit als Bevollmächtigter in einem deutschen Schiedsverfahren.
  Rechtsanwälte i.S.d. § 1042 Abs. 2 ZPO sind dabei zunächst alle deutschen und europäischen (niedergelassenen und dienstleistenden) Rechtsanwälte. Weiterhin sind all diejenigen Berufsträger umfasst, für die das Bundesjustizministerium die Gleichwertigkeit gem. § 206 BRAO durch Verordnung festgestellt hat. Dies sind Berufsträger, die aus WTO-Mitgliedsstaaten stammen (§ 206 Abs. 1 BRAO) sowie Berufsträger aus Staaten, die zwar nicht WTO-Mitgliedsstaaten sind, jedoch dem Gegenseitigkeitsprinzip folgen (§ 206 Abs. 2 BRAO). Für alle Berufsträger ist die Gleichwertigkeit vom Schiedsgericht festzustellen. Begrenzt wird der persönliche Schutzbereich des § 1042 Abs. 2 ZPO jedoch durch das deutsche Berufsbild, weshalb ausländische Rechtsanwälte (europäische wie nicht-europäische), die als Unternehmensjuristen für ihren Arbeitgeber auftreten wollen oder zugleich Berufsbeamte sind, nicht unter den Schutz von § 1042 Abs. 2 ZPO fallen.
  Sachlich schützt § 1042 Abs. 2 ZPO sämtliche Tätigkeit im Zusammenhang mit einer Bevollmächtigung im Schiedsverfahren. Rechtsanwälte, die nicht als Bevollmächtigte, sondern als Beistände i.S.v. § 90 ZPO tätig werden, fallen daher nicht unter den persönlichen Schutz des § 1042 Abs. 2 ZPO. Auch erstreckt sich der sachliche Schutzbereich auch nicht auf solche Verfahren vor den staatlichen Gerichten, die in inhaltlicher Verbindung zum Schiedsverfahren stehen (gerichtliche Unterstützung bei der Beweisaufnahme durch die Amtsgerichte und Überprüfung schiedsgerichtlicher Entscheidungen durch die Oberlandesgerichte). Hier gelten die §§ 78, 79 ZPO.
- § 1042 Abs. 2 ZPO ist für deutsche und europäische Rechtsanwälte unter Berücksichtigung von Art. 12 Abs. 1 GG zu lesen, der auch einen Auftrag an den Gesetzgeber enthält, Rechtsanwälte in Bezug auf Schiedsverfahren vor Eingriffen in ihre Berufsausübungsfreiheit zu schützen. Ihr Recht zum Auftritt vor deutschen Schiedsgerichten ist somit verfahrensrechtlich nicht beschränkbar. Weiterhin ist § 1042 Abs. 2 ZPO auch im Kontext von Art. 103

Abs. 1 GG zu lesen, der einen Auftrag an den Gesetzgeber enthält, das rechtliche Gehör auch für das Schiedsverfahren sicherzustellen. Diesen Auftrag hat der Gesetzgeber nicht nur durch § 1042 Abs. 1 ZPO, sondern auch durch § 1042 Abs. 2 ZPO und dessen Erstreckung auf ausländische Rechtsanwälte erfüllt, da es in internationalen Schiedsverfahren zur effektiven Gewährleistung rechtlichen Gehörs nötig ist, auch ausländische Rechtsanwälte mandatieren zu können. Da das rechtliche Gehör jedoch nur den Schiedsparteien und nicht den Rechtsanwälten eigene subjektive Rechte gewährt, sind ausländische Rechtsanwälte hier nur mittelbar geschützt. Im Ergebnis führt dies dazu, dass ausländische Rechtsanwälte zumindest dann aus einem Schiedsverfahren ausgeschlossen werden dürfen, wenn ein Sachverhalt vorliegt, der bei einem deutschen Rechtsanwalt zum Entzug der Zulassung führen würde.

- In- und ausländische Rechtsanwälte haben ihr Verhalten zunächst an den Normen des Strafrechts zu messen. Sie können sich im Schiedsverfahren insbesondere wegen Prozessbetrugs (§ 263 StGB), Parteiverrats (§ 356 StGB) und Schiedsrichterbestechung (§ 333 Abs. 2) strafbar machen, wobei zu beachten ist, dass der Prozessbetrug i.S.d. § 263 Abs. 1 StGB in Bezug auf das Schiedsverfahren teilweise andere Konturen aufweist, als in Bezug auf das staatliche Gerichtsverfahren. Die §§ 263 Abs. 1, 356, 333 Abs. 2 StGB markieren somit den allgemeinverbindlichen Mindestverhaltensstandard für alle in- und ausländischen Rechtsanwälte. Verstöße können durch die deutschen Strafverfolgungsbehörden verfolgt werden. Wird ein Schiedsspruch etwa durch Prozessbetrug erwirkt, kann er zudem aufgrund von § 1059 Abs. 2 Nr. 2 Buchstabe b ZPO vom zuständigen Oberlandesgericht aufgehoben werden. Deutsche Rechtsanwälte haben zudem auch § 203 StGB zu beachten, der ihnen die Wahrung des Berufsgeheimnisses aufgibt.
- Weiterhin unterliegt jeder Rechtsanwalt dem anwendbaren Recht an seinem Zulassungsort, wobei das Berufsrecht auch teilweise anordnen kann, dass die berufsrechtlichen Vorschriften am Verfahrenssitz zu beachten sind.
- Soweit erkennbar, ergeben sich in der schiedsgerichtlichen Praxis relevante berufsrechtliche Kollisionen nur im Bereich des Anwaltsgeheimnisses und dort auch nur dann, wenn es um die Vorlage von Urkunden durch den Gegner geht und das maßgebliche Anwaltsgeheimnis nicht zwischen den Parteien vereinbart wurde. Das Schiedsgericht ist in diesen Situationen nach § 1042 Abs. 4 ZPO grundsätzlich frei, die Maßgeblichkeit eines Anwaltsgeheimnisses selbstständig zu verneinen oder zu bejahen, sofern es dabei nicht die Parteien ungleich behandelt (§ 1042 Abs. 1 ZPO).

Als Zweites sollte analysiert werden, inwieweit es einer weiteren Regulierung in diesem Bereich bedarf und inwieweit die kürzlich vorgeschlagenen Instrumente der IBA und des LCIA für eine Regulierung geeignet sind. Dabei ist die Untersuchung zu folgenden Ergebnissen gelangt:

- Die deutsche Schiedsgerichtsbarkeit bedarf keiner zusätzlichen Regulierung im Bereich des Berufsrechts, da die derzeitigen Standards ausreichend sind, damit Schiedsrichter – notfalls im Zusammenwirken mit der Berufsaufsicht und den Strafverfolgungsbehörden – Parteivertreter für Fehlverhalten sanktionieren können. Auch kollidierende Berufsrechte stellen in der Praxis keine Probleme dar, die nicht im Wege des schiedsrichterlichen Verfahrensermessens sachgerechten Lösungen zugeführt werden könnten. Allenfalls böte es sich an, eine prozessuale Wahrheitspflicht für die Schiedsparteien zu statuieren. Diese wäre jedoch keine berufsrechtliche Regelung und sollte daher auch direkt in der ZPO oder in den Verfahrensregelungen aufgenommen werden.
- Jede weitere berufsrechtliche Regulierung, insbesondere durch Schiedsinstitutionen oder Organisationen wie die IBA begibt sich eher in Gefahr, neue Konflikte mit existierenden Regelungen zu schaffen, als dass sie in der Lage wäre, vorhandene Probleme zu lösen.
- Anzuraten wäre es Schiedsinstitutionen wie der Deutschen Institution für Schiedsgerichtsbarkeit (DIS) jedoch, Parteien, Parteivertreter und Schiedsrichter über den bestehenden rechtlichen Rahmen und die Handlungsmöglichkeiten bei Zuwiderhandlungen zu informieren und somit Missverständnisse zu beseitigen.

Schriftenreihe der August Maria Berges Stiftung für Arbitrales Recht

Herausgegeben von Dr. Hubertus W. Labes

Band 1 August Maria Berges – Ausgewählte Schriften zum Schiedsrecht. Herausgegeben von der August Maria Berges Stiftung für Arbitrales Recht. 1998.

Band 2 Iris Koch: Außergerichtliche Streitbeilegung im japanischen Wirtschaftsverkehr unter besonderer Berücksichtigung der Schiedsgerichtsbarkeit. 2000.

Band 3 Hans-Claudius Scheef: Der einstweilige Rechtsschutz und die Stellung der Schiedsrichter bei dem Abschluß von Schiedsvergleichen nach dem deutschen und englischen Schiedsverfahrensrecht. Eine rechtsvergleichende Untersuchung. 2000.

Band 4 Dominik Lentz: Die internationale Wirtschaftsschiedsgerichtsbarkeit in der Russischen Föderation. Darstellung und Analyse anhand der Praxis des internationalen Handelsschiedsgerichts bei der Handels- und Industriekammer der Russischen Föderation. 2000.

Band 5 Torsten Lörcher: Neue Verfahren der internationalen Streiterledigung in Wirtschaftssachen. Verfahren vor dem Internationalen Seegerichtshof, WTO-Panelverfahren, ICSID- und WIPO-Schiedsverfahren. 2001.

Band 6 Julia Tief: Discovery und Informationspflichten der Parteien in der Internationalen Schiedsgerichtsbarkeit. Ein deutsch-amerikanischer Vergleich. 2000.

Band 7 Richard Happ: Schiedsverfahren zwischen Staaten und Investoren nach Artikel 26 Energiechartavertrag. Eine Studie zum Wandel der Streitbeilegung im Investitionsschutzrecht unter den Bedingungen einer globalen Weltwirtschaft. 2000.

Band 8 Jörn Schämann: Schiedsgerichte unter staatlicher Kontrolle. Das englische Recht und das UNCITRAL-Modellgesetz. 2001.

Band 9 Jana Dominique Jaeger: Die Umsetzung des UNCITRAL-Modellgesetzes über die internationale Handelsschiedsgerichtsbarkeit im Zuge der nationalen Reformen. 2001.

Band 10 Michael Kronenburg: Vollstreckung ausländischer Schiedssprüche in den USA. Die Rechtsprechung US-amerikanischer Gerichte. 2001.

Band 11 Jan-Michael Ahrens: Die subjektive Reichweite internationaler Schiedsvereinbarungen und ihre Erstreckung in der Unternehmensgruppe. 2001.

Band 12 Klaus Peter Berger: Arbitration Interactive. A Case Study for Students and Practitioners. 2002.

Band 13 Daniel Paul Simms: Das Recht der Schiedsgerichtsbarkeit in Irland. 2002.

Band 14 Johann von Pachelbel-Gehag: Das reformierte deutsche und schwedische Schiedsverfahrensrecht. Eine vergleichende Betrachtung unter Berücksichtigung des UNCITRAL-Modellgesetzes über die internationale Handelsschiedsgerichtsbarkeit. 2002.

Band 15 Volker Nienaber: Die Anerkennung und Vollstreckung im Sitzstaat aufgehobener Schiedssprüche. 2002.

Band 16 German Institution of Arbitration (ed.): Financial Capacity of the Parties. A Condition for the Validity of Arbitration Agreements? Based on a Conference organized by the German Institution of Arbitration (DIS) on November 29th 2002 in Berlin. 2004.

Band 17 Frank Martens. Wirkungen der Schiedsvereinbarung und des Schiedsverfahrens auf Dritte. 2005.

Band 18 Claudia Krapfl: Die Dokumentenvorlage im internationalen Schiedsverfahren. Ein deutsch-US-amerikanischer Vergleich. 2007.

Band 19 Michael Christ: Berichtigung, Auslegung und Ergänzung des Schiedsspruchs. Das schiedsgerichtliche Korrekturverfahren nach § 1058 ZPO. 2008.

Band 20 Carsten Schmidt: Prozessuale Meistbegünstigung im völkerrechtlichen Investitionsschutz. 2008.

Band 21 Philipp K. Wagner: Abstimmungsfragen zwischen Internationalem Insolvenzrecht und Internationaler Schiedsgerichtsbarkeit. Unter besonderer Berücksichtigung der Anerkennung grenzüberschreitender Insolvenzen durch Schiedsgerichte. 2008.

Band 22 Deutsche Institution für Schiedsgerichtsbarkeit e.V. (Hrsg.): Die neue ICC-Schiedsgerichtsordnung. 2012.

Band 23 Nils Christian Wighardt: Rückverweisung des Schiedsspruchs an das Schiedsgericht. Vorschläge zur Reform nach Art. 34 Abs. 4 UNCITRAL-Modellgesetz. 2013.

Band 24 Christoph Grenz: Der Faktor Zeit im Schiedsverfahren. 2013.

Band 25 Annekathrin Holzberger: Die materiellrechtliche und kollisionsrechtliche Einordnung des Schiedsrichtervertrages. 2015.

Band 26 Sven Hasenstab: Regulierung anwaltlicher Parteivertreter in internationalen Schiedsverfahren. Rechtlicher Rahmen für in- und ausländische Rechtsanwälte vor Schiedsgerichten mit Sitz in Deutschland. 2015.

www.peterlang.com